A Parte Mais Tenra

OBJETIVA

Ruth Reichl

A Parte Mais Tenra

Um Saboroso Aprendizado de Vida

Tradução

Fernanda Abreu

OBJETIVA

Título original
Tender at the Bone

EDITORA OBJETIVA LTDA., rua Cosme Velho, 103
Rio de Janeiro – RJ – CEP: 22241-090
Tel.: (21) 2556-7824 – Fax: (21) 2556-3322
www.objetiva.com.br

Capa
Isabella Perrotta

Foto de capa
Jacopo Cima

Revisão
Neusa Peçanha
Umberto Figueiredo Pinto
Renato Bittencourt

Projeto gráfico
Fatima Agra

Editoração
FA Editoração

R351p
Reichl, Ruth
A parte mais tenra : Um saboroso aprendizado de vida / Ruth Reichl.
Tradução de Fernanda Abreu. – Rio de Janeiro : Objetiva, 2004

307 p. ISBN 85-7302-588-3

Tradução de : *Tender at the bone : Growing up at the table*
1. Literatura americana - Memórias. 2. Culinária I. Título

CDD 814
641

Para Michael

Sumário

Nota da autora

Contar histórias, na minha família, era muito valorizado. Enquanto caminhava do trabalho de volta para casa, meu pai reorganizava os acontecimentos de seu dia para torná-los mais divertidos, e minha mãe era capaz de fazer uma ida ao supermercado soar como uma aventura. Caso isso exigisse pequenos ajustes factuais, ninguém se importava muito: certamente era melhor do que entediar a platéia.

É claro que as boas histórias eram repetidas vezes sem conta até adquirirem vida própria. Uma das histórias com as quais cresci foi uma lenda familiar sobre eu mesma. Sua finalidade era demonstrar minha extraordinária maturidade, já aos dois anos de idade. Era assim que meu pai a contava:

"Certo domingo, no início do outono, estávamos sentados em nossa casa no campo admirando as folhas do lado de fora da porta envidraçada. De repente o telefone tocou: era a mãe de Miriam, de Cleveland, dizendo que seu pai estava gravemente doente. Ela precisava ir para lá imediatamente, deixando-me sozinho com Ruthie, que começaria a escola maternal no dia seguinte.

"Eu, é claro, precisava estar no escritório na manhã seguinte. Pior ainda, tinha uma reunião que não podia cancelar; simplesmente tinha de pegar o trem de 7h07 para Nova York. Mas a escola só abria às oito e, embora eu tenha telefonado inúmeras vezes, não consegui entrar em contato com nenhuma das professoras. Eu simplesmente não sabia o que fazer.

"Acabei fazendo a única coisa em que conseguia pensar. Às sete, levei Ruthie para a escola, sentei-a em um balanço do lado de fora e lhe disse para dizer às professoras, quando elas chegassem, que ela era Ruthie Reichl e viera para ir à escola. Ela ficou ali sentada, acenando corajosa enquanto eu ia embora de carro. Eu sabia que ela ficaria bem; mesmo naquela época, ela era muito responsável." Ele sempre terminava sorrindo orgulhoso na minha direção.

Ninguém nunca contestou sua história. Eu certamente não o fiz. Foi só quando eu própria tive um filho que percebi que ninguém, nem mesmo meu pai, deixaria uma criança de dois anos sozinha em cima de um balanço em um lugar desconhecido durante uma hora. Será que ele exagerou a minha idade? Será que exagerou o tempo decorrido? Será que exagerou as duas coisas? A essa altura, meu pai não estava mais disponível para responder às perguntas, mas tenho certeza de que, caso estivesse, teria insistido que a história era verdade. Para ele era.

Este livro segue à risca a tradição familiar. Tudo que está aqui é verdade, mas pode não ser inteiramente factual. Em alguns casos, eu encurtei os acontecimentos; em outros, transformei duas pessoas em uma só. De vez em quando, inventei alguns detalhes.

Eu aprendi cedo que a coisa mais importante na vida é uma boa história.

1

A Rainha do Mofo

Esta é uma história real.

Imaginem um apartamento na cidade de Nova York às seis da manhã. Um apartamento modesto no Greenwich Village. O café borbulha em uma cafeteira elétrica. Sobre a mesa há uma cesta de pão de centeio, um bolo de café inteiro, alguns queijos, uma travessa de frios. Minha mãe está preparando o café da manhã — uma refeição importante na nossa casa, refeição em que nos sentamos à mesa todos os dias para beber suco de laranja, brindamos como se fosse vinho, e desejamos uns aos outros: "Saúde. Tenham um bom dia."

Nesse momento, ela é a única pessoa acordada na casa, mas está ficando impaciente para o dia começar e aumenta um pouco mais o volume do rádio sintonizado na WQXR, a estação do jornal *The New York Times*, esperando que o barulho acorde todos os outros. Mas papai e eu somos bons dorminhocos e, quando o som da música marcial não surte efeito, ela irrompe quarto adentro e sacode meu pai para acordá-lo.

— Querido — diz ela —, preciso de você. Levante-se e venha até a cozinha.

Meu pai, pessoa doce e obsequiosa, desce o corredor ainda sonolento. Ele veste um pijama largo e a mecha de cabelos que costuma pentear sobre a calva está arrepiada. Ele se apóia na pia da cozinha, segurando-se um pouco nela, e abre a boca obedientemente quando minha mãe diz:

— Prove isto.

Mais tarde, ao contar a história, ele tentava transmitir o quanto aquilo que ela lhe dera para comer era ruim. Da primeira vez, disse que o gosto era de patas de gato e cevada podre, mas com o passar dos anos a descrição foi ficando melhor. Dois anos mais tarde, transformou-se em fuças de porco e lama, e cinco anos depois ele havia refinado o sabor e chegado a uma mistura de anchovas velhas e chocolate mofado.

Qualquer que fosse o gosto, ele dizia que era a pior coisa que ele jamais pusera na boca, tão terrível que era impossível de engolir, tão terrível que ele se inclinou e cuspiu dentro da pia e em seguida agarrou a cafeteira, levou o bico até a boca, e tentou eliminar o gosto.

Minha mãe ficou ali parada assistindo a tudo isso. Quando meu pai finalmente largou a cafeteira, ela sorriu e disse:

— Como eu pensei. Estragado!

E ela então jogou a porcaria no lixo e se sentou para tomar seu suco de laranja.

Durante muito tempo eu pensei que houvesse inventado essa história. Mas meu irmão insiste que meu pai a contava sempre, e com certa dose de orgulho. Até onde sei, minha mãe nunca ficou envergonhada ao ouvir a história ser contada, nunca sequer soube que deveria ficar. Ela simplesmente era assim.

Ou seja, incapaz de sentir qualquer gosto e sem medo de coisas podres. "Ah, é só um mofinho", lembro-me de ouvi-la dizer nas muitas ocasiões em que retirou a camada de penugem azul de alguma comida antes de servir o que sobrara no jantar. Seu estômago era de ferro, e ela era incapaz de entender que o das outras pessoas não fosse.

Isso me ensinou muitas coisas. A primeira delas foi que comida podia ser algo perigoso, especialmente para quem adorava comer. Eu levava isso muito a sério. Meus pais recebiam bastante, e antes de completar dez anos eu já me havia elegido guardiã dos convidados. Minha missão era impedir que mamãe matasse algum deles que viera para o jantar.

Seus amigos, surpreendentemente, pareciam não saber que corriam risco de vida sempre que comiam conosco. Eles atribuíam suas mazelas ao clima, à gripe, ou a algum dos pratos mais exóticos da minha mãe. "Para mim, chega de ouriços", eu imaginava Burt Langner dizendo a sua mulher, Ruth, depois de um jantar na nossa casa, "eles simplesmente não me caem bem." Mal sabia ele que não eram os ouriços que o haviam deixado doente, mas sim a carne barata que minha mãe achara tão irresistível.

"Posso preparar uma refeição com qualquer coisa", dizia mamãe a seus amigos com orgulho. Ela gostava de se gabar do "Ensopado de Tudo", um prato inventado enquanto ela preparava um guisado com uma carcaça de peru de duas semanas. (O simples fato de minha mãe confessar que cozinhava com um peru de duas semanas diz muito a seu respeito.) Ela pôs o peru e meia lata de sopa de cogumelos na panela. Então começou a vasculhar a geladeira. Encontrou uma sobra de brócolis e a jogou lá dentro. Em seguida, entraram algumas cenouras, depois meia caixa de creme de leite azedo. Apressada, como sempre, ela acrescentou vagens e molho de *cranberry*. Então, não se sabe como, meia torta de maçã escorregou para dentro da panela. Por um instante, mamãe ficou horrorizada. Depois deu de ombros e disse:

— Quem sabe? Talvez fique bom. — E começou a jogar tudo o que havia na geladeira lá dentro junto com a torta: sobras de patê, alguns restos de queijo, um ou dois tomates moles.

Naquela noite, acampei na sala de jantar. Eu estava particularmente preocupada com as pessoas de apetite voraz, e encarava as de que mais gostava quando elas se aproximavam da mesa de servir, rezando para que não chegassem perto do guisado. Cheguei a ficar bem na frente de Burt Langner para que ele não alcançasse o desastre de peru. Eu o adorava, e sabia que ele adorava comer.

Inconscientemente, eu havia começado a distinguir as pessoas segundo seus gostos. Como uma criança que ouve, mas cujos pais são surdos, fui moldada pela deficiência da minha mãe, e descobri que a comida podia ser um modo de dar sentido ao mundo.

No início, eu só prestava atenção no gosto, arquivando a informação de que meu pai preferia sal a açúcar e de que minha mãe gostava de doces. Mais tarde, comecei também a observar o modo como as pessoas comiam, e onde. Meu irmão gostava de comida elegante, em ambientes luxuosos; meu pai só se importava com a companhia; e mamãe era capaz de comer qualquer coisa contanto que o lugar fosse exótico. Eu estava descobrindo aos poucos que, se você observasse as pessoas comendo, poderia descobrir quem eram.

Então comecei a ouvir a maneira como as pessoas falavam sobre comida, procurando pistas para suas personalidades. "O que ela está realmente dizendo?", perguntava-me eu quando mamãe se gabava da invenção de seu famoso presunto de carne bovina em conserva.

"Eu estava dando uma festa", começava ela, "e, como sempre, deixei tudo para a última hora." Nesse ponto, ela olhava para sua platéia, rindo baixinho de si mesma. "Pedi a Ernst para fazer as compras, mas vocês sabem o quanto ele é desligado! Em vez de trazer um presunto, ele me comprou carne em conserva." Ela encarava papai, que assumia uma expressão adequadamente compungida.

"O que eu podia fazer?", perguntava mamãe. "Meus convidados chegariam dali a poucas horas. Não tive escolha. Simplesmente fiz de conta que aquilo era um presunto." Com isso, papai olhava com admiração para minha mãe, empunhava a faca de desossar e começava a servir a obra-prima.

Presunto de carne em conserva de Miriam Reichl

Ingredientes

2kg de carne em conserva (peça inteira)
5 folhas de louro
1 cebola picada
1 colher de sopa de mostarda
¼ de xícara de açúcar mascavo

cravos inteiros

1 lata (1kg) de pêssegos em conserva

Em uma panela grande, cubra a carne com água. Acrescente o louro e a cebola. Cozinhe a fogo médio durante cerca de três horas, até a carne ficar bem macia.

Enquanto a carne cozinha, misture a mostarda e o açúcar mascavo.

Preaqueça o forno a 160°C.

Retire a carne da água e remova qualquer gordura visível. Finque os cravos na carne como se fosse um presunto. Cubra a carne com a mistura de mostarda e asse durante uma hora, regando freqüentemente com a calda dos pêssegos.

Arrume os pêssegos ao redor da carne e sirva.

Rende seis porções.

Quase todas as manhãs, eu saía da cama e ia até a geladeira ver como minha mãe estava se sentindo. Era possível saber isso só abrindo a porta da geladeira. Certo dia, em 1960, encontrei um leitão inteiro me encarando lá de dentro. Dei um pulo para trás e bati a porta com força. Eu nunca vira um animal inteiro dentro da nossa geladeira antes; até as galinhas vinham em pedaços. Ele estava rodeado de pequeninas maçãs silvestres (*"lady apples"*, corrigiu-me minha mãe mais tarde) e de toda uma profusão de vegetais esquisitos.

Isso não era um mau sinal: quanto mais coisas estranhas e interessantes houvesse na geladeira, mais feliz era provável que minha mãe estivesse. Mesmo assim, fiquei intrigada; a geladeira de nossa pequena cozinha estava praticamente vazia quando eu fora dormir.

— Onde você conseguiu isso tudo? — perguntei. — As lojas ainda não abriram.

— Ah — disse mamãe, disposta, alisando seus cabelos grisalhos armados —, eu acordei cedo e decidi ir dar uma volta. Você ficaria surpresa com o que acontece em Manhattan às quatro da manhã. Fui até o mercado de peixe de Fulton. E encontrei uma loja de produtos agrícolas interessantíssima em Bleecker Street.

— A loja estava aberta? — perguntei.

— Bem — admitiu ela —, na verdade não. — Ela atravessou a cozinha revestida de linóleo gasto e depositou uma cesta de pão sobre a mesa de fórmica. — Mas eu vi alguém se mexendo lá dentro, então bati na porta. Venho tentando ter idéias para a festa.

— Festa? — perguntei, alarmada. — Que festa?

— Seu irmão resolveu se casar — disse ela, casual, como se de alguma forma eu devesse ter intuído tal fato enquanto dormia. — E é claro que vamos dar uma festa para comemorar o noivado e conhecer a família de Shelly!

Eu sabia que meu irmão não iria gostar dessa notícia. Ele era 13 anos mais velho do que eu e considerava o fato de ter chegado aos 25 anos de idade um pequeno milagre. "Não sei como sobrevivi à comida dela", dizia ele ao me falar sobre os anos em que ele e mamãe moravam sozinhos, depois de ela se divorciar do pai dele e antes de conhecer o meu. "Ela é uma ameaça à sociedade."

Bob foi morar com o pai em Pittsburgh logo depois de eu nascer, mas sempre vinha passar as férias na minha casa. Quando estava lá, sempre me ajudava a proteger os convidados, usando o tato para impedir que comessem os pratos mais perigosos.

A minha abordagem era mais direta.

— Não coma isso — ordenei a minha melhor amiga, Jeanie, quando a vi mergulhar a colher em um dos pratos mais criativos preparados por mamãe para o almoço. Minha mãe achava que todo feriado deveria ser comemorado: em homenagem a São Patrício, estava servindo bananas com creme de leite azedo verde.

— Eu não ligo para a cor — disse Jeanie, uma alma crédula cuja própria mãe jamais sonharia em oferecer um festim de Halloween completo, todo cor de abóbora, inclusive com o leite colorido até ficar da cor de suco de laranja. Ida servia o tipo de almoço perfeito pelo qual eu ansiava: quadradinhos impecáveis de queijo cremoso e geléia sobre pão branco, sanduíches de salsichão, pratos prontos saídos diretamente da lata.

— Não é só corante alimentar — disse eu. — O creme de leite azedo já estava verde; a caixa está na geladeira há meses.

Jeanie abaixou rapidamente a colher e, quando mamãe foi ao outro cômodo atender o telefone, nós nos esgueiramos até o banheiro e jogamos nossos almoços privada abaixo.

— Estava ótimo, Mim — disse Jeanie quando mamãe voltou.

— Podemos nos levantar? — foi tudo o que eu disse. Eu queria sair da mesa antes que surgisse alguma outra coisa.

— Vocês não querem sobremesa? — perguntou mamãe.

— Claro — disse Jeanie.

— Não! — disse eu. Mamãe já tinha ido buscar seus biscoitos. Voltou com uma travessa cheia de estranhos pedaços pretos. Jeanie olhou para eles com um ar desconfiado, e em seguida pegou um com educação.

— Ah, tudo bem, pode comer — disse eu, pegando um também. — São só os biscoitos de menta das bandeirantes. Ela os deixou em cima do radiador, então o chocolate derreteu todo, mas eles não vão matá-la.

Enquanto mastigávamos nossos biscoitos, mamãe perguntou, casual:

— Meninas, o que vocês acham que eu devo servir na festa de noivado de Bob?

— Você não vai fazer a festa aqui, vai? — perguntei, prendendo a respiração enquanto olhava ao redor para nossa sala de estar, tentando vê-la com os olhos de um desconhecido.

Mamãe tinha rompantes de inspiração decorativa que geralmente morriam antes de o projeto estar terminado. O último deles, um romance com a mobília dinamarquesa moderna, trouxera para nossas vidas uma mesa de jantar de teca, uma cadeira de vime que mais parecia um ovo e ficava pendurada em uma corrente, e um tapete de Rya. A enorme pintura abstrata azul em uma das paredes também vinha do mesmo período. Mas, como de hábito, mamãe havia se cansado, então os móveis estavam todos misturados com a mesa redonda, um aparador ornamentado e algumas gravuras japonesas de um período anterior, mais conservador.

Havia também o banheiro, o maior feito decorativo da minha mãe. Ela havia decidido certo dia, por impulso, pôr ali toalhas douradas, uma cortina de chuveiro dourada e um tapete dourado. O problema não eram eles. Mas pintar todas as louças de dourado foi um desastre: a pintura começou a se soltar da pia quase imediatamente e foi preciso anos para qualquer um de nós conseguir tomar um banho sem emergir ligeiramente banhado a ouro.

Meu pai achava tudo isso levemente divertido. Um intelectual que fugira de sua rica família alemã emigrando para os Estados Unidos na década de 1920, ele não tinha absolutamente nenhum interesse por *coisas*. Era um diagramador de livros que vivia em um mundo em preto-e-branco de papel e tipos; sua única paixão eram os livros. Ele era gentil e desligado, e se houvesse sabido que as pessoas o definiam como elegante teria ficado chocado; roupas o aborreciam profundamente, isso quando ele sequer reparava nelas.

— Não — disse mamãe. Soltei minha respiração, que estava presa. — No campo. Temos mais lugar em Wilton. E precisamos receber Shelly na família de forma adequada.

Imaginei nossa pequena e modesta casa de verão na floresta. Wilton fica a apenas uma hora de Nova York, mas em 1960 ainda era muito rural. Meus pais haviam comprado o terreno por um preço baixo e projetado eles próprios a casa. Já que não tinham como pagar um arquiteto, haviam errado um pouco nos cálculos, e os quartos do térreo tinham uma forma muito estranha. Papai mal sabia segurar um martelo, mas, para economizar dinheiro, construíra ele próprio a casa com a ajuda de um carpinteiro. Tinha muito orgulho de seu trabalho manual, apesar do teto meio inclinado e da planta esquisita. Tinha mais orgulho ainda do caminho comprido, sinuoso e cheio de marcas de pneu que conduzia à nossa garagem. "Eu não quis derrubar nenhuma árvore!", dizia ele orgulhoso quando as pessoas perguntavam porque o caminho era tão torto.

Eu adorava aquela casa, mas sentia um pouco de vergonha de suas paredes de madeira sem pintura e de sua aparência incomum.

— Por que não podemos fazer a festa em um hotel? — perguntei. Eu podia imaginar a impecável mãe de Shelly, que parecia ir ao salão de beleza todos os dias e só usava roupas feitas sob medida. Ao seu lado, mamãe, uma mulher atraente que se recusava a tingir os cabelos, raramente usava maquiagem e tinha um gosto muito colorido no que dizia respeito a roupas, parecia quase excêntrica. A mãe de Shelly usava um enorme anel de diamante em seu dedo de lindas unhas feitas; minha mãe sequer usava aliança e suas unhas eram curtas e lixadas de forma irregular.

— Bobagem — disse mamãe. — Vai ser *muito* mais agradável fazer isso lá em casa. Tão mais íntimo. Eu gostaria que eles vissem como vivemos, que descobrissem quem somos.

— Ótimo — disse eu para Jeanie entre os dentes. — Vai ser o fim do noivado de Bob. E um ou dois parentes podem morrer, mas quem se preocupa com detalhes assim?

— Só preste atenção para ela não servir *steak tartare* — disse Jeanie, rindo.

Steak tartare era o fardo da minha existência: papai *sempre* servia isso nas festas. Era um espetáculo. Primeiro ele partia uma gema de ovo por cima do monte de carne crua picada, depois começava a misturar à carne cebolas cortadas, alcaparras e molho Worcestershire. Enquanto mexia com cuidado, parecia alto e dócil, e então pedia, com o sotaque alemão muito pronunciado, para alguém servir de provador assistente. Juntos, eles acrescentavam um pouco mais disto ou daquilo, e então papai moldava cuidadosamente a carne em uma bola, arrumava algumas anchovas por cima e me pedia para servir.

Minha tarefa era espalhar a mistura sobre pequenas fatias de pão preto alemão e passar a bandeja. A não ser que eu mesma houvesse comprado a carne, eu tentava impedir as pessoas de quem mais gostava de provarem a obra-prima de papai. Sabia que minha mãe comprava carne de hambúrguer pré-embalada no supermercado e que, se porventura houvesse alguma carne meio velha em promoção, ela era simplesmente incapaz de resistir. Com nossos estômagos bem-treinados, meu pai e eu conseguíamos engolir o que quer que mamãe estivesse servindo, mas para a maioria das pessoas aquilo era veneno puro.

Só de pensar nisso, eu ficava nervosa.

— Preciso impedir essa festa — falei.

— Como? — perguntou Jeanie.

Eu não sabia. Tinha quatro meses para descobrir.

Minha maior esperança era que o humor da minha mãe mudasse antes de a festa acontecer. Não era uma esperança irrealista; os humores de minha mãe eram imprevisíveis. Mas março deu lugar a abril, e abril, a maio, e mamãe continuava em franca atividade. O telefone não parava de tocar e ela se sentia ótima. Cortou os cabelos grisalhos bem curtos e começou até a usar esmalte de unha. Emagreceu e comprou um guarda-roupa novo inteiro. Depois, ela e papai foram fazer um cruzeiro rápido pelo Caribe.

— Reservamos uma passagem em um cargueiro da United Fruit — disse ela aos amigos —, é tão mais interessante do que um cruzeiro convencional. — Quando lhe perguntavam sobre as revoluções que na época estavam sacudindo as ilhas do Caribe, ela dava uma resposta-padrão: "A bomba no saguão do hotel no Haiti tornou a viagem *muito* mais interessante."

Na volta, ela mergulhou de cabeça na organização da festa. Eu me levantava todas as manhãs e olhava, esperançosa, dentro da geladeira. As coisas iam piorando. Meio cabrito apareceu. Depois foram frutos de cactos. Mas, na manhã em que encontrei a caixa de gafanhotos cobertos de chocolate, decidi que era hora de falar com papai.

— Os planos estão ficando mais complexos — disse eu, pessimista.

— É? — respondeu papai, educado. Festas não o interessavam muito.

— Isso vai ser um desastre — anunciei.

— Sua mãe dá festas maravilhosas — disse meu pai com lealdade. Sua cegueira em relação às falhas da minha mãe era incrível, e regularmente ele alardeava para o mundo a ótima cozinheira que ela era. Seu rosto se iluminava sempre que alguém mencionava os "pratos interessantes" da minha mãe, e quando alguém dizia: "Nunca provei nada parecido com isso antes", ele considerava um elogio. E é claro que *ele* nunca ficava doente.

— Você sabia que ela está planejando fazer a festa em benefício da Unicef? — perguntei.

— É mesmo? — perguntou ele. — Que bom. — Havia voltado aos editoriais.

— Pai! — falei, tentando fazê-lo ver como aquilo poderia ser embaraçoso. — Ela está mandando avisos para os jornais. Está convidando um montão de gente. A situação está fugindo ao controle. Falta só um mês e ela não planejou nada.

— Vai dar tudo certo — disse papai, vago, dobrando o jornal e guardando-o na pasta. — Sua mãe é uma mulher muito inteligente. Ela tem doutorado. — Então, como se não houvesse mais nada a ser dito, ele acrescentou: — Tenho certeza de que você vai ajudar muito.

Era difícil ficar brava com meu pai, para quem os humores da minha mãe eram tão incompreensíveis quanto para mim, e que ficava igualmente impotente diante deles. Eles eram como o clima: imprevisíveis, inevitáveis, e muitas vezes desagradáveis. Papai apreciava sua energia, acho eu, mas a verdade é que ele sempre podia ir para o escritório quando precisava fugir. Coisa que fez nessa hora. Revoltada, liguei para o meu irmão.

Bob vivia na parte norte de Manhattan, em um apartamento elegante, e freqüentava meus pais tão pouco quanto a decência lhe permitia.

— Ela está planejando transformar a minha festa de noivado em um evento beneficente? — perguntou ele. — Você quer dizer que ela espera que a família de Shelly pague para entrar? — Na verdade, eu não havia considerado esse aspecto, mas entendi o que ele queria dizer.

— Acho que sim — falei. — Mas essa não é a parte que me preocupa. Você consegue imaginar mamãe cozinhando para 100 pessoas no auge do verão? E se fizer muito calor no dia?

Bob soltou um grunhido.

— Você não tem que viajar a trabalho? — perguntei. — E se você precisasse assistir a uma conferência? Nesse caso, ela não teria que cancelar tudo?

Infelizmente, minha mãe não se abalou nem um pouco ao ser informada de que meu irmão poderia não estar na cidade.

— A festa não é para você — disse ela a Bob —, é para a família de Shelly. Eles virão mesmo se você fizer a grosseria de não aparecer.

— Mas mãe — disse Bob —, você não pode lhes pedir para comprar ingressos para a festa.

— Por que não? — perguntou mamãe. — Eu acho simplesmente nojento o jeito como pessoas que têm tanto se esquecem daquelas menos afortunadas. Como é possível você se opor ao fato de o seu casamento servir para angariar dinheiro para crianças desfavorecidas? Não consigo acreditar que tenho um filho tão egoísta e desconsiderado! — E mamãe bateu o telefone.

Ela sempre conseguia fazer isso, sempre voltava seus argumentos contra você. Assim, a situação era a seguinte: 150 pessoas convidadas para almoçar no gramado, um representante da Unicef e a presença prometida de fotógrafos de todos os jornais. Em um de seus momentos mais grandiosos, mamãe escreveu para seu velho amigo Bertrand Russell, no País de Gales, e lhe pediu para vir fazer um discurso; felizmente, ele estava a ponto de completar 90 anos e recusou. Mesmo assim, mandou 100 exemplares de seu mais recente panfleto antibélico, uma espécie de conto de fadas impresso em papel dourado. O panfleto se chamava *História do mundo em epítome* (para ser usado em jardins de infância de Marte), e era curtíssimo. A última página mostrava a foto de um cogumelo atômico.

— Estes panfletos darão ótimos brindes! — disse mamãe, radiante, ressaltando que estavam autografados. Ela ficou tão contente que expediu mais alguns convites.

— O que você vai servir? — perguntei.

— Você tem alguma idéia? — respondeu ela.

— Tenho — falei —, contrate um bufê.

Mamãe riu como se eu houvesse contado uma piada. Mas *realmente* acabou sendo convencida a alugar mesas e cadeiras dobráveis por telefone, de modo que pelo menos os convidados não precisassem se sentar no chão. Sugeri que ela contratasse alguém para ajudar a cozinhar e servir, mas ela não parecia pensar que isso fosse necessário.

— Podemos fazer isso nós mesmos — disse ela, disposta. — Você não pode chamar seus amigos para ajudar?

— Não — falei. Mas de fato liguei para Jeanie na cidade e lhe pedi para perguntar a seus pais se ela poderia ir passar a semana comigo; ela achava minha mãe "animada" e eu precisava de apoio moral.

Conforme o dia da festa se aproximava, as coisas foram piorando cada vez mais. Mamãe teve surtos de faxina que deixavam a casa mais bagunçada quando ela terminava do que quando começava, e Jeanie e eu a seguíamos desesperadas enfiando coisas de volta dentro dos armários para criar algum semblante de ordem. Mamãe cortou metade da grama, nós cortamos a outra metade. Enquanto isso, meu pai, com um ar compungido e infeliz, inventou um conveniente projeto grande que o obrigava a ficar na cidade.

Certa manhã, mamãe foi a uma fábrica que vendia comida no atacado e voltou buzinando alto, com o carro transbordando de tão cheio. Jeanie e eu corremos para descarregar mais de 20 quilos de coxas de frango congeladas, quatro quilos de carne de caranguejo congelada, latas de tamanho industrial de sopa de tomates e ervilhas, sacos de arroz de dez quilos e dois caixotes de pêssegos em conserva temperados.

— Esse deve ser o cardápio — disse eu para Jeanie.

— Qual? — perguntou ela.

— Aposto que ela vai fazer aquela horrível sopa rápida que acha tão boa. Você sabe, aquela que sai em todas as revistas. Você mistura uma lata de sopa de tomate com uma lata de sopa de ervilhas, acrescenta um pouco de xerez e arremata com carne de caranguejo.

— Eca — disse Jeanie.

— Depois, imagino que ela vá cozinhar aqueles milhões de coxas de frango em cima de arroz, embora não saiba como ela pretende cozinhá-las todas dentro do nosso forninho. E os pêssegos temperados em lata podem fazer as vezes de legume; é fácil, porque tudo que se precisa fazer é abrir a lata e arrumá-los nas travessas.

Fiquei surpresa (e aliviada) quando ela encomendou um bolo gigante da padaria mais próxima. Com isso, só ficavam faltando as entradas; perguntei-me que carta estava escondida em sua manga.

No dia seguinte, descobri. Jeanie e eu estávamos jogando croqué, mas largamos nossos malhos ao ouvir a buzina de mamãe, e vimos o carro passar correndo por entre as árvores, deixando rodamoinhos de poeira em seu rastro. Corremos para ver o que ela havia rebocado para casa.

— A loja de comida Horn & Hardart estava liquidando! — anunciou mamãe triunfante, apontando para as caixas de papelão à sua volta. Elas estavam cheias de centenas de caixinhas. Aquilo parecia promissor.

— É quase como contratar um bufê — disse eu alegremente para Jeanie enquanto levávamos as caixas para dentro de casa.

Minha felicidade durou pouco: quando comecei a abrir as caixinhas, descobri que cada uma continha algo diferente.

— A máquina automática vende sobras por quase nada no final do dia — disse mamãe —, então eu simplesmente comprei tudo que havia. — Ela estava muito satisfeita consigo mesma.

— O que você vai fazer com isto? — perguntei.

— Ora, servir — disse ela.

— Dentro de quê? — perguntei.

— De vasilhas grandes — disse ela.

— Mas você não tem nada para pôr dentro de vasilhas grandes — observei. — Tudo que você tem são centenas de coisas para pôr em vasilhas pequenas. Olhe — comecei a rasgar as tampas das caixas —, isto é salada de batatas. Isto é salada de repolho. Isto é salada de massa fria com queijo. Aqui temos salada de beterraba. Aqui temos um pouco de presunto fatiado. Nada combina com nada!

— Não se preocupe — disse mamãe —, tenho certeza de que conseguiremos fazer alguma coisa com tudo isto. Afinal, tudo aqui é muito bom.

— É — murmurei para Jeanie —, e quando for servido tudo terá quatro dias. Vai ser um milagre se não estiver mofado.

— Acho que seria melhor que estivesse — disse Jeanie, prática. — Se as pessoas virem mofo, não vão comer.

— Reze para chover — falei.

Infelizmente, quando acordei no dia da festa não havia sequer uma nuvem no céu. Puxei as cobertas por cima da cabeça e voltei a dormir. Mas não por muito tempo.

— Hoje ninguém dorme — anunciou mamãe, afastando as cobertas inexoravelmente. — É dia de festa!

Algumas das comidas haviam adquirido uma fina camada de mofo, mas mamãe a raspou alegremente e começou a misturar sua terrível gororoba da Horn & Hardart.

— Está delicioso! — exclamou, estendendo uma colherada. Não estava. Felizmente, o aspecto era ainda pior do que o gosto.

Também achei as coxas de frango um pouco suspeitas; para cozinhálas todas, nós havíamos começado dois dias antes, e elas não cabiam todas na geladeira. Mas elas tinham um brilho apetitoso, e o arroz cozido no forno estava com boa aparência. Usamos colheres para pôr os pêssegos nas grandes vasilhas de vidro de mamãe, e eles ficaram lindos.

Eu não estava muito feliz com a sopa. Mamãe havia deixado a carne de caranguejo fora do *freezer* para descongelar durante dois dias, e nem mesmo ela estava gostando do cheiro. "Acho que basta pôr mais um pouquinho de xerez", dizia ela enquanto derramava garrafas da bebida dentro da sopa.

— As pessoas vão ficar bêbadas com a sopa — disse eu.

— Ótimo — disse ela, agradecida —, assim talvez elas doem mais dinheiro à Unicef.

Meu irmão chegou, deu uma olhada nas cadeiras bambas em nosso gramado desigual e rumou direto para o bar. Mamãe havia contratado alguns alunos do colégio mais próximo para cuidarem do bar, e eles serviam uísque como se fosse Coca-Cola.

— Você tem de ficar sóbrio — falei para Bob. — Tem de prestar atenção para ninguém da família de Shelly tomar a sopa. E eles provavelmente também deveriam tomar cuidado com o frango.

Bob tomou outra bebida.

Minhas lembranças da festa são felizmente vagas, mas um recorte amarelado do jornal *Norwalk Hour* conta uma parte da história. Minha mãe encara a câmera radiante acima de uma legenda onde se lê FAMÍLIA DE WILTON OFERECE FESTA BENEFICENTE PARA A UNICEF.

Uma foto de família onde estou entregando um cheque para um oficial sorridente em frente a uma placa que diz CONSELHO DE SEGURANÇA tanto em francês quanto em inglês conta outra parte da história.

Mas o final da história pertence ao meu irmão. Trinta e cinco anos depois, seus filhos ainda conseguem fazê-lo ficar verde ao perguntarem: "Você se lembra daquela vez em que vovó Mimi envenenou todo mundo?"

"Aaai", geme ele, "não me lembre. Foi horrível. Primeiro, ela extorquiu dinheiro deles. Depois, distribuiu aqueles brindes antibomba; pelo amor de Deus, estávamos na década de 1960, e os convidados eram conservadores executivos e donas-de-casa. Mas o pior foram os telefonemas. Houve telefonemas a noite inteira. Ninguém estava se sentindo bem. Vinte e seis pessoas acabaram internadas, fazendo uma lavagem estomacal. Que jeito de conhecer a família!"

Eu perdi tudo isso, mas de fato me lembro do telefone tocando enquanto ainda estávamos fazendo a faxina. Mamãe ainda exultava sob os *flashes* dos fotógrafos e dizia pelo que parecia ser a 47ª vez: "Olhe quanto dinheiro nós arrecadamos!" Ela tirou o fone do gancho.

— Sim? — disse mamãe, animada. Acho que ela esperava que fosse mais um jornalista. Então sua voz desmoronou de decepção.

— Quem não está se sentindo bem?

Houve um longo silêncio. Mamãe passou a mão por seu penteado chique e curto.

— É mesmo? — perguntou ela com um tom chocado. — Todos? — Suas costas se curvaram um pouco enquanto suas unhas vermelhas brilhantes iam de seus cabelos a sua boca. Em seguida ela endireitou as costas e ergueu a cabeça.

— Que bobagem — ouvi-a dizer ao telefone. — Estamos todos nos sentindo bem. E nós comemos *tudo*.

2

Avós

Tive três avós, e nenhuma delas sabia cozinhar.

A mãe da minha mãe não cozinhava porque tinha mais o que fazer. Ela era empresária, como mamãe dizia com orgulho a qualquer pessoa que encontrava.

A mãe do meu pai não cozinhava porque, até Hitler intervir, era uma mulher muito rica.

E tia Birdie não cozinhava porque tinha Alice.

Na verdade, tia Birdie não fazia parte da minha família; ela era mãe da primeira mulher do meu pai. Mas queria desesperadamente ser avó, então quando eu nasci ela foi ao hospital, apresentou-se à minha mãe e candidatou-se ao cargo. Já passara há muito dos 80 anos, e aquela parecia ser sua última chance.

Mamãe aceitava feliz qualquer ajuda que pudesse obter, e tia Birdie se dedicou à tarefa de corpo e alma. Cerca de uma vez por semana, eu saía da escola e a encontrava esperando na calçada. Meus amigos imediatamente a rodeavam, encantados por estarem ao lado de uma adulta que tinha a mesma altura que eles. Com um metro e quarenta e dois centímetros, tia Birdie era a menor adulta que qualquer um de nós jamais vira, e quando ela dizia: "Vamos comer fora no Schrafft's!", ouvia-se um gemido generalizado. Todos me invejavam.

Sempre pedíamos a mesma coisa. Depois tomávamos nossos *sundaes* de chocolate e *marshmallow* devagar, vendo as mulheres subirem a larga e imponente escadaria do restaurante e comentando sobre suas roupas, seus cabelos, seu andar. Tia Birdie sempre se comportava como se eu fosse a pessoa mais fascinante do mundo. Eu me perguntava se ela havia sido assim com sua filha, aquela que um dia fora casada com meu pai, mas sempre que eu pronunciava a palavra "Hortense" ela fingia não me escutar. Todo mundo fazia isso.

Em seguida, tia Birdie me levava de volta para sua casa. Depois da longa viagem de ônibus, eu corria para a cozinha, abraçava Alice, e lhe implorava para me deixar esticar a massa para as trouxinhas de maçã que ela fazia sempre que eu ia passar a noite lá. "Então", ela sempre dizia, com o suave sotaque de Barbados que ainda conservava depois de 60 anos nos Estados Unidos, afagando-me com as mãos enfarinhadas. Ela era uma senhora atraente de pele marrom, cabelos pretos curtos e um rosto de rugas profundas. Tinha cheiro de amido de milho, limão e, caso estivesse assando alguma coisa, canela também.

Eu adorava ajudá-la, adorava sentir entre as mãos a massa amanteigada que ela acabara de fazer, adorava o modo preciso como o miolo saía das maçãs. Adorava enrolar cuidadosamente cada maçã em um quadrado de massa e apertar a parte de cima para fechá-lo de leve. Nós arrumávamos as trouxinhas em um tabuleiro, Alice as punha no forno e íamos as duas para a sala de estar assistir ao seriado musical *The Perry Como Show*. Isso também era uma grande emoção; meus pais não tinham televisão.

Alice sempre ia embora logo depois do programa. Então tia Birdie e eu comíamos o que quer que ela houvesse deixado esquentando em cima do fogão para o jantar.

Nas manhãs de sábado, comíamos as últimas trouxinhas de maçã. Escovávamos os dentes. Fazíamos nossas camas. E íamos até a cozinha preparar uma salada de batatas para meu pai. Esse era o único prato que tia Birdie preparava. "A cozinheira da nossa família é Alice", dizia ela.

Minha mãe teria ressaltado que Alice não pertencia realmente à família de tia Birdie. Ela não se considerava uma pessoa particularmente preconceituosa e observava com freqüência que seu casamento com papai havia sido celebrado por um pastor negro. "Ele era casado com Dorothy Maynor, a cantora", prosseguia ela, gabando-se da linda música. Mas eu percebia que, celebridades à parte, o mundo de mamãe era inteiramente branco, e ela se referia a qualquer mulher de pele escura que porventura estivesse limpando a nossa casa como "a moça". Papai era diferente: ele era totalmente desprovido de preconceitos, coisa que atribuía ao fato de ter sido criado na Alemanha. Ele entendia perfeitamente a posição de Alice.

Assim, sempre que tia Birdie lhe estendia o pote de salada de batatas, ele inclinava seu corpo alto até chegar à altura da bochecha dela, beijava-a, e dizia baixinho: "Alice é uma cozinheira maravilhosa. Mas quem faz a melhor salada de batatas do mundo é *você*."

Salada de batatas de tia Birdie

INGREDIENTES

1,5kg de batatas pequenas
sal e pimenta a gosto
1 colher de sopa de açúcar
2 cebolas picadas
1/3 de xícara de óleo vegetal
½ xícara de vinagre
2 colheres de sopa de água

Ferva as batatas durante 15 a 20 minutos até ficarem macias, mas não moles demais. Escorra e deixe esfriar um pouco. Descasque-as e corte-as em rodelas de espessura igual.

Tempere com sal, pimenta e açúcar. Acrescente as cebolas. Acrescente o óleo e misture com delicadeza.

Dilua o vinagre na água e aqueça até levantar fervura. Acrescente à mistura de batatas enquanto ainda estiver quente e misture bem.

Rende de seis a oito porções.

Trouxinhas de maçã com creme de Alice

INGREDIENTES

2 xícaras de farinha
1 colher de café de sal
¾ de xícara de margarina
¼ de xícara de água gelada
5 maçãs descascadas e sem miolo
¼ de xícara de açúcar
1 colher de chá de canela
1 colher de sopa de manteiga

Misture a farinha e o sal. Junte a margarina cortada com duas facas em pedaços do tamanho de ervilhas. Acrescente a água aos poucos até conseguir formar uma bola de massa com um garfo.

Estenda a massa e corte em cinco quadrados. Ponha uma maçã no centro de cada quadrado.

Misture o açúcar e a canela. Encha o centro de cada maçã com a mistura de açúcar. Ponha um pedacinho de manteiga em cima de cada uma. Enrole a massa em torno da maçã para formar um embrulho, passando um pouco de água nas bordas para fechar, se necessário. Deixe descansar durante meia hora.

Preaqueça o forno a 175°C.

Asse por cerca de 40 minutos, ou até as maçãs ficarem macias.

Sirva morno com creme.

Rende cinco porções.

CREME

¾ de xícara de manteiga sem sal amolecida

1 ½ xícara de açúcar

uma pitada de sal

2 colheres de chá de baunilha

Bata a manteiga até ficar macia. Acrescente o açúcar e o sal aos poucos até ficar cremoso e leve. Acrescente a baunilha e resfrie.

Rende cerca de uma xícara.

Quando eu tinha seis anos, meus pais foram passar um mês na Europa. Como sempre, foi idéia da minha mãe. Acho que já nessa época eu percebia que meu pai não gostava de se afastar de mim por tanto tempo assim, mas que não sabia como dizer isso à minha mãe. Especialmente depois de ela ter tido o trabalho de combinar com a grande empresária de Cleveland para vir tomar conta de mim.

A empresária era sua mãe. "Você vai se divertir muito com Nanny", garantia-me mamãe, levando-me para dar uma volta pelo apartamento e me mostrando todas as fotos autografadas dos amigos famosos da minha avó. "Vai conhecer Menuhin e Rubinstein!"

Mas a música me entediava e eu entediava Nanny. Três dias depois da partida dos meus pais, ela ligou para tia Birdie.

Isso não me deixou triste. Eu tinha tia Birdie. Tinha Alice. E tinha um mês inteiro para tentar desvendar o mistério de Hortense. Por que ninguém queria falar sobre a primeira mulher do meu pai?

Tia Birdie morava em Washington Heights, bairro que, segundo ela, havia ficado "decadente". O que ela queria dizer era que as ruas estavam repletas de lixo e vidro quebrado, e durante metade do tempo o elevador não funcionava. Tia Birdie parecia alheia a tudo isso; ela e tio Perry haviam se mudado para o bairro um milhão de anos antes, quando aquele ainda era um lugar da moda. Então o mercado de ações despencou e eles ficaram presos ali. Ela foi ficando, mesmo depois da morte de tio Perry, cercada pelos belos objetos de dias melhores. O bairro era uma favela, mas o apartamento era esplêndido, cheio de cômodas de mogno escuro, velhos sofás macios e uma profusão de desenhos e quadros. Ele era também imaculado. Isso porque Alice perseguia furiosamente qualquer grão de poeira como se fosse um invasor.

"Acho que Alice foi a primeira negra que minha mãe jamais contratou", dizia tia Birdie. "Depois da Guerra Civil, várias pessoas de cor vieram para o norte, mas naquela época minha mãe contratava moças irlandesas recém-saídas dos navios. Às vezes ela me levava ao cais quando estava procurando empregadas. Eu gostava disso. Quando tio Perry me pediu em casamento, minha mãe disse que treinaria uma empregada. Eu naturalmente esperava outra irlandesa. Fiquei tão surpresa quando Alice apareceu."

— Eu me lembro da sua cara — disse Alice. — A senhora abriu a porta e deu um pulo para trás quando me viu. Pensei que fosse o fim do meu emprego antes mesmo de ele ter começado.

— Bom, eu de fato tentei mandá-la embora — disse tia Birdie. — Uma vez.

— Eu me lembro — disse Alice com certa aspereza. — Mas eu não deixei. — Ela se virou para mim e vi as fortes linhas profundamente marcadas dos dois lados de seu rosto se afastarem enquanto sua boca se virava para baixo; de repente ela parecia igualzinha ao desenho na parede acima de sua cabeça. — Foi logo depois da queda da bolsa. Seu tio Perry chegou em casa certa noite com um ar realmente arrasado e eu percebi que aquilo havia acontecido com ele. Estava acontecendo com todos à nossa volta, homens bons que acordavam ricos e iam para a cama pobres. Ele chamou sua tia Birdie até a sala de estar e ela foi e fechou a porta. Quando tornou a sair, pude ver que ela havia chorado.

— Onde estava Hortense? — perguntei.

— Eu disse a ela — falou tia Birdie, retomando a narrativa — que iríamos ficar realmente pobres. Que não tínhamos mais nada. E que não tínhamos mais condições de mantê-la.

— E eu disse a *ela* — falou Alice — que não iria embora. Ela não iria se livrar de mim assim tão facilmente!

— "Mas Alice", falei, nós não temos dinheiro. Nada — disse tia Birdie. — E sabe o que Alice disse?

Olhei para Alice.

— Eu disse: "Basta a senhora me pagar o quanto puder. Sei que será justa."

— E sabe o que ela fez depois? — perguntou tia Birdie.

— Uma fornada de trouxinhas de maçã com creme — disse eu. Porque era isso que Alice sempre fazia quando alguma ocasião exigia uma resposta e ela não estava muito certa de que resposta dar.

Alice teria rido com irônico desprezo dessa idéia, mas ela foi a primeira pessoa que jamais conheci que entendia o poder da culinária. Era uma ótima cozinheira, mas cozinhava mais para si própria do que para os outros, não porque tivesse fome, mas porque os rituais da cozinha a reconfortavam.

Jamais lhe ocorreu que os outros pudessem pensar de outro modo, e eu já estava crescida quando percebi que nem todas as crianças de seis anos considerariam um presente passar tardes inteiras dentro da cozinha.

Eu passava a maioria das manhãs dentro do amplo e meticulosamente arrumado *closet* de tia Birdie, experimentando um vestido azul-marinho depois do outro. Aos seis anos, seus sapatos tamanho 34 já cabiam em mim. Depois, eu podia passear pelo apartamento examinando as águas-fortes, aquarelas e desenhos nas paredes. Eram todos tão conhecidos: Alice, tia Birdie, o bule de chá de prata da sala de estar. Mas inevitavelmente chegava um momento em que tia Birdie suspirava e dizia:

— Por que você não vai ver o que Alice está fazendo?

Alice e tia Birdie tinham o relacionamento fácil de duas pessoas que se decepcionaram profundamente com a vida, mas não uma com a outra. Um acidente do destino as havia juntado durante quase 60 anos, mas elas haviam pensado tão pouco no assunto que Alice pareceu surpresa quando perguntei se ela gostava de tia Birdie.

Ela estava misturando temperos para fazer um bolo de carne, mas parou no meio do movimento, como um coelho que vê um automóvel. Seus olhos se arregalaram. Ela pegou a carne, deu-lhe uma boa palmada, depois aquiesceu.

— Gosto — disse ela —, gosto sim. — Ela parecia surpresa.

Naquela noite, quando Alice e tia Birdie estavam pondo a mesa do jantar, Alice disse, bastante casual:

— Não é fácil cuidar de uma criança de seis anos quando se tem 80. — Ela lançou um olhar de soslaio para tia Birdie e disse:

— Acho que vou até em casa pegar algumas coisas. Vou ficar aqui até Ruthie ir embora.

— Espere até depois do jantar — retrucou tia Birdie, pondo um terceiro lugar na mesa. Alice e eu havíamos passado muito tempo na cozinha juntas, mas aquela foi a primeira vez em que nos sentamos juntas para fazer uma refeição.

Quando terminamos de comer, tia Birdie e eu lavamos a louça enquanto Alice ia buscar suas roupas. Depois, tia Birdie me deixou ficar acordada para assistir ao seriado *The Honeymooners*. Eu ainda estava acordada quando Alice entrou na cama ao lado da minha.

— Você morava aqui quando Hortense era pequena? — perguntei.

— Shh — disse ela. — Vá dormir.

Pela manhã, saímos da casa em silêncio, esforçando-nos para não acordar tia Birdie. Descemos a rua 168 até a Broadway, onde Alice percorreu as lojas como uma rainha, beliscando frutas e fazendo perguntas. Alice queria saber sobre tudo o que comprava. "De onde veio isto?", perguntava ela. "Quando chegou?" Seguindo em seu encalço, comecei a ver o *status* que se dava a quem gostava de comida.

Devo ter ficado engraçada tentando imitar sua expressão séria e desaprovadora. Uma criança robusta de rosto redondo rodeado por indisciplinados cachos castanhos, eu geralmente vestia roupas de segunda mão que não combinavam entre si; minha mãe fazia todas as suas compras em uma loja que não tinha departamento infantil, a Loehman's.

— Esta é a filha de Hortense? — perguntou o homem que nos vendeu uvas. Alice sacudiu a cabeça e lançou-lhe um olhar mau.

Reconheci Georgie, o açougueiro, imediatamente; na cozinha, havia uma água-forte que o retratava, usando o mesmo chapéu branco e com a mesma expressão de ansiedade que exibia agora ao estender um pedaço de carne e depois outro para Alice examinar. Enquanto fitava com suspeita a carne estriada de cor vermelha-escura, ela pareceu reter um pouco a respiração.

— Eu não me atreveria a lhe dar nada senão o melhor — disse ele, embrulhando a alcatra com uma das mãos e me estendendo um pedaço de salsichão com a outra.

Depois de comprar tudo de que precisávamos, Alice me levou ao café porto-riquenho, onde tomou uma pequena xícara de café forte e eu comi um doce de goiaba e queijo cremoso.

— Quando eu voltar para Barbados — disse Alice —, vou me sentar ao sol todos os dias e tomar café. — Ela me contou sobre a casa que planejava comprar quando se aposentasse, falando como se isso ainda pertencesse a um futuro distante.

— Mas você é tão velha! — exclamei. Ela aquiesceu, nada ofendida.

— Esperança nunca fez mal a ninguém — respondeu ela.

Mais tarde, naquele mesmo dia, tia Birdie e eu entramos e saímos das mesmas lojas, comprando as coisinhas das quais Alice havia se esquecido. Percebi que com ela Georgie não se mostrava tão atento, ansioso e respeitoso quanto com Alice. Na verdade, ele piscou para ela e, quando me estendeu um pedaço de salsicha, entregou-lhe um também. Enquanto comia, ela disse:

— Eu já lhe contei sobre quando o seu tio Perry e eu subimos o rio Hudson de vapor e o condutor lhe vendeu uma meia passagem para mim? Eu era uma senhora casada!

Qualquer outra pessoa teria ficado decepcionada por ser tão miúda, mas tia Birdie adorava sua altura. Mesmo quando já era uma velha senhora, as pessoas ainda a tratavam como se ela fosse uma adorável garotinha. Todos a adoravam.

"Menos Hortense", dizia Alice, sombria. Então levava as mãos à boca, como se desejasse poder socar as palavras de volta lá para dentro.

Quando chegamos em casa, tia Birdie pegou o álbum de retratos para me mostrar fotos da viagem pelo Hudson. Ali estavam eles, ela e tio Perry, olhando por cima da balaustrada e sorrindo. Folheei as páginas, à procura de sinais de Hortense, mas não havia nenhuma menininha. Em vez disso, encontrei um retrato formal de pessoas retesadas posando com roupas antigas.

— É o meu casamento! — disse tia Birdie, vindo se juntar a mim sobre o sofá. — Tio Perry não está bonito? — Ela afagou a página amorosamente, depois a virou. — E este é o cardápio — disse ela, olhando para um longo documento todo escrito. Começou a ler:

— "Sopa de tartaruga verde. Ostras fritas. Salmão com molho de lagosta. Capão assado. Filé. Croquetes de frango. Moleja. Salada com molho. Ostras ao natural."

— Todo mundo comeu tudo? — perguntei, incapaz de acreditar na abundância do cardápio. Tia Birdie assentiu e disse:

— Nessa época, as pessoas comiam mais.

— Você já fez sopa de tartaruga verde? — perguntei a Alice enquanto ela fatiava o pão para nossos sanduíches frios de bolo de carne.

— Claro — respondeu ela com desdém. — É facílimo.

— Alice costumava fazer ostras fritas maravilhosas! — disse tia Birdie.

— É, sim — respondeu Alice. — Eu as fazia quando seu pai e Hortense eram casados. — Sua voz acariciou as palavras "seu pai", como as duas sempre faziam; na casa de tia Birdie, meu pai era um príncipe. Enquanto arrumava os sanduíches em cima da mesa, Alice juntou as mãos e disse:

— Há três segredos para se preparar uma boa ostra frita. Em primeiro lugar, você tem de abrir as ostras e deixá-las escorrer durante pelo menos uma hora, para garantir que estejam secas. Depois, tem de usar pão fresco para a farinha de rosca. Mas o mais importante — nesse ponto ela parou, para maior ênfase — é deixar a margarina bem, bem quente. Ela tem de fumegar, ou as ostras não ficarão crocantes. E se nós fizéssemos ostras fritas hoje à tarde?

Depois de abrir as ostras e deixá-las escorrer, ela as passou pela farinha de rosca. Montamos uma linha de produção: tia Birdie molhava as ostras em um ovo batido e eu as passava na farinha de rosca feita na hora. Depois, entregava aquelas coisas gosmentas para Alice, que as jogava na gordura e as vigiava, observando-as até adquirirem o tom adequado de marrom. Isso levava cerca de um minuto, e então ela as retirava com uma escumadeira e as punha em cima dos sacos de papel rasgados que havia alinhado em cima da bancada.

— Agora coma! — ordenou ela. Peguei uma, mas estava tão quente que queimou meus dedos e eu a deixei cair. Alice parecia impaciente, de modo que tornei a pegá-la. Era crocante por fora, com um leve sabor adocicado. Lá dentro, a ostra parecia um pudim salgado. Dei uma mordida e depois outra, saboreando a consistência da crosta e a maciez do interior. Alice e tia Birdie olharam para a minha cara e riram.

Conforme passavam os dias, essa se tornou a minha brincadeira preferida. A cada dia, eu escolhia um prato diferente do cardápio do casamento de tia Birdie e ela e eu íamos até a cozinha e implorávamos a Alice que o preparasse.

— Será que ela saberá fazer isso? — perguntava eu sem parar. A resposta era sempre a mesma:

— Alice sabe fazer qualquer coisa.

— Crianças de seis anos dão tanto trabalho — resmungou Alice certo dia enquanto esperávamos uma massa de pão levantar. — É uma sorte eu ter tanta paciência.

— Hortense dava muito trabalho quando era pequena? — perguntei.

— Não — respondeu Alice —, ela era um anjo. Passava o tempo inteiro desenhando e pintando. Você sabe que todos esses quadros são dela. — Com o queixo, indicou o desenho que a representava, a água-forte de Georgie, as fotografias da sala de estar, as aquarelas. — Todo mundo dizia que ela era uma artista tão talentosa; as aulas que ela recebia! — Então Alice deu um soco na massa, com força, e esta desinchou, desabando com um *puf*. — Mas ela cresceu.

— Sim — disse eu, radiante —, e casou-se com o meu pai!

— Ele se casou com duas... — disse Alice, depois se deteve. Cerrou os lábios com força e recusou-se a dizer mais uma palavra sequer. Duas o quê?, perguntei-me. Ela parecia querer dizer mais do que apenas duas mulheres. Fiquei feliz quando o telefone tocou.

Era minha avó de Cleveland querendo saber como eu estava.

— Ah, Nanny — falei —, estamos cozinhando. Alice sabe fazer qualquer coisa.

— Pergunte-lhe se ela sabe fazer croquetes de frango — disse Nanny.

— Ela acha que eu não sei? — disse Alice com os olhos faiscando. Desabafou algumas palavras sobre mulheres que não apenas não sabiam cozinhar, mas eram ocupadas demais para cuidar dos próprios netos. Depois disse:

— Vista seu casaco, nós vamos às compras. — Ela resmungou durante todo o caminho até à loja.

— Preciso de peitos de frango bem carnudos — disse ela a Georgie —, esta noite vou fazer croquetes de frango. Essa é boa, a avó metida a besta acha que eu não sei fazer.

— Tia Birdie diz que Alice faz os melhores croquetes de frango do mundo — disse eu, com lealdade. — Iguaizinhos aos que ela comia quando seu pai a levava para almoçar no Delmonico's.

— Aposto que são ainda melhores — disse Georgie.

Alice sorriu.

— Vou lhe trazer um — ofereceu ela, como se fosse uma rainha dando um presente raro a um súdito.

Alice escaldou os peitos de frango muito de leve, e depois de esfriarem eu destaquei a carne dos ossos e Alice a cortou em pedacinhos. Ela me deixou ficar em pé sobre uma cadeira e mexer o espesso molho branco feito inteiramente com creme. Temperou-o com cebolas picadas, sal, pimenta-de-caiena e noz-moscada, e juntou o frango. Depois, pusemos a mistura na geladeira para esfriar e fomos para a sala de estar.

Quando voltamos, moldei a massa em forma de cilindros e Alice os passou em migalhas de biscoito e fritou na manteiga.

Embrulhamos o croquete de Georgie em um guardanapo de linho e pusemos os restantes na travessa de porcelana debruada de ouro de tia Birdie. Enchemos a melhor jarra de cristal com suco de uva e, depois do jantar, tia Birdie aumentou o volume do rádio e dançamos as três como se fôssemos convidadas de um baile elegante.

— Olhe, estamos iguais! — falei, apontando para um dos desenhos na parede da sala de estar. Ambas as cabeças se voltaram para o desenho. Alice disse:

— Nossa, como Hortense adorava dançar! — Tia Birdie parou no meio de um passo. Ela foi até o sofá e se sentou. Era o fim da dança.

Na noite seguinte, meus pais voltaram da Europa. Para comemorar sua volta, Alice estava fazendo rosbife, purê de batatas, espinafre e cebolas ao creme.

— Eles vão gostar disso depois de toda aquela comida francesa metida a besta — disse ela, abrindo o forno para regar a carne. Respirei fundo, inalando o forte cheiro da carne que assava e o aroma doce das cebolas.

— Aposto que em Paris eles nunca comeram nada tão bom quanto *isto* — falei.

Alice sorriu.

— Hortense sempre dizia que seu pai era um homem que gostava de carne e batatas — disse ela, com um sorriso que mostrava o quanto gostava do meu pai.

— Como ela morreu? — perguntei, tentando soar casual. Alice simplesmente se deteve e me encarou.

— O que a faz pensar que ela morreu? — retrucou.

— Ela não morreu? — perguntei.

— Dá na mesma — disse Alice. — Tem certeza de que todo este espinafre está mesmo limpo?

O jantar foi um grande sucesso. Tia Birdie abriu uma garrafa verde estreita de vinho e meus pais a beberam inteira. Minha mãe deu a tia Birdie um suéter de caxemira. Meu pai devorou o creme de espinafre, deu a Alice um xale de seda e lhe disse que ela ainda era capaz de preparar uma refeição melhor do que qualquer restaurante de Paris.

Aquilo me lembrou do que Alice dissera antes. Enquanto meu pai me carregava no colo até o táxi, murmurei junto ao seu pescoço:

— O que aconteceu com Hortense?

— Amanhã de manhã eu lhe conto — disse ele. Mas na manhã seguinte ele havia mudado de idéia. Decidi que ela deveria ter feito algo realmente terrível. Talvez houvesse matado alguém. Talvez estivesse na prisão.

Só anos depois descobri a verdade. A essa altura eu estava na faculdade e tia Birdie, unicamente graças à sua longevidade, inesperadamente se tornara uma herdeira. Quando ela estava com quase 100 anos, o último dos sete irmãos solteiros de tio Perry morreu, deixando-lhe sua considerável fortuna.

A primeira coisa que tia Birdie fez foi se mudar para um bairro bom. A segunda foi comprar uma casa para Alice em Barbados.

"Alice não preferiria vir morar aqui com você?", perguntava eu. Tia Birdie parecia achar a pergunta ridícula. "Ela sempre quis ir para casa", dizia ela. Mesmo assim, sempre que eu ia visitar tia Birdie, a primeira coisa que ela perguntava era: "Teve notícias de Alice?"

Eu tinha. Pelo tom de suas cartas, podia perceber que ela estava decepcionada com aquele sonho que enfim se tornara realidade. Acho que ela sentia saudades de tia Birdie. Sei que tia Birdie sentia saudades dela. Mas nenhuma das duas conseguia admitir isso.

"Cuide bem da sua tia Birdie", escrevia Alice, mandando-me a receita de suas trouxinhas de maçã. E ela me contou, enfim, onde Hortense passara todos aqueles anos: em um hospício.

— É isso? — perguntei ao meu pai. — É esse o mistério? A história é só essa? Ela está internada em um hospício?

— Está — disse ele devagar. — Bobo, não é?

— Mas por que ninguém queria falar sobre ela? — perguntei.

Ele abaixou os olhos para mim e disse com simplicidade:

— Elas sentiam vergonha. — Com ar triste, ele acrescentou:

— Havia também outra coisa. Elas pensavam que fossem culpadas pelo fato de ela ter tanto medo. Conforme sua doença progredia, ela não conseguia mais tocar em nada que algum dia houvesse sido tocado por outra pessoa, e elas achavam que de algum modo haviam feito alguma coisa errada.

Olhei para trás, visualizando o apartamento caloroso, abarrotado, tentando imaginar como aquelas duas adoráveis senhoras poderiam ter feito mal a alguém. Visualizei nós três na cozinha. E ouvi Alice dizer, de novo: "Ele se casou com duas." De repente entendi: duas loucas.

— *Você* acha que elas foram culpadas pela doença de Hortense? — perguntei.

— Bem — respondeu ele devagar —, elas certamente não a prepararam para o mundo real.

3

A Sra. Peavey

Minha mãe tinha energia e educação de sobra e não tinha muita coisa para fazer. "Se ao menos meus pais me houvessem deixado ser médica", lamentava-se com freqüência, enquanto andava de um lado para o outro do apartamento como um tigre enjaulado. Tentou um emprego, depois outro, mas eles nunca duravam.

— Ninguém tem nenhuma visão! — anunciou ela depois de ser educadamente demitida do cargo de editora-chefe da *Homemaker's Encyclopedia*, publicação dos anos 1950 que ensinava artes domésticas às donas-de-casa. — Eu realmente pensei que um ensaio sobre as rainhas inglesas e suas prendas domésticas fosse uma idéia brilhante.

Sua inspiração seguinte foi uma revista chamada *Lends You*, "Emprestar". Mamãe ficou chocada quando a idéia não deu em nada.

— Seria de se pensar — disse ela, indignada — que as pessoas ficariam encantadas com a idéia de tomar emprestado os dotes de maestro de Leonard Bernstein ou o senso de estilo da editora de moda Diana Vreeland. Eu só não entendo por que não ficam!

Em seguida, ela trabalhou no Metropolitan Museum of Art, dando palestras ilustradas por *slides* para vários grupos da cidade. Sua especialidade eram as vidas particulares dos artistas das mostras especiais do museu. Essa astuta idéia era de sua própria lavra, mas pôs fim à sua carreira.

— Eu estava só dizendo a verdade — protestou ela ao ser informada de que seus serviços não eram mais necessários. Mesmo assim, sua ousada palestra sobre Picasso foi demais para a administração, e mamãe decidiu usar suas consideráveis energias tentando aprimorar nossas vidas. Ela recebia, decorava, organizava viagens culturalmente enriquecedoras. Tais esforços nem sempre eram apreciados.

— O que foi agora? — perguntou meu pai ao chegar em casa certo dia e encontrar uma árvore sendo içada pela lateral do nosso prédio. Ele soube imediatamente que seu destino era o 11º andar. De fato, minha mãe o recebeu com a notícia de que havia acabado de comprar uma bétula morta para alegrar o nosso lar.

— Não é maravilhoso?! — perguntou ela sem fôlego, mostrando um objeto que era pelo menos duas vezes maior do que o espaço disponível. — Podemos cortá-la do tamanho que quisermos e pendurar nela enfeites sazonais.

— Maravilha — concordou ele, com a mistura adequada de orgulho e ceticismo.

— E foi uma pechincha! — acrescentou ela.

Sabiamente, papai evitou perguntar quanto custara.

Sempre havia pechinchas, aquelas coisas que minha mãe rebocava para casa de suas peregrinações pela cidade de Nova York. Ou então curiosidades: sempre que minha mãe se deparava com alguma comida que nunca vira antes, ela a comprava.

O resultado disso foi que eu fui a primeira pessoa da minha turma a provar mexilhões, frutos de cacto, ouriços-do-mar e sementes de lichia. Certa vez, quando eu estava voltando para a faculdade de carro, ela me entregou uma lata de aspargos brancos dizendo:

— Leve isto para a viagem. Você não terá de fazer tantas paradas: eles matam bem a sede.

Por sorte, só dependíamos esporadicamente de minha mãe para nossa subsistência. A tarefa de cozinhar muitas vezes cabia a mim e a qualquer empregada que porventura tivéssemos. Houve uma sucessão delas; a maioria não durava mais do que alguns meses. Então conhecemos a Sra. Peavey, que veio morar conosco quando eu tinha oito anos.

Ela era a empregada mais improvável do mundo, uma mulher volumosa de sessenta e poucos anos com cabelos branco-azulados e modos de dama. Falava três idiomas com fluência e de vez em quando fazia comentários desconcertantes como: "Quando ficamos hospedados com os Rockefeller, o chá era sempre servido às quatro horas em ponto."

Minha mãe e a Sra. Peavey discutiam constantemente sobre a maneira adequada de pôr a mesa para uma festa. A Sra. Peavey geralmente ganhava; tinha muito mais experiência. Ela demonstrou sua coragem no dia em que tropeçou entrando pela porta da cozinha, deixando cair o bife Wellington — prato que consistia em uma peça de carne envolta em massa com uma camada de patê no meio — a meio metro de onde minha mãe esperava para servi-lo.

— Vou buscar a outra carne, Sra. Reichl — disse ela enquanto catava a comida desperdiçada e saía. Minha mãe aquiesceu tristemente.

Um minuto depois, a Sra. Peavey reapareceu trazendo outro bife Wellington igualzinho. Minha mãe ficou atônita. De onde saíra aquilo? Fiquei olhando de trás da porta da cozinha, prendendo a respiração enquanto minha mãe servia o novo prato. Esperei que ela fosse esperta o suficiente para não servir a massa crua que a Sra. Peavey usara para remendar os pedaços quebrados.

— Sempre faça mais massa do que o necessário — disse a Sra. Peavey, pressionando a nova massa sobre os buracos e camuflando-a com enfeitezinhos de algum tipo. — Nunca se sabe as surpresas que a vida vai aprontar.

E foi a Sra. Peavey quem me ensinou a preparar o prato preferido do meu pai. Sempre que faço *wiener schnitzel*, costeletas à milanesa, a Sra. Peavey está ao meu lado, lembrando-me de bater a carne de vitela até ela ficar bem fina.

Wiener schnitzel

INGREDIENTES

700g de costeletas de vitela

½ xícara de farinha

1 ovo batido
1 xícara de farinha de rosca bem fina
sal e pimenta
6 colheres de sopa de manteiga
1 limão

Bata cada costeleta entre dois pedaços de papel-manteiga até ficarem finas.

Ponha a farinha em um recipiente raso, grande o suficiente para conter a costeleta. Ponha o ovo batido em outro recipiente e a farinha de rosca em um terceiro. Tempere cada costeleta com sal e pimenta.

Passe as costeletas na farinha. Molhe no ovo batido. Passe na farinha de rosca até ficarem inteiramente cobertas por uma leve camada. Ponha em cima de uma travessa forrada com papel-manteiga e deixe na geladeira por cerca de uma hora.

Derreta quatro colheres de sopa de manteiga em uma frigideira grande. Quando estiver bem quente, doure as costeletas rapidamente dos dois lados. Torne a pôr na travessa.

Derreta as outras duas colheres de sopa de manteiga na mesma frigideira. Esprema o suco de limão junto com a manteiga e despeje sobre as costeletas.

Rende quatro porções.

A Sra. Peavey descia as escadas para o seu quarto todas as noites carregando um imenso cálice de prata cheio de água gelada. A umidade formava gotas e escorria pelos lados do cálice, que ela punha sobre o chão de ladrilhos ao lado de sua cama. Em um de seus momentos tipicamente americanos, minha mãe havia revestido o piso do subsolo de nossa casa de veraneio com um linóleo verde e vermelho que reproduzia o desenho de um jogo-da-velha; depois disso, insistia em chamá-lo de quarto de brincar. Quando a Sra. Peavey foi morar conosco, o quarto de brincar virou seu quarto de dormir, e ela sempre punha o cálice de prata bem no meio da casa central do jogo-da-velha.

Ao contrário de Louvinia ou Winnie, que a antecederam como empregadas da família, a Sra. Peavey nunca era chamada por seu primeiro nome. E, ao contrário das outras, minha mãe não se referia a ela como "a moça".

Minha mãe adorava contar histórias à Sra. Peavey, mesmo as histórias que não a valorizavam. Como na vez em que ela pediu à Sra. Peavey para fazer um ensopado de batatas-doces coberto de *marshmallows* para o jantar de Ação de Graças e a Sra. Peavey respondeu que não faria isso de jeito nenhum.

— Uma horrível invenção de classe média — disse ela com firmeza.

Certa vez, a Sra. Peavey insistiu em passar os lençóis quando minha avó foi nos visitar.

— Mas nós não passamos nossos lençóis! — protestou minha mãe.

— O fato de vivermos como animais — retorquiu a Sra. Peavey, passando o ferro implacavelmente sobre o liso algodão branco — não é motivo para obrigar os outros a terem os mesmos hábitos. Um convidado é um convidado!

E é claro que minha mãe adorava reclamar da mania da Sra. Peavey de transformar seu dia de folga em uma semana. A voz de mamãe sempre virava um sussurro quando ela falava nisso. Ela olhava na minha direção e levava um dedo aos lábios; eu entendia que, o que quer que a Sra. Peavey estivesse fazendo, era terrível. Eu não conseguia imaginar o que poderia ser. Quando a voz da minha mãe se tornava audível de novo, ela sempre estava dizendo: "E é claro que é por isso que ela não tem outra opção senão ser empregada." Ela então dava uma risada um pouco amarga e acrescentava: "E empregada minha, ainda por cima. Quem mais agüentaria isso?"

Mas a história mais famosa não dizia em absoluto respeito à minha mãe; era sobre a vez em que os três filhos da Sra. Peavey vieram nos visitar em uma limusine com chofer. Era verão, e estávamos na casa de campo quando o comprido carro preto subiu deslizando o caminho que levava à nossa garagem. "Ela soube imediatamente quem era!", minha mãe sempre dizia a sua platéia fascinada. "E pediu a Ruthie para sair e lhes dizer para irem embora."

Vi meu reflexo no vidro brilhante do carro, uma menina séria de oito anos e olhos castanhos, com as duas bochechas sujas, segurando apertado um gatinho amarelo esquelético. Havia um grande curativo quadrado em um dos meus joelhos, que eu arranhara em uma queda de bicicleta, e meus cabelos cacheados estavam revoltos. Pude ver minha barriga aparecendo por baixo da minha camiseta rasgada e prendi a respiração enquanto a janela desaparecia lentamente.

Olhei para a escuridão fresca antes ocupada pelo vidro.

— Nós prometemos só ocupar um minuto de seu tempo — disse uma voz dentro do carro. Ela vinha do homem mais perto da janela. Seu comprido rosto triste me pareceu muito velho, e quando ele passou os dedos ossudos pelos cabelos grisalhos já rareando, recuei.

— Vou dizer a ela — falei. Virando-me tão depressa que o cascalho esmagado pelos meus pés voou e atingiu as brilhantes calotas prateadas. Abracei Marmelada enquanto atravessava o caminho de cascalho e a laje. Batendo a porta de tela atrás de mim, entrei na estreita cozinha revestida de madeira, onde a Sra. Peavey tirava uma torta de amoras-pretas do forno antigo.

— Não — disse ela. — Não, não, não.

Voltei para dizer a eles. Os filhos ainda estavam sentados tranqüilamente dentro da limusine, mas dessa vez quem falou foi outro. Ele tinha um rosto largo, satisfeito, e cabelos grisalhos brilhantes. Estendendo um dólar de prata pela janela, disse:

— Eu lhe darei mais cinco se você conseguir só fazê-la vir até aqui.

Quando mostrei o dinheiro à Sra. Peavey, ela abaixou os olhos para os tornozelos inchados que transbordavam de seus sapatos confortáveis, olhou para mim e disse:

— Vejo que Palmer não mudou. — Seu rosto se contraiu como se ela houvesse chupado um limão. — Se eu fosse você, não aceitaria o dinheiro dele. Diga-lhe que ele deveria se envergonhar de si mesmo. Diga-lhe que não vou sair nem por todo o chá da China.

Dei-lhe o recado, mas não consegui lhe devolver o dólar. Apertei a moeda com força, pressionando-a na lateral da minha palma. Então o terceiro filho tentou. O mais bonito dos três, ele tinha bochechas rosadas, cabelos pretos e profundos olhos azuis que se fixaram em mim.

— Ela ainda faz os melhores *brownies* do mundo? — Aquiesci solenemente. — Eu costumava ser seu melhor ajudante — continuou ele. — Aposto que agora sua melhor ajudante é você. — Ele sorriu, mostrando todos os dentes, e disse com um tom de súplica:

— Você não acha que uma mãe deveria falar com seus filhos? Diga a minha mãe que sinto saudades dela. Dê-lhe um beijo por mim.

A Sra. Peavey tinha um ar triste quando plantei o beijo em sua bochecha ressequida. Passei os braços em volta de seu corpo opulento e aspirei seu cheiro de pó-de-arroz.

— Diga a Potter que também sinto saudades dele — disse ela. — Diga-lhe que eu o amo. E diga-lhe que eu certamente não vou ver nenhum deles! — Ela então desamarrou o avental, jogou-o sobre a bancada e desceu para o subsolo.

Ao ouvir a mensagem final, os três filhos murmuraram: "O que faremos agora?" Então a janela subiu em silêncio, bloqueando majestosamente minha visão. O chofer virou o enorme carro preto. Fiquei ali em pé durante muito tempo vendo-o desaparecer em meio às árvores que margeavam nosso caminho estreito e sinuoso.

Na manhã seguinte, a Sra. Peavey saiu para sua folga. Nossa casa ficava a menos de 80 quilômetros de Nova York, mas a Sra. Peavey sempre insistia em "voltar para a civilização", deixando bem claro seu desdém por nossa pobre casa de verão na mata de Connecticut. Minha mãe levou a Sra. Peavey de carro até a estação e, com um olhar de preocupação, viu-a subir com dificuldade os degraus do trem com destino à estação nova-iorquina de Grand Central.

— Espero que ela volte — disse minha mãe baixinho enquanto tornávamos a subir em nossa velha caminhonete Ford.

— Vocês brigaram? — perguntei.

— Não — disse mamãe.

— Então por que você está preocupada? — perguntei. Minha mãe se recusou a dizer.

A Sra. Peavey não voltou no dia seguinte, nem no outro, nem no outro. Minha mãe se debatia na cozinha, servindo rosbife malpassado, batatas duras e vagens ainda congeladas no meio. Enquanto passava o aspirador de pó, resmungava insultos, jurando que aquilo era mesmo a gota d'água. Mas quando um táxi veio subindo o caminho, minha mãe observou em silêncio a Sra. Peavey passar pela sala de estar e descer as escadas para o quarto de brincar. Quando tornou a subir vestindo seu uniforme branco, a Sra. Peavey lustrou os castiçais, preparou um salmão *poché* com molho de aneto para minha mãe e uma torta Floresta Negra para meu pai. Ela então leu para mim quatro histórias em francês, de Bécassine, a camponesa boba. E ninguém disse nada sobre ninguém ser mandado embora.

O verão terminou e voltamos para Nova York. Eu gostava mais de lá. A Sra. Peavey e eu dormíamos no mesmo quarto em camas de solteiro cujos pés ficavam de frente um para o outro. Em algumas noites, depois que as luzes se apagavam e quando os carros 11 andares mais abaixo projetavam sombras velozes no teto cor-de-rosa, a Sra. Peavey me contava histórias sobre sua infância em Baltimore. Enquanto escutava, eu imaginava uma Sra. Peavey em miniatura com longos cachos dourados visitando os estábulos e saindo para passear no iate do pai. Podia sentir o cheiro da casa cheia de colunas com seus pisos de madeira encerados e seus vasos de rosas. Podia ver o cinto de cetim azul no vestido claro da Sra. Peavey enquanto ela dançava em volta de uma árvore de Natal coberta de velas. E podia ouvir o quarteto de cordas que vinha tocar na sala de música todos os domingos.

Mas eu gostava particularmente quando ela falava sobre o seu casamento. A Sra. Peavey usou um vestido claro de seda branca e um véu de renda feita por freiras francesas que guardavam silêncio. Sua cauda de cetim tinha dois metros e meio de comprimento, sua carruagem foi até a igreja puxada por seis cavalos brancos como neve, e dez homens tocaram clarins de prata enquanto ela subia a nave. Depois, os convidados jantaram em tendas cor-de-rosa sobre um gramado verde e dançaram em um pavilhão com vista para a baía. "E depois", dizia a Sra. Peavey, "nós fomos fazer um cruzeiro para visitar a Inglaterra, a França e a Alemanha."

Antes daquele verão, todas as histórias terminavam com o sol se pondo sobre um mar europeu, mas no outono a Sra. Peavey começou a incluir Carter, Palmer e Potter Peavey em suas histórias. Potter era o meu preferido: era ele quem se esgueirava até a cozinha para ajudar a Sra. Peavey a dispensar a cozinheira.

"O Sr. Peavey achou um pouco excêntrico quando comecei a ter aulas de culinária", dizia a Sra. Peavey. "Mas não queria nem ouvir falar no fato de eu própria cozinhar. Aquilo simplesmente não se *fazia*. Então Potter e eu inventamos outros métodos."

Eu podia ver os dois enxotando a cozinheira porta afora e dançando pela imensa cozinha ladrilhada. "Era tão divertido!", dizia a Sra. Peavey. "Não demorou muito para eu ficar conhecida por ter a melhor cozinheira de Baltimore, e as pessoas clamavam por convites."

Quando ela falava sobre suas escapadas na cozinha, a voz da Sra. Peavey sempre ficava mais jovem. "Certa vez, o embaixador britânico veio de Washington para jantar", dizia ela, sonhadora. "Éramos só 12 no jantar daquela noite, então decidimos homenageá-lo preparando pratos do jantar de casamento da rainha Vitória."

Eu acompanhava enciumada enquanto ela e Potter construíam pratos complicados. Adorava as palavras: galantina, recheio de carne, *aspic*, florentina... Via-os construir o pudim doce gelado que seria a sobremesa do jantar, prendendo a respiração quando a criação recheada de cerejas e amêndoas se extraía precariamente de sua forma antiquada. "Tive tanto medo de que a cozinheira o estragasse", admitia a Sra. Peavey, "que pedi à governanta para dar de comer às crianças na cozinha. Eu sabia que Potter seria capaz de consertar qualquer coisa que desse errado."

"A cozinheira", acrescentava ela, sombria, "era sempre o problema. Mas a noite do embaixador britânico correu muito bem. A verdade era que como cozinheira ela não era lá essas coisas. Pediu-me até para lhe ensinar culinária francesa. Eu tentei", dizia a Sra. Peavey, balançando tristemente a cabeça, "mas ela simplesmente não tinha muita imaginação."

Vendo a Sra. Peavey preparar uma *gougère* na cozinha, perguntei-me o que a imaginação tinha a ver com aquilo. Parecia-me que cozinhar era sobretudo uma questão de organização.

— Ah — disse ela —, você só diz isso porque tem imaginação.

Ela juntou ovos e queijo à massa e se inclinou para acender o forno.

— Cuidado! — exclamei, lembrando-me da vez em que minha mãe pusera fogo nos próprios cabelos. A Sra. Peavey endireitou o corpo e me olhou bem nos olhos.

— Eu não sou sua mãe — disse ela, sucinta. — Não abro o gás e depois vou procurar fósforos na sala de estar. Pessoas normais não põem fogo em si mesmas.

Então, enquanto se inclinava para dentro do forno para pôr a *gougère* sobre a grade, acrescentou:

— E pessoas normais não permitem que crianças de oito anos sejam suas próprias babás.

A Sra. Peavey não aprovava o modo como minha mãe havia resolvido seu problema para encontrar uma babá. "Eu simplesmente pago Ruthie para tomar conta de si mesma nas noites de folga da empregada", gabava-se mamãe com os amigos. "Ela é tão madura."

Eu certamente não queria desapontar minha mãe. Então nunca dizia uma palavra enquanto via minha mãe e meu pai se vestirem para o jantar, só prendia a respiração e escutava seu ritual costumeiro de sair-para-jantar, desejando que, só daquela vez, minha mãe vencesse.

O ritual era assim. Olhando para o vestido preto pendurado no *closet*, mamãe dizia: "Sabe, querido, não estou me sentindo muito bem. Por que você não vai sem mim?"

E papai fazia um ar de preocupação e lhe dizia o quanto a noite seria maçante sem ela. "Não vai ter graça nenhuma sem você, querida", dizia ele, insistindo para ela ir, por ele. Eu me agarrava a cada palavra, desejando que eles não fossem. Mas no final, por mais que eu desejasse, minha mãe sempre se deixava convencer.

"Não vá dormir muito tarde, gatinha", dizia ela alegremente, saindo pela porta em meio a uma nuvem de perfume. Assim que eles saíam, eu começava a correr freneticamente pela casa, assustada demais para ir dormir, olhando nervosa para dentro de todos os armários e debaixo das camas.

Certa noite, a campainha tocou quando eu estava fazendo isso e dei um pulo como se alguém houvesse chegado de mansinho e tocado o meu ombro. Quem poderia ser? Caminhei pé ante pé até a porta e gritei:

— Quem é? — com uma voz bem grave; eu não queria que a pessoa do outro lado da porta pensasse que eu era uma criança.

— Sou eu, Ruthie — disse uma voz que não reconheci.

— Eu quem? — indaguei, perguntando-me como lidar com aquela situação. Mandar a pessoa embora seria embaraçoso, deixá-la entrar seria assustador.

— A Sra. Peavey! — respondeu ela com um tom animado.

Eu não era alta o suficiente para olhar pelo olho mágico, então abri uma fresta da porta. De fato era a Sra. Peavey, acompanhada de um homem alto e emaciado vestido inteiramente de preto que era "Meu amigo, Sr. Holly".

Fiquei aliviada por ver um adulto conhecido. A Sra. Peavey e o Sr. Holly se acomodaram na sala de estar. O Sr. Holly admirou a árvore da minha mãe e examinou as folhas de outono desbotadas que ela prendera a seus galhos com arame. Ouvi-os conversar amenidades, feliz por estar em sua companhia e jovem demais para me perguntar o que eles estavam fazendo ali. Mas até eu podia notar que a Sra. Peavey estava diferente. Sua pele pálida estava corada e ela falava com mais animação do que de hábito. Então ela perguntou se eu gostaria de sair com eles um pouco.

Entendi no mesmo instante que meus pais não deveriam ficar sabendo dessa excursão. Eu tinha aula no dia seguinte. Mais do que isso, sabia que, onde quer que estivéssemos indo, não era um lugar que meus pais aprovariam. Quando estávamos nos encaminhando para a porta, a Sra. Peavey parou e perguntou, como se houvesse acabado de se lembrar:

— Você tem algum dinheiro no seu cofrinho?

Fui verificar; havia sete dólares e 27 *cents* em moedas de dez, um e 25 *cents*, mais o dólar de prata que Palmer me dera.

— Traga-os — disse a Sra. Peavey alegremente. Quando lhe entreguei o dinheiro, ela disse:

— Eu lhe devolvo na semana que vem. — Ela cheirava a balas de menta.

A noite estava escura e fria. Pegamos a rua 10 direção oeste até a Sexta avenida e viramos à esquerda. Do outro lado da Casa de Detenção Feminina havia um cartaz dizendo GOOGIE'S abaixo de enormes óculos em néon vermelho.

— Nós vamos a um bar? — perguntei.

— Por que não? — perguntou a Sra. Peavey. Eu poderia ter citado vários motivos, mas decidi não fazê-lo. Entramos, e o Sr. Holly me pôs sentada em um dos bancos altos e forrados de vinil do balcão do bar. Ele pediu para eles dois Perfect Manhattan, uísque com vermute, e para mim um Shirley Temple, soda limonada com granadina.

O ar estava fresco, enfumaçado e de uma cor azul empoeirada. A Sra. Peavey estava tão alegre que parecia haver adquirido uma nova personalidade. Quando pediu licença para ir ao banheiro, cruzou o bar todo com uma palavra e um sorriso para cada pessoa em seu caminho. Olhando para ela, o Sr. Holly se inclinou na minha direção e disse:

— Que mulher maravilhosa!

Pude sentir o cheiro doce da bebida em seu hálito, misturado com um débil aroma de loção pós-barba e cigarros. Aquiesci.

— Eu lhe digo que não sou bom o bastante para ela — disse ele pesaroso, parecendo mais esquelético do que nunca —, mas ela diz que já foi rica o suficiente por uma vida inteira.

Fiquei muito quieta, pensando que talvez, se eu não dissesse nada, ele pudesse continuar.

— Imagine aquele seu marido ter deixado todo o dinheiro para os meninos! — ponderou o Sr. Holly quase com seus botões. — Seria tão esperto de sua parte evitar os impostos. E depois aqueles babaquinhas acharam que podiam dizer a ela como viver! Ora...

Ele parou abruptamente quando a Sra. Peavey voltou.

— Mais uma bebida — disse ela contente —, e depois acho que é hora de levar Ruthie para casa. Ela tem aula amanhã.

O *barman* fincou meia dúzia de cerejas na borda do copo do meu Shirley Temple e eu bebi devagar, desejando que a Sra. Peavey voltasse para o banheiro. Nunca me ocorrera perguntar se o Sr. Peavey ainda estava vivo, ou me perguntar como ele havia morrido. Mas naquela noite não tive mais nenhuma informação.

A Sra. Peavey não voltou no dia seguinte. Nem no outro. Durante quase uma semana, eu voltava do colégio todos os dias, punha a chave na fechadura e me perguntava o que iria encontrar do outro lado da porta. Primeiro, enfiava o nariz dentro de casa e inalava esperançosa, desejando sentir cheiro de comida. Em vez disso, tudo que havia era minha mãe cada vez mais irritada com uma longa lista de coisas para eu fazer e costeletas de cordeiro para o jantar, de novo.

No terceiro dia, corri até o armário da Sra. Peavey para me certificar de que seus vestidos ainda estavam lá. Aproximei o rosto dos panos de algodão frouxos com suas florezinhas pálidas e aspirei o cheiro reconfortante. Depois, entrei no quarto de dormir, onde minha mãe pintava suas unhas curtas com um esmalte vermelho azulado, e perguntei se poderia preparar o jantar.

— Você? — indagou ela, sacudindo as mãos no ar para secar o esmalte. — O que você vai fazer?

— *Wiener schnitzel* — disse eu, decidida. — E salada verde. E, de sobremesa, *brownies*.

Aquilo pareceu divertir minha mãe.

— Por que não? — disse ela. Estendi a mão para receber o dinheiro e ela meneou a cabeça em direção às unhas e me disse para pegar o que precisasse na sua carteira.

Peguei uma nota de 20 dólares e subi a rua até o supermercado Daitch, em University Place. Enquanto percorria a loja, experimentei um delicioso instante de liberdade. Senti-me muito adulta passeando por aqueles corredores. Passei pelo balcão de carne e encontrei uns escalopes de vitela pálidos, perolados. Comprei farinha de rosca e um limão; eu iria impressionar meu pai preparando seu prato predileto.

Porém, ao caminhar de volta para casa com a sacola de compras batendo na minha perna, entrei em pânico. Eu havia me esquecido de pedir ao açougueiro para bater a carne, e não sabia fazer isso sozinha. E como iria fazer a farinha de rosca aderir à carne? Minha mãe não saberia me ajudar. Eu precisava da Sra. Peavey.

Incrivelmente, quando cheguei em casa, lá estava ela. O ar no apartamento estava pesado e soltava faíscas enquanto eu rodopiava em volta da minha mãe e da Sra. Peavey, mas eu perdera a tempestade. Quando entrei na cozinha, a Sra. Peavey pegou a sacola de compras das minhas mãos e perguntou simplesmente:

— O que vamos fazer para o jantar?

— Vou sair — gritou minha mãe do *hall.* A Sra. Peavey não respondeu. Minha mãe bateu a porta.

— *Wiener schnitzel* — respondi.

— Ah — disse a Sra. Peavey —, o segredo é deixar a vitela bem fina e o óleo bem quente. Os vienenses são realmente cozinheiros maravilhosos. — Enquanto se movia pela cozinha, ela cantarolava uma canção infantil alemã sobre um cavalo e um cavaleiro.

— Onde você estava? — perguntei. — Por que você não voltou?

A Sra. Peavey tirou a grande frigideira de ferro do armário e desembrulhou a carne.

— Pegue um pouco de papel-manteiga — ordenou. Ela rasgou um pedaço grande do papel e o pôs sobre a bancada. Pôs a carne em cima dele e outra camada de papel por cima. — Agora observe — mandou.

Ela levantou a frigideira acima de sua cabeça e a bateu com força sobre a carne. O som ecoou pela pequena cozinha. Ela retirou a frigideira e me mostrou como a carne estava fina.

— Você tem de fazer isso uma ou duas vezes para a carne ficar bem, bem fina — disse ela. — O segredo é só esse. — Ela tornou a levantar a frigideira e a batê-la sobre o papel; a carne ficou ainda mais fina.

Depois de toda a vitela ser batida, ela tirou do armário uma travessa e três grandes pratos fundos. Encheu um dos pratos de farinha, outro de farinha de rosca, e quebrou um ovo no terceiro. Depois de pôr sal e pimenta em cada um dos pratos, ela passou as costeletas na farinha e depois mergulhou cada uma delas no ovo batido. Entregou-me a primeira costeleta e disse:

— Você passa na farinha de rosca. — Rolei cuidadosamente o pedaço de carne pegajoso por cima da farinha e o pus na travessa.

Uma vez empanada toda a carne, a Sra. Peavey pôs a travessa na geladeira.

— Fica muito melhor se você deixar a carne descansar antes de cozinhá-la — disse ela, enxaguando as mãos e secando-as no avental. — Não se esqueça disso. Este é o prato preferido do seu pai e alguém nesta casa deve saber fazê-lo direito. Venha, vou escrever a receita para você.

Eu não estava gostando de como aquilo soava; sentei-me em uma das cadeiras de metal bambas e fiquei olhando com tristeza enquanto ela escrevia.

Quando terminou, a Sra. Peavey me serviu um copo de suco de mirtilo, encheu seu cálice de prata de água com gelo e sentou-se à mesa da cozinha.

— Eu pensei que fosse ter mais tempo para explicar — disse ela por fim. — Mas não é culpa da sua mãe.

— Explicar o quê? — perguntei.

— Por que estou aqui — disse ela apenas. — Por que estou indo embora.

Alguma coisa dentro de mim sabia que ela não havia voltado de vez.

— Não me deixe — eu quis dizer, mas não consegui. Simplesmente olhei para ela com ar de pateta.

— Eu não posso ser empregada — disse ela. — Simplesmente não posso. É hora de eu mudar a minha vida.

— O que você vai fazer?

Ela respirou fundo e me olhou bem nos olhos.

— Vou fazer o que deveria ter feito quando o Sr. Peavey morreu. Vou ser cozinheira.

Ela me pareceu orgulhosa e nobre ao dizer isso. Eu acreditava que ela seria capaz.

— E o Sr. Holly? — perguntei.

— Ele não faz parte do meu plano — disse ela suavemente. — Vou ter de mudar outros aspectos da minha vida também.

Eu não tinha certeza do que ela queria dizer com isso, mas visualizei o Sr. Holly na eterna meia-noite do bar Googie's. Em seguida visualizei a Sra. Peavey na grande cozinha ladrilhada de Baltimore. As duas imagens não se encaixavam.

— Você quer dizer que não vai mais ao Googie's? — perguntei.

— Não vou não — disse ela. Deu-me um abraço. — Entrei para uma organização que vai me ajudar a manter minha decisão. — Ela endireitou o corpo, como se alguém houvesse acabado de lhe dizer para prestar atenção na postura. Juntou as mãos sobre a mesa.

— Agora — disse ela — quero lhe dizer três coisas antes de ir embora. A primeira é para não deixar os outros lhe dizerem como você deve viver sua vida.

— Você quer dizer — perguntei — que não deveria ter fingido que era a cozinheira quem estava preparando a comida?

— Algo assim — respondeu ela. — A segunda é que você tem de cuidar de você mesma. — Pensei em seus três filhos na grande limusine.

— E a terceira? — perguntei.

— Não se esqueça de fazer mais massa do que o necessário quando fizer bife Wellington. — Ela estendeu os braços e me abraçou. Então pegou seu cálice de prata e brindou com força com o meu copo de suco. Foi um som puro e encantador.

4

Marte

Em 1960, quando se ia à França de avião, parava-se primeiro em Gander, na Terra Nova, e depois em Shannon, na Irlanda. Era uma viagem longa.

Para uma menina de quase 13 anos, a viagem parecia ainda mais longa. Naquele ano, nós passamos o Natal na França — o dólar estava forte e minha mãe conseguira uma tarifa ótima no hotel Ritz.

Minhas duas lembranças mais vívidas da viagem estão relacionadas à *haute couture* e à *haute cuisine*. A conexão das roupas surgiu na pessoa de uma mulher chamada Ginette Spanier, *directrice* da Maison Balmain. Mamãe, dependendo de seu humor, podia ser a pessoa mais simpática do mundo: conversava com qualquer um. Certa noite, ela se sentou ao lado de Ginette no bar do Ritz e, quando dei por mim, estávamos sendo levadas para a rua François-Ier.

— Eles estão fazendo uma liquidação com os vestidos usados pelas modelos na passarela — sussurrou mamãe no táxi, animada. — Eles devem caber certinho em você.

E couberam. Por que minha mãe esperava que uma menina de 13 anos usasse a roupa que ela comprou eu jamais saberei, mas ela não conseguia resistir a uma pechincha. A jaqueta cor de ferrugem tinha botões de couro e a blusa verde quadriculada era feita de lã macia e abotoada nas costas. A saia também era cor de ferrugem, com uma faixa verde quadriculada na bainha; eu ficava olhando para a saia tentando encontrar a costura, mas, até onde eu podia ver, aquilo era um pedaço de pano inteiriço tecido em volta de um tubo.

Minha mãe estava visivelmente satisfeita por estar dentro de uma casa de *haute couture*. Eu já podia imaginar sua voz ao dizer casualmente para as amigas: "Quando Ruthie e eu fomos à prova final na Balmain..." Cerrei os dentes. As provas duraram horas.

Quando fomos fazer a prova final da roupa, papai tinha um ar desconsolado; eu sabia que ele gostaria que estivéssemos vendo arte.

— Ernst, por que você simplesmente não sai daqui? — disse mamãe, irritada. Papai olhou para mim por cima da cabeça dela, sem saber o que fazer. Olhei-o de volta, pensando em como o museu seria mais divertido do que aquela sala quente com mulheres ajoelhadas aos meus pés. Eu me imaginava descendo as escadas flutuando diante da Vitória Alada como Audrey Hepburn em *Cinderela em Paris*. Papai e eu nos entreolhamos e em seguida demos de ombros ao mesmo tempo. Eu estava presa; ele, não. Papai saiu, com um ar culpado.

A prova demorou tanto que precisamos ir direto jantar ao sair da Balmain. Papai estava à nossa espera no La Belle Aurore com uma taça de champanhe na mão; eu podia ver a preocupação em seus olhos e na posição hesitante de sua cabeça. Ele estava se perguntando que preço teria de pagar por fazer a própria vontade. Quando minha mãe olhou para ele com ar de flerte e disse "Champanhe, que boa idéia", ele pareceu incrivelmente aliviado. Pulou para puxar a cadeira dela.

Havia sempre um desastre à espreita logo abaixo da superfície, e nós ficávamos gratos por cada instante de paz na companhia da minha mãe. A essa altura, já estávamos começando a desconfiar da verdade, que minha mãe era maníaco-depressiva, mas nenhum de nós dois sabia o que fazer a respeito. Quando o lítio entrou em nossas vidas alguns anos depois, ficamos profundamente gratos: até então, ambos acreditávamos, no fundo de nossos corações, que as mudanças de humor de minha mãe eram nossa responsabilidade pessoal. Mamãe nunca sabia quem seria quando acordava de manhã, e papai e eu zanzávamos ao seu redor, fazendo o máximo para evitar problemas. Quando de algum modo conseguíamos, ficávamos tão gratos que o alívio nos deixava tontos.

Em momentos como esse, eu geralmente falo demais. Nesse dia, eu falei.

— Eu gostaria de falar francês como você e papai falam — disse eu sem pensar. Mais do que tudo, eu estava tentando elogiá-la; seu francês era fluente devido aos anos que ela passara na Sorbonne, mas até eu podia notar que seu sotaque era terrível. Algo se acendeu por um curto instante no rosto de minha mãe, e perguntei-me em que ela estava pensando. Mas ela não disse nada, e eu me concentrei na comida.

A refeição que havíamos pedido foi incrivelmente pesada, mas eu a achei perfeita. Comemos *bisque* de lagosta, filé de linguado com molho Dugléré — cebolas, tomates e vinho branco — e um suflê de limão que eu achei a coisa mais incrível que jamais havia comido. Gostei tanto que mamãe perguntou se o *chef* poderia nos dar a receita.

— Mãe! — falei, com aquela voz aguda dos adolescentes. Ela me dispensou com um aceno.

— Você poderia fazer isso — disse ela.

E teria feito mesmo. Mas nunca tive oportunidade. Porque, algumas semanas depois de voltarmos da Europa, minha mãe me mandou para Marte.

Suflê de limão

Ingredientes

6 ovos

3 colheres de sopa de manteiga

3 colheres de sopa de farinha

¾ de xícara de leite

¼ de xícara de suco de limão
½ xícara de açúcar
1 colher de café de essência de baunilha
1 colher de café de finas raspas de limão
1 pitada de sal

Preaqueça o forno a 220ºC.

Separe os ovos com cuidado; se houver o menor resquício de gema nas claras, elas não vão subir como devem, então preste atenção para separá-las completamente e pôr as claras em uma tigela muito limpa e seca. Você vai precisar de todas as claras, mas só de quatro gemas. Os ovos são mais fáceis de separar quando estão frios, mas são mais fáceis de bater em temperatura ambiente, então faça este passo primeiro para dar tempo de as gemas aquecerem.

Unte muito bem com manteiga uma forma de suflê com capacidade para um litro e meio. Jogue lá dentro um punhado de açúcar e sacuda a forma até ela ficar revestida com uma fina camada de açúcar. Retire o excesso. Reserve.

Derreta a manteiga em uma panela grande de fundo pesado. Junte a farinha e mexa até misturar bem. Acrescente o leite aos poucos. Cozinhe, mexendo sempre, até a mistura quase levantar fervura e ficar espessa e lisa.

Acrescente o suco de limão e o açúcar e cozinhe por mais dois minutos. Retire do fogo, acrescente a baunilha e deixe esfriar um pouco.

Acrescente quatro gemas, uma de cada vez, mexendo para diluir cada uma antes de acrescentar a outra. Junte as raspas de limão, depois torne a levar a panela ao fogo e cozinhe, mexendo sempre, durante mais um minuto, a fogo médio. Retire e deixe esfriar.

Acrescente uma pitada de sal às seis claras e bata com um batedor limpo até formarem cristas suaves. Junte um quarto das claras batidas ao molho, depois acrescente cuidadosamente o resto.

Despeje na forma de suflê e ponha no meio do forno. Abaixe o fogo para 200ºC e asse por 25 a 30 minutos, ou até a parte de cima estar corada e o suflê ter subido cerca de cinco centímetros acima da borda da forma.

Sirva imediatamente.

Rende de quatro a seis porções.

Dois dias depois do meu 13º aniversário, Jeanie e eu saímos rindo do colégio, cercadas por nossos amigos. Era uma sexta-feira e tínhamos grandes planos. *Sundaes* com calda de chocolate quente seguidos de um lento passeio pela rua Oito, espiando as vitrines das joalherias baratas.

Mas minha mãe estava esperando na calçada. Embora estivéssemos no final de janeiro, ela usava seu grande chapéu de palha coberto de papoulas para que eu não deixasse de vê-la. Ninguém podia deixar de vê-la.

— Vamos passar o fim de semana em Montreal — disse ela. Ao seu lado havia uma mala.

— Uau — disse Jeanie, desejosa —, que sorte a sua. — Então ela sorriu com coragem e disse:

— Divirta-se — com uma vozinha que me fez perceber que seu fim de semana estava arruinado e que ela me invejava por estar partindo para uma grande aventura. Eu não tinha tanta certeza.

Pegamos o trem, percorrendo campos que iam ficando mais brancos e desolados à medida que corríamos mais para o norte. Quando chegamos à fronteira, já nevava forte, e os funcionários da imigração subiram no trem batendo os pés no chão e soprando as mãos, com as pontas das orelhas vermelhas acima dos protetores. Minha mãe flertou um pouco com eles enquanto mostrava nossos documentos. Cobri-me com meu casaco e adormeci.

Quando acordei, o trem entrava na estação sob a luz cinza do início da manhã e mamãe passava batom, usando a janela como espelho. Ela pegou um pouco com o dedo, espalhando-o pelas bochechas como se fosse ruge.

— Estou com uma aparência tão cansada — explicou ela. Sonolenta, perguntei-me para que ela estava se embonecando.

— Nós não vamos para um hotel? — perguntei.

— Depois — disse ela, entrando em um táxi.

Paramos diante de um prédio de tijolos de três andares em uma avenida larga. Do outro lado da rua, várias pessoas subiam os degraus de uma enorme catedral abobadada, mas a calçada do nosso lado estava deserta e não havia letreiros indicando o que fosse. Então minha mãe abriu a porta do táxi e a cantoria de vozes infantis surgiu de trás do prédio como uma onda. Tornei a cair sentada no banco, afastando-me da porta. Eu queria que o táxi desse meia-volta e retornasse direto para a estação.

Mas mamãe me puxou atrás de si, para fora do táxi, através de um portão e até uma porta. Tocou a campainha. Uma mulher alta, de rosto aquilino, com os cabelos cortados logo abaixo das orelhas, olhou-nos com desconfiança.

— *Oui?* — indagou ela, embolando um lenço branco e enfiando-o pela manga de seu cardigã azul. O cheiro acre de desinfetante precipitou-se na minha direção; atrás da mulher, eu podia ver uma fileira de meninas de azul subindo uma escada em silêncio. Aquilo parecia algo saído dos livros de Charles Dickens que estávamos lendo na aula da Sra. Perrin. Estremeci. O único francês que eu sabia vinha dos livros que a Sra. Peavey lera para mim, então não pude entender as negociações entre minha mãe e a mulher de rosto aquilino. Mas estava bastante claro que aquilo era um colégio, e mais claro ainda que minha mãe pretendia que eu estudasse nele.

Lá fora, o táxi esperava. Havia recomeçado a nevar, e nós nos enroscamos por ruas bonitas cobertas de branco. O táxi parou na frente de um hotel que reluzia e cintilava como se houvesse sido esculpido em açúcar. Minha mãe arrumou o chapéu enquanto um funcionário do hotel nos conduzia pelo saguão de pé-direito alto e nos fazia descer longos corredores acarpetados de vermelho.

— Por quê? — perguntei a minha mãe. — Por que tenho de estudar naquele colégio?

— Em Paris, você disse que queria aprender francês — falou ela.

— Eu não quis dizer... — falei, hesitante. Em seguida:

— Papai sabe disso?

— Foi você quem disse que queria aprender francês — falou mamãe. — E papai concorda que falar um idioma estrangeiro será útil para você no futuro. — Ela se virou, como se não houvesse mais nada a ser dito.

— Olhe que banheira magnífica! — Ela começou a abrir todos os potes e poções no suntuoso banheiro de mármore, e em seguida saímos para passar a tarde comprando uniformes escolares. Eram detestáveis jardineiras azul-marinho com três grandes pregas na frente, e eu as odiei no mesmo instante em que as vi.

Mamãe passou o fim de semana tentando me alegrar. Levou-me para jantar fora. Levou-me para assistir ao filme *My Fair Lady*. Mas no domingo à noite, depois de picles, batatas e grandes filés malpassados em um famoso restaurante de Montreal chamado Moishe's, eu voltei para a mulher de rosto aquilino e minha mãe voltou para Nova York.

Desconsolada, vi a porta se fechar atrás dela. Senti-me vazia por dentro e fui tomada por náuseas. O cheiro de desinfetante competia com cera de chão enquanto eu subia as escadas atrás de Cara de Águia. O prédio era velho, e a área da recepção, onde mamãe fora recebida pela *directrice*, tinha um pé-direito alto, vidros chanfrados e uma escadaria de curvas elegantes; parecia o saguão de um prédio de apartamentos parisiense da virada do século. Agarrei-me ao corrimão esculpido, endireitando o corpo. Mas a imponência terminava no segundo andar. Lá em cima, as escadas eram estreitas e o corrimão era apenas um pedaço comum de madeira lisa.

— Vuzet triste? — perguntou Cara de Águia. — Nep lure pá. Tule mond etré genti. — Ela subiu os três andares de escadas e desceu um corredor falando coisas incompreensíveis. Abriu uma porta que dava para um pequeno cômodo com paredes de um verde hospitalar, janelas gradeadas e três camas simples com cobertores cinzas. Dois rostos redondos olhavam para mim com interesse.

— Lanu véle fie — disse Cara de Águia, empurrando-me porta adentro. — Elessa pele Rut.

— Rut — disseram as meninas em coro, rodeando-me.

— O quê? — perguntei.

— Rut! — insistiram elas, apontando para mim. A de longos cabelos escuros apontou para si mesma e disse:

— Janine. — Indicou a que tinha cabelos cheios, bochechas redondas e rosadas e óculos e disse:

— Suzanne. — Depois de novo para mim. — Rut! — insistiu ela. Finalmente entendi.

Aquilo não parecia um começo auspicioso. Em Marte, até o meu nome era diferente.

Até o fim da vida, minha mãe perguntava, pelo menos uma vez por ano: "Você não acha bom falar francês?" Ela continuava a perguntar, vezes sem conta, esperando que eu finalmente fosse lhe dar a resposta que ela queria. "A imersão total é o único jeito de se aprender um idioma", dizia ela, conhecedora. Talvez, mas, sempre que ela dizia isso, o cheiro de cebola e água sanitária inundava minhas narinas. O telefone público do Collège Marie de France ficava bem ao lado da cozinha, e eu passava todas as noites ali, encolhida junto à parede, implorando a meus pais para me deixarem voltar para casa.

"São só cinco meses", disse eu a mim mesma na primeira noite, agachada em um dos cubículos do grande banheiro amarelo com suas lâmpadas nuas, chorando e maldizendo a mim mesma por estar tão desconsolada. "Posso agüentar qualquer coisa por cinco meses."

Mas na manhã seguinte tive certeza de que estava errada. Anestesiada, vesti de qualquer maneira minha nova blusa branca e minha jardineira azul-marinho e segui as meninas pelos corredores compridos, desci as escadas, passei pelo saguão enfeitado e entrei no refeitório do subsolo. O lugar não tinha janelas, só longas mesas de piquenique cobertas por toalhas impermeáveis, e cheirava sempre, dia e noite, a carne fervida.

As meninas se posicionaram atrás de suas tigelas de café com leite, esperando *mademoiselle* Petit, a encarregada do colégio, se sentar. Então inclinaram as cabeças, benzeram-se e cantaram uma canção que começava assim:

— Beni sê nu, senhór. — Encarei meu café com leite.

— *Mange!* — ordenou *mademoiselle*. Bati os dedos na lateral da tigela e disse, entre os dentes:

— Saúde! Tenham um bom dia! — Então recomecei a chorar. As meninas à minha volta desviaram os olhos, envergonhadas. Depois do café da manhã, as internas foram para a sala de reuniões juntar-se às alunas externas e cantar a Marselhesa e o hino nacional canadense. Elas recitaram o juramento do colégio. "*Je vous salue, Marie, pleine de grâce*", entoaram juntas; foi preciso meses para eu pensar em traduzir as palavras e mais meses ainda para eu me dar conta de que estivera repetindo fielmente a ave-maria todas as manhãs.

Quando a reunião terminou, Janine, que parecia ter sido destacada para ser minha guardiã, agarrou minha manga e puxou-me por um corredor. Acostumada à liberdade e à algazarra de um colégio americano, fiquei chocada com aquele silêncio. As meninas olhavam para os próprios pés ao se dirigirem para as aulas e inclinavam as cabeças em uma mesura silenciosa sempre que uma professora passava. Janine levou-me até a sala de aula meticulosamente arrumada e empurrou-me para uma carteira junto à sua. A sala cheirava a calefação a vapor, lã molhada e suor. O esquema de cores era totalmente monocromático, sem nenhum dos alegres mapas, plantas e desenhos que havia no meu colégio. Aquilo me lembrava algo saído do século XIX.

Janine tentou me dizer alguma coisa, mas é claro que foi incompreensível. Olhando para o meu relógio de pulso, percebi que naquele exato minuto, uma semana atrás, em um planeta distante, minha melhor amiga Jeanie e eu estávamos entrando na nossa sala de aula principal; o terrível e embaraçoso bolo de lágrimas surgiu na minha garganta e olhei para baixo, esperando que ninguém percebesse. De repente, fez-se na sala um silêncio sepulcral.

— *J'attends* — disse uma voz gélida. Janine puxou minha manga, desesperada. Olhei para cima e percebi que as outras meninas estavam em pé.

Levantei-me com um pulo. Uma mulher baixa estava na frente da classe encarando-me com um olhar de desaprovação hostil. Ela era tão sem cor quanto a sala de aula. Vestida com uma saia preta e um cardigã entre o cinza e o bege, não usava maquiagem nenhuma e até seus cabelos curtos e lisos pareciam não ter uma cor específica. Apontou a régua bem na minha direção e emitiu um jorro de palavras iradas. Janine disse alguma coisa, claramente em minha defesa, e a régua se abaixou. O olhar hostil não. Madame Cartet me olhou de cima a baixo, balançou a cabeça de leve e disse:

— *Bien. Asseyez-vous.* — As meninas se sentaram todas ao mesmo tempo, como se fossem um só organismo. Sentei-me uma fração de segundo depois.

As aulas não terminavam nunca. Almoço, mais aulas, sala de estudos, jantar. Nada fazia sentido para mim. Eu estava em Marte, onde nenhum som, nenhum cheiro, nenhuma emoção eram conhecidos. Até nos meus próprios pensamentos eu havia me tornado uma extraterrestre, e desprezava a chorosa massa de tristeza em que parecia ter me transformado. Passava a maior parte do tempo escrevendo no meu diário, repreendendo-me por estar tão infeliz, esperando a hora de ligar para casa. "Deixe-me voltar", suplicava. Eu sabia que papai me queria de volta, mas minha mãe sempre atendia. E a resposta era sempre a mesma: não. Então vinha a sexta-feira e todas as outras meninas iam passar o fim de semana fora. O silêncio era um alívio.

— *Ne quitte pas l'école* — disse *mademoiselle* Petit. Dei de ombros, eu não estava entendendo. — *Ça alors!* — disse *mademoiselle*, empurrando-me escada abaixo até a entrada e apontando para a grande porta de madeira. — *Ne quitte pas* — repetiu ela devagar, como se estivesse falando com alguém surdo. Ela foi até a porta, jogou-se na sua frente com os braços bem abertos, e sacudiu a cabeça com vigor. Eu entendi.

Não havia me ocorrido que existia vida fora de Marte, mas ela me dera uma idéia. "O que eles vão fazer, me expulsar?", disse eu a mim mesma no dia seguinte ao abrir a porta do prédio silencioso e vazio. Espiei do lado de fora. "Me fazer passar o fim de semana no colégio?"

Desci tranqüilamente a Queen Mary Road, ignorando o frio e seguindo desconhecidos pelo simples prazer de escutar o que eles diziam. Quando vi um cinema com um letreiro em inglês, entrei. Eu teria assistido feliz a qualquer filme em uma língua que entendesse, mas tive sorte. O filme em cartaz era *All Hands on Deck*, com Pat Boone, e enquanto ele durou fui contagiada pela sua felicidade insossa. Então as luzes se acenderam e a toda minha volta as pessoas faziam planos para o resto do dia. Senti-me acanhada, com vergonha de mim mesma: todos os outros pareciam ter algum lugar para onde ir, alguma coisa para fazer, e alguém para fazê-la com elas.

Tentei fingir que estar sozinha era só algo temporário, que na verdade eu estava indo encontrar uma amiga. Com o máximo de arrogância de que fui capaz, entrei na pequena *delicatessen* ao lado do cinema. O cheiro de aneto, pimenta e alho precipitou-se na minha direção, reconfortante e familiar. Sentei-me diante do balcão, vendo o cozinheiro tirar nacos fumegantes de carne cor-de-rosa reluzente de dentro de tachos com água. Perguntei-me o que era aquilo.

— Carne defumada? — perguntou o cozinheiro. Ele falava inglês! Aquiesci.

— Gorda ou magra? — perguntou ele.

— Gorda? — falei.

— Gorda é melhor — concordou ele, inclinando-se para empalar um pedaço de carne com o garfo. Ele o pousou sobre a bancada de madeira e começou a cortá-lo, deixando as fatias rosadas caírem de sua faca como se fossem fitas. Catou-as com a ajuda de uma fatia de pão de centeio, pôs por cima outra fatia coberta de mostarda e me entregou o sanduíche por cima do balcão. A pilha de carne ao mesmo tempo adocicada e salgada era a melhor coisa que eu jamais havia comido. Pedi outro sanduíche, mastigando devagar para fazê-lo durar. E depois pedi um terceiro.

— Para uma menina tão nova, você come bastante — disse o balconista com admiração.

Ao lado, havia uma padaria, e eu entrei e comprei duas dúzias de doces franceses para me ajudar a passar o fim de semana. Passei o domingo inteiro na cama, lendo *E o vento levou*, comendo doces e sentindo pena de mim mesma. Repleta de açúcar, de gordura e da alegria de estar lendo em inglês, desci lentamente de volta à Terra. Então minhas colegas de quarto voltaram, e a vida em Marte recomeçou mais uma vez.

"Percebo", escrevi no meu diário, "que eu sou como os porto-riquenhos que vêm estudar conosco em Nova York. Só que nós não somos tão simpáticos quanto aqui. Estas meninas são mesmo um encanto, todas me ajudam com meus estudos e não se importam quando digo besteiras em francês, o que acontece quase sempre. Françoise, que ocupa a carteira ao lado da minha, está tentando me ajudar com a ortografia. Mas acho que nunca vou entender."

Madame Cartet certamente não pensava que eu fosse entender. Ela agia como se eu fosse uma desconhecida lenta e perdida que lhe houvesse sido confiada, e quando anunciava as notas nos testes parecia sempre enojada. "*Zéro, une fois de plus pour Mademoiselle Reichl*", dizia ela com pena, como quem diz que àquela altura qualquer pessoa de inteligência normal já teria aprendido a falar, pelo menos soletrar, o francês.

Algumas das meninas faziam como ela. A pior era a filha do banqueiro, Béatrice, a menina mais rica do colégio. Diziam que o pai dela era muito próximo do general De Gaulle. Ela nunca chegara a falar comigo, mas havia descoberto meu esconderijo secreto de balas, bolos e romances e me torturava mudando-os de lugar. Eu sabia que era ela a culpada porque a vi comer uma bomba na minha frente descaradamente, desafiando-me a tomar alguma atitude. Dei de ombros. Eu suspeitava que ela também roubasse minhas cartas, mas sentia-me impotente. O estranho é que, se ela não fosse tão má, eu a teria admirado. Ela colecionava "*mauvaises notes*" por cochichar em sala de aula, por não ter estudado, e certa vez por ousar responder quando madame Cartet falava sobre os selvagens australianos.

— Eles não são selvagens! — disse Béatrice. — Eu já fui lá. — Uma corrente elétrica percorreu a sala. Meninas francesas nunca davam sua própria opinião, simplesmente repetiam a opinião das professoras como papagaios. E certamente nenhuma menina francesa jamais contradizia um adulto, e deve ter sido por isso que madame Cartet pareceu mais surpresa do que zangada.

— Os aborígines não são cristãos — disse ela com firmeza —, vamos encerrar esta discussão. Zero em comportamento, e isso vai lhe custar um sábado no colégio.

Meu coração se apertou; eu passara a gostar dos meus fins de semana solitários regados a *pastrami* e não queria Béatrice espreitando por perto. Mas ela não pareceu preocupada; sacudiu a juba loura crespa e disse, ameaçadora:

— *Nous verrons!* — Béatrice *sempre* ia para casa nos fins de semana.

Na sexta-feira, eu já havia me esquecido da ameaça de madame Cartet e, depois do colégio se esvaziar, fiquei surpresa ao ouvir alguém chorando no andar de baixo. Segui o som e encontrei Béatrice deitada de bruços em sua cama.

— *Va-t'en!* — disse ela irada. Virei as costas e voltei correndo para o terceiro andar.

Bati a porta atrás de mim, tirei *O mundo de Suzie Wong* do saco de roupa suja onde o havia escondido e desencavei alguns bolinhos de creme de debaixo da cama. Eles eram da semana anterior, mas eu não me importava. Estava estendendo a mão para pegar o último quando Béatrice entrou.

— Me dê isso! — disse ela, agarrando o doce. Seus cabelos louros crespos estavam revoltos; seus olhos, vermelhos; seu uniforme azul pregueado, amarrotado. Ela enfiou o bolinho de creme na boca e o comeu de uma vez só.

— Foi sua mãe quem mandou isso para você?

Sacudi a cabeça.

— De onde eles vêm? — insistiu ela.

— De uma pastelaria mais embaixo na rua — falei.

— Leve-me até lá — ordenou ela.

— Agora? — perguntei. — Está quase escuro. Elas vão ficar furiosas se sairmos à noite.

Béatrice deu de ombros.

— O que elas podem fazer? — perguntou ela. — Ligar para os seus pais? A Petit vai ficar com medo demais de dizer a eles que nos perdeu. Ela vai só torcer as mãos e fazer ar de contrita. Vamos!

Aquela era a conversa mais longa que eu jamais havia tido em francês, e eu teria levado Béatrice a qualquer lugar só para fazê-la continuar falando.

As luzes da rua estavam se acendendo quando descemos o bulevar coberto de neve, e contei a Béatrice sobre os sanduíches de carne defumada e sobre o cinema em inglês.

— Nós iremos amanhã — disse ela, confiante. Não discuti.

— Estou tão feliz que você tenha encontrado alguém com quem brincar — disse *mademoiselle* Petit no café da manhã do dia seguinte.

— Parece até que nós vamos correr lá para fora e pular corda — sussurrou Béatrice. — Quanto dinheiro você tem?

Eu estava feliz demais com a companhia dela para perguntar por que gastaríamos o *meu* dinheiro, mas ele bastava para comermos o dia todo. Começamos na *delicatessen*. Eu traduzi.

— Ela nunca comeu carne defumada — confidenciei para meu amigo atrás do balcão.

— Nunca? — perguntou ele, horrorizado. Sua faca cintilava enquanto ele empilhava a carne, caprichando na quantidade. Béatrice sacudiu a cabeça.

— Nevér — disse ela com um sotaque francês pronunciado.

— Ela come tanto quanto você? — perguntou ele. Comia.

Em seguida, fomos à pastelaria ali ao lado, depois descemos a rua até um pequeno restaurante chinês. Béatrice também nunca havia provado comida chinesa, e apresentei-a às delícias dos rolinhos primavera, do arroz frito e do *chop suey*.

— *C'est superbe!* — exclamou ela. — Que outras comidas estranhas você conhece?

Uma menina que nunca havia comido um rolinho primavera deveria ter tido uma criação muito estranha, pensei. Tentei pensar que outras comidas exóticas eu conhecia em Montreal, mas o único restaurante a que tinha ido era o Moishe's.

Começamos a andar, felizes por estarmos longe do colégio, felizes por estarmos juntas, sem nos preocuparmos particularmente com onde estávamos indo ou o que encontraríamos. No final, comemos mais carne defumada; todos os cafés de Montreal tinham seus três fumegantes tachos de carne curada. Saímos, caminhamos mais um pouco e compramos cones de batatas fritas com vinagre maltado. Quando as batatas terminaram, entramos em uma loja de balas e compramos uma caixa de cerejas cobertas com chocolate, ainda com os cabos. Quando terminamos as cerejas, encontramos uma pastelaria. Comprei uma dúzia de bombas; Béatrice, mais ousada, pediu um doce de cada tipo.

— Vamos provar todos e ver qual o melhor — disse ela. — Daí amanhã podemos voltar e comprar mais.

Perguntei-me se Béatrice me abandonaria quando as outras meninas voltassem. Quando elas inundaram o colégio no domingo à noite, lançaram olhares significativos na minha direção e disseram em coro a Béatrice:

— *Pauvre toi.* — Mas ela simplesmente fez ar de irritada e disse:

— *Pas du tout.* — Então anunciou que ficar no colégio era tão divertido que ela pretendia fazê-lo de novo no fim de semana seguinte.

Seus pais tinham outros planos. Eles queriam que ela voltasse para casa, e quando ela lhes falou sobre a pobre americana solitária do colégio, insistiram para que eu fosse também. Assim, na sexta-feira seguinte, quando as outras meninas saíram para a estação, eu fui junto.

Éramos 12 no trem para Ottawa; a filha do embaixador francês, as filhas do embaixador haitiano e as filhas de pessoas menos importantes ligadas a diversas embaixadas. Nós ríamos e gritávamos umas para as outras, fazendo o tipo de barulho do qual só adolescentes são capazes, quando uma mulher no final do vagão virou-se para seu companheiro e disse:

— Esses franceses... — com uma voz inglesa fria, aguda, desaprovadora. Congelei. Percebi que, sem sequer pensar no assunto, eu estava realmente falando a língua deles.

Grupos amistosos de pais receberam suas filhas com abraços e risos. Nós fomos recebidas por um motorista; ele tocou o chapéu, disse:

— *Bonjour, Mesdemoiselles* — e pegou nossas malas. Dei-me conta de que iria passar o fim de semana na casa de um milionário.

O motorista nos conduziu a uma imensa mansão com um portão na frente dentro de um parque particular. O lugar era intimidador, mas não tão intimidador quanto a mãe de Béatrice. Impecável e elegante, madame du Croix olhou chocada para a roupa amarrotada da filha e para meus cabelos desgrenhados. Beijou Béatrice nas duas bochechas e apertou a minha mão. Mas meu maior choque foi quando Béatrice nos apresentou:

— *Je voudrais vous presenter ma copine Rut* — disse ela, formal. Durante todo o tempo em que convivemos, nem uma vez sequer a ouvi dirigir-se ao pai ou à mãe com o tratamento *tu*.

Béatrice podia morar na mesma casa dos pais, mas eles mal pareciam respirar o mesmo ar. Moravam em um mundo separado e adulto dois andares abaixo da ala das crianças. O único momento de interseção entre os dois mundos era à mesa.

— *Votre père est au travail* — disse madame du Croix no café da manhã. Ela inclinou a cabeça e deu graças. Então uma criada vestida de preto com um avental branco e um gorro de babados trouxe jarras de café e leite quente. Enquanto madame servia o *café au lait*, a criada passou manteiga nas baguetes e nos ofereceu os pedaços de pão. Em seguida, deu a volta na mesa com potes reluzentes de geléia caseira. Enquanto isso, madame interrogava Béatrice sobre sua semana no colégio. Eu ansiava pelo fim da refeição.

Passamos a manhã no jardim, esquecendo-nos de que éramos dignas demais para brincar de pique e cavar a terra. Foi só quando Béatrice disse que precisávamos trocar de roupa para o almoço que comecei a me preocupar com o que estava por vir. Vi-a lavar o rosto e as mãos, limpar as unhas, mexer nos cabelos. Então ela vestiu uma blusa branca simples e uma saia azul pregueada muito parecida com nossos uniformes do colégio. Pus meu vestido de veludo vermelho e me debati furiosamente com o rodamoinho no alto da minha cabeça. Foi inútil.

Monsieur du Croix estava sentado à cabeceira da mesa comprida.

— *Papa!* — disse Béatrice, feliz. Ele se levantou para beijá-la e vi como era baixo. Mesmo assim, com seus cabelos brancos como a neve e seus olhos azuis como safiras, ele era uma figura imponente.

— *Asseyez-vous* — ordenou ele, pegando uma concha perto de seu prato e mergulhando-a dentro de uma sopeira. Diante dele havia um mordomo segurando uma tigela, e ele a encheu devagar com um espesso líquido cor de laranja. Então o mordomo deu a volta na mesa solenemente, distribuindo tigelas em ordem de idade e importância. A sopa tinha um aroma forte e fumegava de forma convidativa. Fiquei sentada, vidrada, esperando madame du Croix levantar sua colher.

Ela finalmente o fez. Mergulhei a minha dentro do líquido grosso e levei-a à boca. Ao primeiro gole, eu soube que nunca havia comido de verdade antes. O sabor inicial era pura cenoura, seguido de creme, manteiga, um pouco de noz-moscada. Então engoli, e toda minha boca e minha garganta se encheram com a repercussão de um suculento caldo de galinha. Tomei outra colherada e tudo recomeçou. Comi como se estivesse sonhando.

O mordomo pôs um assado na frente do pai de Béatrice enquanto a criada retirava nossas tigelas vazias. O assado foi lentamente desossado e então o mordomo deu a volta na mesa majestosamente servindo a carne.

Era só um filé, mas eu nunca havia provado nada como aquele molho, uma mistura de vinho tinto, tutano de boi, manteiga, ervas e cogumelos. Era como o outono destilado em uma colher. Um arrepio percorreu minha espinha.

— Que molho! — exclamei involuntariamente. O som ecoou pela educada conversa da mesa e levei a mão à boca. *Monsieur* du Croix riu.

— Sua amiga gosta de comer — disse ele a Béatrice. Parecia satisfeito. Levantou uma das batatas *soufflées* que o mordomo havia servido em seu prato e disse:

— Você vai gostar disto, acho eu. — Mandou o mordomo me servir imediatamente, desrespeitando a ordem.

— Prove! — ordenou ele. Levei a batata cheia de ar à boca; aquilo era uma batata frita mágica, um bocado crocante de ar quente, sal e sabor. Meu rosto deve ter me denunciado, porque *monsieur* tornou a sorrir.

— Incrível, não é? — perguntou.

— É incrível sim! — falei.

Monsieur du Croix virou-se para a mulher.

— Essa menina gosta de comer! — disse ele pela segunda vez. Ela lhe deu um sorriso fino, sem alegria. Ele piscou o olho para mim.

— Você vai gostar da sobremesa, acho eu — disse. — Um queijo *brie* inteiro acaba de chegar da Île-de-France. Você já provou um *brie* francês de verdade?

Eu nunca havia provado. Ele me cortou um triângulo grande que escorria apetitosamente por cima da faca e o pôs em cima de um prato. Rodeou-o com algumas uvas ("Da Sicília", murmurou, quase para si mesmo, "não essas frutas canadenses tristes e amargas"), e disse ao mordomo para me servir.

— Coma com o garfo — ordenou *monsieur* —, seria um pecado comer isso com pão.

Obediente, cortei um pedaço, removendo cuidadosamente a casca como sempre vira ser feito.

— Não, não, não — disse *monsieur* du Croix zangado, e tive um sobressalto. — Coma a casca — disse ele. — Faz parte da experiência. Você acha que o queijeiro envelheceu esse queijo durante dez semanas só para você jogar fora metade do seu esforço?

— *Bien sûr* — falei, dócil, pegando a casca com o garfo. Senti *monsieur* du Croix me observando enquanto eu comia o queijo forte, escorregadio. O gosto era tão poderoso que senti as pontas das minhas orelhas enrubescerem. Minha nuca formigava. Fechei os olhos. Quando os abri, *monsieur* du Croix olhava para mim como um professor olha para um aluno particularmente talentoso. Depois de dois meses de madame Cartet, aquilo era um bálsamo.

Quando descemos para jantar naquela noite, a mesa estava novamente posta para quatro. Béatrice pareceu surpresa. Seus pais entraram e ela se virou para a mãe e perguntou:

— *Vous mangez avec nous ce soir?*

— *Monsieur désire dîner avec les enfants* — disse madame, usando o termo formal para se referir ao marido e deixando bem claro que jantar conosco não era um desejo *seu.*

Seu marido chegou esfregando as mãos com deleite.

— Esta noite — disse ele —, temos um jantar realmente extraordinário. — Ele se virou para mim. — Você já teve a experiência de comer *foie gras*?

Eu nunca havia tido. Seus olhos se franziram de alegria enquanto o mordomo servia a cada um de nós um prato contendo um grosso quadrado cor-de-rosa e um punhado do que pareciam ser pequenos topázios cintilantes. A criada seguia atrás dele oferecendo torradas. Eu nunca vira nada igual àquilo, mas observei Béatrice com atenção e copiei tudo que ela fazia. Ela pegou a faca e cortou um pedaço do quadrado. Arrumou-o sobre a torrada, acrescentou algumas das jóias, e deu uma mordida. Fiz o mesmo e minha boca foi invadida por tantas sensações que eu mal conseguia absorvê-las todas ao mesmo tempo. À medida que a suavidade luxuriante do fígado tomava conta de mim, senti meus olhos começarem a lacrimejar. Engoli, sem palavras, e vi *monsieur* du Croix olhando para mim com óbvio deleite.

— *C'est bon, oui?* — perguntou ele. Assenti.

O mordomo apareceu com um linguado inteiro em cima de uma travessa.

— Um linguado de verdade — disse *monsieur* enquanto o mordomo começava a tirar as espinhas do peixe grande e chato. — Você vai ver como é simples e delicioso.

O linguado não se parecia com nenhum peixe que eu jamais houvesse provado.

— Se todos os peixes fossem assim — falei —, eu gostaria de peixe. — *Monsieur* riu. Madame parecia mais amarga do que antes, e perguntei-me o que a deixava tão infeliz. Então o prato seguinte chegou e parei de pensar no que quer que fosse.

— O que é isso? — perguntei, olhando para o que parecia um imenso peso de papel de vidro veneziano em cima de uma travessa. A coisa, um domo feito inteiramente de vegetais, reluzia e brilhava.

— Uma *chartreuse* de perdiz — disse *monsieur* du Croix. — Muito poucas pessoas a preparam corretamente, mas o nosso *chef* é um mestre.

— É tão bonito, seria uma pena comer — falei, esperando que ele não destruísse a linda natureza-morta de cenouras, vagens e feijões.

— E um crime não comer — disse *monsieur* du Croix, enfiando uma faca no domo com firmeza. — Comida é para se comer.

Depois da *chartreuse* foi servida uma salada verde simples.

— Temos uma estufa só para as alfaces — disse *monsieur* enquanto misturava o molho. — E mandamos trazer o azeite e o vinagre da França. A carne aqui é muito boa, mas o azeite é intragável. — Ele entregou um prato de salada ao mordomo para que este servisse sua mulher.

Virou-se para mim.

— Você já comeu um suflê? — perguntou ele. Pensei no La Belle Aurore, mas me ouvi dizer:

— Não, nunca.

Fui recompensada com um imenso sorriso. *Monsieur* virou-se para a mulher e disse, feliz:

— Que prazer ver uma criança comer seu primeiro suflê! — Ela inclinou a cabeça, concordando regiamente. Ele piscou para mim.

— Feche os olhos — ordenou quando dei a primeira colherada. Fiz isso, e minha boca se fechou sobre o ar quente e aromático que desapareceu no mesmo instante. Mas o sabor permaneceu, com o chocolate reverberando de um lado para o outro da minha boca. Dei outra colherada, esperando poder fazer a textura durar um pouco. Não consegui, mas continuei tentando, de olhos fechados, até minha colher voltar ao prato e não encontrar mais nada ali.

— Vocês sempre comem assim? — perguntei a Béatrice depois de agradecermos a sua mãe pelo jantar e tornarmos a subir para a ala das crianças.

— Ah, não — disse ela —, só quando janto com meus pais. E isso é muito raro.

Mas no domingo a mesa estava novamente posta para quatro, e *monsieur* du Croix sorria com júbilo antecipado. O primeiro prato foi um caldo ralo para a confecção do qual um milhão de frangos pareciam ter sido sacrificados. Enquanto o tomava, eu de repente ri, e *monsieur* me olhou com um ar intrigado. Eu não sabia o que dizer; estava pensando em um dos pratos preferidos da minha mãe, um caldo enlatado resfriado até se solidificar servido com creme de leite e caviar de salmão comprado em supermercado. Eu precisava dizer alguma coisa, então falei:

— Eu estava me perguntando o que aconteceria se esta sopa fosse resfriada. — *Monsieur* olhou para o céu e exclamou:

— Ela até *pensa* como *gourmet*!

— *Ris de veau à la financière!* — anunciou ele em seguida; era um dos pratos do cardápio de casamento de tia Birdie, mas eu nunca havia provado aquilo. Alice não gostava de moleja; "Pâncreas!", dizia ela, como se aquilo fosse uma idéia absurda. Senti um espasmo no estômago, mas não queria decepcionar *monsieur* du Croix e empunhei o garfo com decisão. Mordi a massa folheada crocante e pesquei lá dentro um pedaço de moleja.

"Quem poderia não gostar disto?", pensei comigo mesma, saboreando a suavidade da moleja em contraste com a massa.

— É incrível! — exclamei.

— Você precisa trazer sua amiga de novo — disse *monsieur* du Croix para Béatrice.

— *Oui, papa* — disse ela, dócil. Enquanto subíamos as escadas para fazer as malas, ela perguntou:

— Você vai voltar, não vai? — Tornou a dizer isso quando já estávamos acomodadas no trem. No último minuto, o motorista nos havia entregado um pacote a cada uma. Dentro havia uma dúzia de doces muito mais bonitos do que qualquer coisa que víramos nas pastelarias. — Eu acho que meu pai gosta de você — falou Béatrice com simplicidade.

Voltei no fim de semana seguinte, e no outro, e em seguida simplesmente ficou entendido que sempre que Béatrice voltasse para casa eu iria com ela. Víamos muito pouco sua mãe, mas seu pai quase sempre comia conosco. Ele nos chamava de "*mes deux filles*" e fazia questão de nos agradar e de nos surpreender a cada refeição, apresentando-nos ao caviar, à *bisque* de lagosta, ao marrom-glacê.

"Que chatice!", dizia Béatrice, "eu gostaria que ele se interessasse por esportes." Mas eu começara a perceber que sua rebelião era apenas uma fachada, e que no fundo ela estava encantada com a atenção do pai.

— Você me ajuda a preparar alguma coisa para o aniversário dele? — perguntou ela, e começamos a vasculhar livros de culinária à procura de algo para agradá-lo.

— Que tal um suflê de limão? — Eu estava me lembrando da receita do La Belle Aurore.

— Suflês não são difíceis de fazer? Ele gostaria tanto.

Eu não tinha conhecimento suficiente para saber que suflês eram difíceis de fazer, e a receita que Béatrice encontrou era muito precisa.

— Por que será que devemos limpar a tigela com limão? — perguntei.

— Porque — disse Béatrice com autoridade — o menor vestígio de gordura na tigela impedirá as claras de ovos de subirem direito.

— Como você sabe isso? — perguntei.

Ela não respondeu.

— Temos de prestar atenção para que a parte de cima da forma do suflê também não esteja suja de manteiga — disse ela, segura de si. — Assim a massa não vai escorregar quando subir. — Percebi que ela estivera estudando escondida.

Monsieur du Croix abriu um enorme sorriso quando entramos na sala de jantar carregando o suflê. Até madame du Croix sorriu. Béatrice corou de prazer.

— Acho que esse foi o primeiro presente meu de que ele realmente gostou — disse ela mais tarde, quando estávamos deitadas. Mesmo no escuro, pude sentir o sorriso em sua voz.

Ser amiga de Béatrice havia melhorado meu *status* no colégio. E eu aprendera francês suficiente para começar a alcançar o mesmo nível da turma. Passei a primeira semana de maio decorando um poema de Ronsard, e quando madame Cartet chamou meu nome na aula de recitação, comecei:

— *Mignonne, alons voir si la rose* — e percebi, subitamente, que acertaria tudo, cada palavra. Quando terminei, ouviu-se um suspiro, e eu soube que a classe inteira estivera prestando atenção, prendendo a respiração coletiva enquanto a rosa fenecia na vinha.

— *Vingt!* — disse madame Cartet. Ela parecia realmente feliz por me dar a nota máxima.

Mas não era só eu quem estava fazendo o dever de casa. Certo dia do final de maio, na hora do almoço, *monsieur* du Croix começou a falar sobre o verão que estava chegando e sobre seu vegetal preferido, o tomate.

— Não, *papa* — disse Béatrice —, o tomate é uma fruta. — *Monsieur* fez um ar de leve espanto e em seguida disse:

— Como assim? — enquanto estendia a mão para desarrumar os cabelos da filha.

— Você tem estudado! — falei enquanto subíamos as escadas. Béatrice corou.

— Ele nunca conversou comigo de verdade antes — disse ela baixinho.

Então, de repente, junho chegou. Era o fim das aulas. Eu falava francês. Podia voltar para casa.

Eu não estava nem de longe tão feliz quanto esperava que ficaria.

— Você vai voltar, não vai? — perguntou Béatrice. Eu não havia pensado no futuro, mas comecei a pensar. Pensei nos meus amigos de Nova York. De repente Jeanie me pareceu lamentavelmente pouco sofisticada. Pensei em nosso pequeno apartamento com sua banheira dourada descascando. Pensei nas mudanças de humor da minha mãe e em suas gororobas venenosas.

— Vou — falei. — Vou voltar sim.

5

Comida do demo

E eu voltei. Porém, depois de três anos em um colégio francês, estava farta de meninas e de uniformes e daquele colégio católico. As cartas de Jeanie só falavam do assassinato do presidente Kennedy, das passeatas pelos direitos civis e dos caras que tocavam violão em Washington Square. Ela escutava Joan Baez e freqüentava cafés. Eu queria estudar em um colégio de verdade, ter um namorado e aprender a dirigir. Tinha visões de festas no ginásio do colégio em que todos tiravam os sapatos, de bailes de formatura e da paquera nos corredores.

Meu plano era terminar o colégio em Nova York, mas minha mãe tinha idéias diferentes. Em uma de suas fases mais maníacas, ela vendeu a casa que papai havia construído em Wilton e comprou outra, à beira d'água, na cidade vizinha.

— É uma surpresa — disse ela ao comunicar a meu pai o fato consumado —, você vai adorar. — Acho que papai detestou a casa desde a primeira vez em que a viu, mas era educado demais para dizer isso. Ele aceitou. O que mais poderia fazer? Minha avó, a empresária, era quem havia pagado pelo terreno onde ficava a casa que meu pai construíra com as próprias mãos, e a escritura estava em nome da minha mãe.

Nossa nova casa era branca, com janelas altas que desciam até o chão e uma garagem acoplada, em uma rua de casas certinhas. A cozinha era totalmente equipada com eletrodomésticos verde-abacate. Havia até um lava-louças, algo que nunca havíamos tido. A enorme sala de estar era toda acarpetada e tinha uma lareira. A sala de jantar dava para o canal de Long Island. No andar de baixo, havia também um quartinho com paredes revestidas de madeira e cheio de livros que mamãe chamava de "biblioteca", uma varanda protegida por uma tela e pela sombra de um antigo salgueiro, e o quarto de dormir dos meus pais. O andar de cima era o meu território.

Acho que mamãe tinha visões de algum tipo de relacionamento privilegiado entre mãe e filha, no qual eu ficaria sentada em meu quarto fofo e cor-de-rosa e lhe sussurraria segredos no escuro.

Mas eu imediatamente pintei meu quarto de vermelho e fiquei amiga de todas as pessoas erradas. Não queria conversar com minha mãe, menos ainda sussurrar-lhe coisas, e teria sido preciso me torturar para me fazer contar-lhe qualquer tipo de segredo. "Me deixe sozinha!", eu me via gritando sem parar.

Mamãe e papai ficaram chocados ao verem sua adorável filha transformada em uma adolescente tão desajeitada e indisciplinada. Quando comecei a armar os cabelos, usar calças justas e realçar os olhos com delineador preto, eles me olharam como se eu fosse uma criatura de outro planeta. Quando eu chegava em casa bêbada, fingiam não perceber. Tampouco se mostravam encantados com minha melhor amiga, Julie. "Ela é *fácil* ", insistia mamãe, usando uma daquelas palavras que eu detestava. E de vez em quando ela perguntava com a voz chorosa: "Não há nenhum menino na sua turma que não queira ser mecânico?" Eu sequer me dignava a responder.

Meus pais estavam preocupados e irritados e haviam perdido o hábito de cuidar de filhos. Além disso, papai achava os trajetos de ida e volta do trabalho cansativos, e mamãe detestava a vida suburbana. Minha mãe começou a passar os dias na cidade e a ficar lá para jantar. Às dez horas, eu me via recebendo o inevitável telefonema: "Está tão tarde. Você se importa se não voltarmos?" No final, meus pais desistiram de fingir que voltariam para casa durante a semana. Como minha mãe dizia aos amigos: "Ruthie é tão madura."

Eu demonstrava minha maturidade promovendo uma infindável festa. Meus novos amigos ficavam contentes por ter um lugar para ficar quando matávamos aula. Coisa que fazíamos regularmente. Em novembro, eu já havia me convencido que tinha coisa melhor para fazer do que ler *Moby Dick* e aprender coisas sobre o Congresso Continental. Cozinhar, por exemplo.

Eu havia cozinhado a vida inteira, mas só como uma maneira de agradar aos adultos; agora, descobria que a atividade tinha outras virtudes. Eu não era bonita, nem engraçada, nem *sexy*. Não era líder de torcida nem bailarina, e ninguém nunca me convidava para ir ao *drive-in*. Eu ansiava por romance e sonhava com jantares à luz de velas, mas não tinha coragem de convidar Tommy Calfano para jantar. Era tão mais fácil dizer: "Por que não vamos todos para a minha casa?"

Eles iam felizes: a minha casa era um paraíso sem pais. A festa começava. Nós bebíamos. Dançávamos. Víamos televisão. Jogávamos *strip poker*. Mas, sobretudo, nós comíamos.

Comecei com receitas que havia aprendido da Sra. Peavey e de Alice, mas logo me diversifiquei. Todos os livros de receitas da minha mãe tinham títulos do tipo *Como preparar o jantar em cinco minutos contados*, mas comecei a folhear revistas e a recortar receitas. Nunca me ocorreu que uma receita pudesse ser difícil demais; eu não havia dominado a arte dos suflês aos 13 anos de idade? Eu entendia o ritmo da cozinha e era muito tranqüila. E muito sortuda.

Se alguém houvesse se importado com o resultado, as coisas poderiam ter sido diferentes, mas tudo que eu preparava saía bom. Eu tinha um público perfeito: qualquer coisa impressionava meus amigos e nada impressionava meus pais. Assim, experimentei receitas que levavam quatro dias ou tinham 25 etapas só por diversão. Desenvolvi a pele resistente de um cozinheiro, mexendo as panelas com os dedos caso não houvesse colheres à mão e de vez em quando esquecendo o pegador antes de pôr a mão dentro do forno. Aprendi a ignorar pequenas queimaduras. E aprendi a improvisar: a cozinha da minha mãe era mal equipada, então eu usava uma garrafa de vinho como rolo de massa e batia claras de ovos com um batedor de 40 anos de idade.

Quando ia às compras, passeava avidamente pelo supermercado, pegando qualquer coisa que despertasse minha imaginação. Se meus pais se perguntavam por que custava tão caro alimentar uma adolescente, nunca mencionaram isso. Mamãe me entregava um bolo de dinheiro no início de cada semana, murmurando: "Adolescentes sentem tanta fome."

Sentem mesmo. Mas aquilo de que eles mais gostam são os doces, e naquele ano eu descobri o segredo de todos os cozinheiros experientes: sobremesas são um truque fácil. As pessoas as adoram mesmo quando elas são ruins. Assim, comecei a preparar doces, dominando a alquimia capaz de transformar farinha, água, chocolate e manteiga em um bolo de chocolate e de fazê-lo desaparecer em um piscar de olhos.

Meninos, particularmente, pareciam gostar.

Bolo de chocolate

Ingredientes

1 xícara de leite
¾ de xícara de cacau em pó
⅓ de xícara de açúcar branco
1 xícara de manteiga
1 xícara de açúcar mascavo
3 ovos
¼ de xícara de creme de leite azedo
1 colher de café de baunilha
2 xícaras de farinha de trigo peneirada
1 ½ colher de chá de fermento em pó
½ colher de café de sal

Preaqueça o forno a 175°C.

Aqueça o leite em uma pequena panela até começarem a surgir bolhas nos cantos. Retire do fogo.

Misture o cacau e o açúcar branco em uma pequena tigela e despeje o leite morno devagar, mexendo. Deixe esfriar.

Bata a manteiga com o açúcar mascavo. Acrescente os ovos, o creme de leite azedo e a baunilha. Junte a mistura de chocolate.

Misture o restante dos ingredientes secos e junte delicadamente à mistura de manteiga. Não bata demais.

Despeje em duas formas bem untadas e enfarinhadas de 23cm de diâmetro e asse por 25 a 30 minutos, até o bolo se afastar ligeiramente das bordas da forma e voltar à posição original quando tocado de leve no centro. Deixe esfriar em cima de uma grade durante alguns minutos, e em seguida desenforme sobre a grade.

Espere esfriar completamente antes de cobrir.

Glacê de sete minutos

4 claras de ovos
1 ½ xícara de açúcar
¼ de xícara de água
1 colher de café de cremor de tártaro
⅛ de colher de chá de sal
1 colher de chá de baunilha

Ponha em banho-maria uma mistura feita com as claras, o açúcar, a água, o cremor de tártaro e o sal. Enquanto a água fervilha, bata com um batedor elétrico por cerca de cinco minutos, até encorpar ligeiramente. Retire do fogo e acrescente a baunilha. Continue batendo até o glacê ficar espesso o bastante para ser espalhado. Use imediatamente. Parece muito, mas use tudo; basta para rechear e cobrir o bolo.

Acordei quando os primeiros raios de luz começavam a abrir caminho para dentro da sala de estar. Tommy estava ao meu lado no sofá, com o braço aninhado debaixo do meu pescoço. Sentei-me, com o cérebro latejando dentro do crânio. Minha boca estava seca. Apertando os olhos na luz fraca, vi corpos espalhados por todas as cadeiras, alguns deles de meninos que eu sequer vira na noite anterior. Cinzeiros transbordavam no chão e havia copos virados em cima de manchas úmidas e pegajosas sobre o carpete. Na vitrola, um disco girava, e a agulha fazia *tum tum tum*.

E se meus pais voltassem cedo para casa? Suspendi o braço de Tommy, tentando distinguir os números em seu relógio de pulso. Quando aproximei o mostrador do rosto, ele acordou e sorriu para mim.

— Que horas são? — perguntei.

Ele olhou para o relógio.

— Quase seis.

— Não pode ser tão tarde — gemi. — Meus pais vão chegar a qualquer minuto. Eles acordam cedo. Poderiam estar chegando na garagem neste exato momento! Precisamos tirar todo mundo daqui.

Mas o que afinal eles estavam fazendo ali? O que eu estava fazendo com Tommy? Será que fizera algo de que iria me arrepender? Lutei para clarear minha mente e me lembrar. Minha cabeça doía. E subitamente tive uma nítida visão de dirigir muito rápido pela estrada, da auto-estrada formando um borrão enquanto eu olhava para o odômetro. Acabávamos de passar por Port Chester, a meia hora da minha casa, e eu estava indo a 150 quilômetros por hora.

O velho Plymouth dos meus pais, um conversível branco e turquesa cuja capota nunca havia sido tirada, tinha nove anos de idade. Era tão frágil que eu temia que partes suas começassem a voar se eu fosse mais rápido. Mesmo assim, pisei mais fundo no acelerador. Quando chegamos a 160, o carro começou a vibrar, emitindo um *vrum* abafado que fazia tremer minha barriga. Era uma sensação boa.

— Mais rápido! — disse uma voz vinda do banco de trás. Olhei pelo retrovisor. Havíamos consumido dúzias de Singapore Slings, gim com suco de limão, licor de cereja e angustura, e o rosto de Julie era um borrão aguado.

— O carro não vai mais rápido — falei, pisando no pedal até o fundo para demonstrar o fato. As vibrações aumentaram.

— Ôôô — disse Julie, caindo para trás em cima do namorado, Bill.

Perguntei-me se sobreviveríamos àquela corrida.

— Ela morreu aos 16 anos — disse eu bêbada para Bobby, sentado ao meu lado. — Tantas esperanças perdidas.

— Se você morrer eu também morro — disse ele, indignado. — Você deveria ter me deixado dirigir. Não estou tão bêbado quanto você.

— Então tome mais uma — falei, passando-lhe a garrafa de colutório que levava na bolsa. Ela continha uma mistura potente, um pouco de cada garrafa do armário de bebidas dos meus pais.

— Eca — disse ele, dando um gole. — Seus pais não reparam que suas bebidas estão sempre sumindo?

— Eu torno a encher as garrafas com água — falei. — Mas se não enchesse provavelmente não teria importância. Eles não percebem nada.

— Você tem tanta sorte — suspirou ele, desejoso.

As cidades se sucediam: Stamford, Darien, Norwalk. Saí da auto-estrada e tirei lentamente o pé do pedal. O carro diminuiu até lerdos 96 quilômetros por hora.

— Mais uma vez o Destino se recusou a pôr fim à sua infelicidade — disse Bobby enquanto passávamos voando pelas lojas fechadas da Main Street. — Já que nós vamos viver, vamos comer. Vá até uma lanchonete para comprarmos alguma coisa.

— Não — falei —, vamos para a minha casa. Meus pais só voltam amanhã de manhã.

— Tudo bem — disse ele, parecendo aliviado. Minha casa era mais barata. Além disso, havia sempre uma chance de Glória, que ele adorava, aparecer com o namorado, Troy, em busca de algo para fazer. Eu sabia que Bobby fora até Port Chester à sua procura, assim como eu atravessara a divisa do estado esperando encontrar Tommy Calfano em um dos bares sórdidos onde tínhamos certeza de que ninguém prestaria atenção nas nossas identidades obviamente falsas. Só de pensar em Tommy meu coração se contraía no peito, fazendo-me ficar enjoada.

— Já chegamos? — perguntou Bill, sentando-se. As janelas de trás estavam embaçadas. Julie ajeitou seus finos cabelos louros e abotoou a blusa. Desviei os olhos, encabulada.

— Seu batom está borrado, amor — disse Bobby rindo com a voz aguda que usava quando se fingia de mulher. Olhei para seu corpo magro e ocorreu-me, com um choque, que ele era provavelmente o que minha mãe chamava de "fruta". Perguntei-me se ele sabia disso e, caso soubesse, o que pensava a respeito.

— Estou com fome — anunciou Bill.

— Ruth vai cozinhar — disse Bobby —, não vai, amor?

— Claro! — falei, passando de raspão pelo salgueiro na frente da casa. Desliguei o motor. O silêncio foi um alívio e desejei por um instante que meus pais estivessem lá dentro, que eu pudesse dizer boa noite, subir as escadas, e simplesmente ir dormir.

— Faça um pouco daquele negócio de papelão frito — disse Bobby, esticando as pernas compridas e descendo do carro. Julie ainda se ajeitava e se abotoava, e assim que destranquei a porta ela entrou no quarto dos meus pais para tornar a se maquiar.

Passei pela biblioteca repleta de livros, acendendo as luzes, e cheguei à sala de estar, tropeçando no descanso para os pés da grande cadeira Eames, e acendi a luminária que minha mãe mandara fazer com o samovar de seu pai. Então rumei para a cozinha. Uma vez acesas as luzes fluorescentes, abri a torneira, inclinei-me e passei um pouco de água no rosto, tentando ficar sóbria. Enquanto acendia o fogão, tive uma rápida visão dos meus pais chegando pela manhã e encontrando um terreno vazio e fumegante. Cozinhar bêbada era tão perigoso quanto dirigir; era preciso um remédio mais sério.

Fui ao banheiro, abri o armário de remédios e remexi lá dentro. Não tinha muita certeza do que estava procurando. Alka Seltzer? Abri um vidro de sais e aspirei rapidamente; aquilo clareou um pouco meus pensamentos.

Quando a porta do armário se fechou, vi uma imagem irreal de mim mesma. Quem era aquela? Vi a grande massa de cabelos, o delineador preto borrado, o batom brilhante. Caminhei até o espelho grande atrás da porta e me examinei. Estava usando uma calça verde-clara tão justa que mais parecia pintada sobre o corpo, e uma blusa estampada colorida que descia até a metade das minhas coxas, escondendo a maior parte dos defeitos sérios.

— Vadia — sussurrei para o reflexo. Servi-me um copo d'água, tomei-o de um só gole e voltei para a cozinha.

— Tem cerveja? — perguntou Bill. Sacudi a cabeça. Minha carteira de motorista falsa dizia que eu tinha 18 anos, então eu podia beber em Nova York; no estado de Connecticut, era preciso ter 21 anos para comprar cerveja.

— Tem uísque Seagram's se você quiser — falei, jogando-lhe as chaves do armário de bebidas da sala de estar —, e tenho refrigerante 7-Up. — A maioria dos meninos bebia uísque com refrigerante. Ele interceptou as chaves com uma mão só e se aproximou para me dar um tapinha na bunda.

— Boa menina — disse ele, superior. Retirei sua mão com impaciência, sentindo ódio dele.

Nunca entendi o que Julie via em Bill. Todos os meninos eram loucos por ela e ela poderia ficar com quem quisesse. Eu gostava dos italianos; eles eram gentis e *sexy*, e um pouco perigosos, mas ela preferia os caras brancos protestantes que, quando crescessem, ficariam iguaizinhos a seus pais. Bill já era um tédio.

— Não dê mais bebida a Julie — disse Bobby, entrando na cozinha. — Ela está chorando de novo.

Bill deu de ombros. Julie sempre chorava quando bebia, e na maioria das noites tínhamos de nos esforçar para deixá-la composta e sóbria o bastante para chegar em casa à meia-noite. Mas nessa noite ela dormiria na minha casa; seus pais, é claro, não sabiam que os meus estavam ausentes.

— Você não deveria deixá-la beber! — falei. — Isso sempre acontece! — Bill misturou sua bebida e não disse nada.

— Cozinhe — disse Bobby. — Comida vai ajudar.

— Que tal espaguete? — perguntei. — Tenho uma ótima receita de molho de mexilhões.

Bobby grunhiu.

— Qualquer coisa menos espaguete. Nós comemos isso na minha casa todas as noites. Por que você não faz aquele negócio de papelão frito? Julie gosta.

— Você é o único que gosta de *matzo brei* — respondi. Era verdade. Os italianos nunca haviam visto pão ázimo antes, e todos adoravam a receita da minha mãe. Era a única coisa que mamãe realmente havia me ensinado a preparar. O segredo era muita manteiga; joguei três tabletes na panela e fui procurar os biscoitos chamados *matzos*, usados para preparar o prato.

Quebrei as bolachas em um escorredor, pus o escorredor na pia e abri a torneira. Peguei uma tigela no armário e uma caixa de ovos na geladeira e então, com um ovo em cada mão, comecei a quebrá-los, dois de cada vez, na borda da tigela.

— Não precisa se mostrar para mim — disse Bobby, apoiando-se na bancada. As últimas cascas se partiram e ouvimos um carro se aproximar da casa, com o rádio aos berros. Quando o motor foi desligado, ficamos calados, tentando ouvir vozes. Contei, depois joguei mais quatro ovos dentro da tigela e derreti mais um tablete de manteiga.

Glória foi a primeira a entrar, com uma aparência arrumada e limpa. Ela era magra e bonita, uma líder de torcida cujos cabelos pretos brilhantes estavam sempre arrumados em cachos perfeitos. Vestia uma saia xadrez pregueada com um casaco azul-claro, de modo que o anel de Troy, que ela usava pendurado em uma grossa corrente, repousava de forma proeminente sobre seu peito magro. Troy vinha logo atrás dela, com a mão segurando seu ombro em uma demonstração de propriedade. "Minha", ele parecia dizer, embora todos no colégio soubessem que ela ainda não havia sucumbido a seus avanços.

Foi então que vi Tommy. Meu coração virou de ponta-cabeça, como se estivesse em uma montanha-russa, e senti meu rosto corar. Virei-me para o fogão e despejei a mistura de ovos e biscoitos sobre a manteiga bem quente. Acrescentei um pouco de sal e comecei a mexer furiosamente.

— Comida para nós? — perguntou Linda por trás de Tommy. — Não precisava. Não estamos com fome. — Será que eles estavam juntos? Linda era a menina mais engraçada do colégio, prova de que não era preciso ser bonita para ter sucesso. Ela era bem magra e baixa, e todos a adoravam. Ela retribuía nosso afeto regularmente fazendo-nos rir tanto que molhávamos as calças. "Bom, isso sem dúvida vai me trazer sorte, não vai?", disse ela quando comentei o fato. Ela correu os olhos pela cozinha e perguntou:

— Onde está Julie?

— Chorando, para variar — disse Bill, entrando com a garrafa de Seagram's. — Ela está no quarto de Ruth. Você não poderia ir lhe contar umas piadas ou algo assim?

— Diga-lhe que há comida — falei, raspando o *matzo brei* para um prato e salpicando-o de sal. Tirei pratos do armário e vi a montanha de comida desaparecer à medida que meus amigos se serviam e se espalhavam por cômodos diferentes. Tommy foi o último a sair. Sozinha com ele, fiquei tão encabulada que peguei um prato, disse:

— Vou levar isto para Julie —, e fugi.

— Idiota burra — repreendi a mim mesma enquanto me afastava dele.

Linda estava inclinada sobre a forma chorosa de Julie, mas quando eu entrei olhou para cima e deu de ombros. O rosto de Julie estava quente, vermelho, inchado. Ela nunca nos contaria por que estava chorando, e todos nos sentíamos ligeiramente culpados, perguntando-nos o que havíamos feito. Pensei que talvez a culpa fosse minha; quando Julie me contou que havia cedido a Bill, que realmente tirara a roupa, fiquei horrorizada demais para esconder minha reação.

— Como você pôde? — exclamei. Seu rosto desabou. Bill tinha seus próprios motivos para se sentir culpado. Talvez Linda também tivesse. Meses depois, quando o pai de Julie saiu da cidade e sua mãe se recolheu em um mundo só seu, entendemos que seu choro não tinha nada a ver conosco.

— Por que você não me disse que as coisas estavam tão ruins em casa? — perguntei. — Sou sua melhor amiga!

Ela simplesmente deu de ombros.

— Todos temos problemas com nossos pais — disse ela. — Além disso, o que você poderia ter feito?

Nós fizemos o possível. Linda andava de um lado para o outro do quarto, à procura de material.

— Ih, o que é isso? — perguntou ela, pegando um sutiã de cima da minha penteadeira. — Uma piscina para formigas? — Julie riu sem querer enquanto eu cruzava os braços e cobria o peito. Linda pareceu consternada por um instante. — Não fique encabulada — disse ela —, não é culpa sua se você é a única menina do último ano com peitos grandes.

— Eu sou é gorda — falei, desconsolada. — Os peitos fazem parte do pacote.

— Você não é gorda! — disse Julie, esquecendo-se por um instante dos próprios problemas. — É só um pouco cheinha. — Então, juntas, recitamos em coro a frase que eu ouvira todos os dias da minha vida:

— Você seria tão bonita se perdesse só um pouco de peso.

— Quem já ouviu falar em uma cozinheira magra? — perguntou Bobby, juntando-se a nós. Eu suspeitava que Troy e Glória estivessem aninhados no sofá e que Bill e Tommy estivessem falando sobre carros.

— Vamos fazer alguma coisa! — disse Bobby.

O efeito do álcool estava passando. Ninguém passou mal, o que era raro. Dois anos antes, nós teríamos brincado de pique ou de verdade ou conseqüência, e dois anos depois estaríamos fumando maconha. Mas ali estávamos nós, às 11 da noite de um sábado, e ninguém sabia o que fazer. Pus alguns discos, mas ninguém tinha energia suficiente para The Shirelles. Assim, eu disse a primeira coisa que me veio à cabeça:

— Vamos fazer um bolo!

— Ah, aula de prendas domésticas — disse Bobby, e senti-me imediatamente ridícula. Que idéia mais careta! Meus amigos eram descolados demais para cozinhar. Tommy iria me achar uma imbecil.

— Chocolate! — disse Linda. — Vamos fazer um enorme bolão de chocolate e depois comer tudo!

— Com aquele glacê branco fofinho — disse Julie. — Você sabe, aquele que parece neve.

Tommy e Bill ainda estavam falando sobre carros, mas pareciam achar um bolo uma boa idéia.

— Imaginem se a Srta. Hill entrasse aqui agora — disse Bobby. A professora de que menos gostávamos chegara a ligar para minha mãe certa vez para dizer que Julie era má influência para mim, que eu estava andando com o que ela chamava de "motoqueiros". Mas é claro que minha mãe não estava em casa, então não foi ela quem atendeu, com a voz mais grave de que era capaz:

— Muito obrigada, Sra. Hill, nem posso lhe dizer o quanto fico grata por seu interesse pela minha filha.

Tommy estava tão perto que eu podia sentir o cheiro misturado de cigarros, sabonete, couro inglês e óleo de motocicleta que ele exalava. Fechei os olhos com força e rezei:

— Faça ele gostar de mim. — Eu precisava de uma bebida. — Quem quer um uísque com refrigerante? — perguntei.

— Vou preparar uma jarra — disse Linda, indo pegar o gelo.

Comecei a peneirar a farinha para o bolo e Bobby pôs um avental. Senti alguém chegar por trás de mim e o cheiro de couro inglês ficou mais intenso.

— Você tem cheiro de açúcar e manteiga — disse Tommy. Eu mal podia acreditar. Eu? De repente me senti corajosa e bela. Passei um pouco de baunilha atrás das orelhas.

— Gostou do meu perfume? — perguntei. Seu hálito chegou mais perto e ele encostou o rosto no meu pescoço. — Hummm — sussurrou ele —, delicioso.

— Tommy está se mostrando — disse Bobby.

— Não pare de bater essa manteiga — falou Linda, e todos começaram a rir.

À meia-noite, eu estava novamente bêbada. Tommy ficava olhando para mim e de vez em quando chegava perto e encostava acidentalmente nos meus seios. Parecia que eles estavam pegando fogo.

— Era assim que eu imaginava que seria a aula de química — disse eu de repente.

— Ah, é — falou Linda. — Química noturna do Sr. Allston para jovens desencaminhados. É uma aula especial; quem quer lamber a vasilha?

Julie havia parado de chorar. A cozinha estava uma bagunça. Farinha flutuava pelo ar. Tommy me ajudou a despejar a massa nas formas untadas e, depois de pormos o bolo no forno, puxou-me para a sala de estar, pôs uma música lenta, e nós dançamos. A campainha continuava a tocar e mais pessoas iam entrando pela porta, mas eu estava alheia a tudo a não ser a sensação de seu corpo contra o meu. Ele começou a me beijar, devagar, e eu aspirei seu aroma, pensando em como ele era legal.

— O bolo! — gritei de repente, mas ele não parou.

— Não se preocupe — disse ele —, alguma outra pessoa vai tirá-lo do forno. — Imaginei fumaça preta saindo da cozinha, a casa incendiada. Não liguei. Aquele era o meu primeiro beijo. Tommy me conduziu até o sofá e nos deitamos juntos, delicadamente. Aninhei-me junto a ele. Por um breve instante, perguntei-me como seria ser casada com um mecânico. Em seguida, adormeci.

Nada terrível acontecera. O latejar na minha cabeça diminuiu um pouco. Então olhei para a sala de estar e entrei em pânico. Minha mãe enlouqueceria se chegasse naquele momento.

Tommy olhou para o meu rosto e afagou minha bochecha com delicadeza.

— Não se preocupe — disse ele. — Faça um pouco de café. Vou acordar todo mundo.

— Esqueça o café — falei —, precisamos tirar esses copos e cinzeiros daqui. Esta casa está com cheiro de cervejaria. Vamos abrir as janelas e arejar.

— Bom, isso vai acordar as pessoas — disse ele, sensato. Enquanto ele começava a abrir as janelas, fui de quarto em quarto, descobrindo um desastre depois do outro.

Julie e Bill estavam na cama dos meus pais. Desviei os olhos enquanto implorava para que acordassem. Bill roncava, mas Julie deu uma olhada para o sol no céu e pulou da cama. Estava completamente nua.

— Vou acordá-lo — disse ela —, não se preocupe. Nós vamos limpar este quarto.

Glória e Troy estavam na minha cama; eu não quis saber o que estavam vestindo. Ou o que não estavam vestindo. Linda e Bobby estavam em camas de solteiro separadas no quarto de hóspedes.

— Ai, meu Deus — disse Linda. — Eu apaguei. Eu disse a meus pais que ia para a casa de Glória e ela disse a seus pais que ia para a minha casa. Vou ficar de castigo até os 100 anos!

Ela começou a puxar lençóis e catar cinzeiros. Sacudiu Bobby.

— Faça aqueles caras da sala de estar saírem daqui — ordenou ela.

Na cozinha, o forno ainda estava ligado, mas pelo menos alguém tinha pensado em tirar o bolo. Ele estava em cima da bancada, ainda na forma, com uma aparência enrugada, marrom e pouco convidativa. A cozinha estava em pandarecos, com cascas de ovo pelo chão e cigarros apagados no meio de pratos. Fiquei histérica, correndo de uma bagunça para outra.

Tommy entrou na cozinha segurando um saco de lixo.

— Calma — disse ele, tranqüilizador. — Eu acordei todo mundo. Estão todos decentemente vestidos. — Ele apertou os olhos na minha direção e acrescentou:

— Talvez você queira, sabe, só passar uma água no rosto. Só para o caso de seus pais chegarem.

Fui até a pia da cozinha.

— Não — disse ele, empurrando-me em direção ao banheiro. — Você precisa de um espelho. — Ele tinha razão. Subi até o andar de cima para vestir uma camisa limpa e cada passo reverberava pelo meu corpo, atingindo minha cabeça como um martelo de ponta-cabeça.

Mas quando tornei a descer Tommy já havia organizado tudo.

— Está tudo planejado — disse ele. — Primeiro nós limpamos toda a birita e os cigarros e os jogamos dentro dos carros. Fizemos as camas. Depois empilhamos toda a louça suja na mesa da sala de jantar como se houvéssemos acabado de tomar o café da manhã.

— Brilhante — disse Linda. — Por que diabos viríamos todos aqui às seis da manhã tomar café?

— E se nós tivéssemos um projeto de ciências de manhã cedo? — disse Tommy. — Sabem, calcular o efeito do sol nascente nos pássaros ou algo assim?

Linda virou-se para mim.

— Seus pais vão acreditar nisso? — perguntou ela. — Os meus jamais cairiam em uma história tão estúpida.

Os meus, eu sabia, cairiam. Minha mãe ficaria contente por eu ter feito tantos amigos no novo colégio, mesmo que eles não fossem do tipo certo. Ela acharia que aquilo era um sinal de que eu estava bem adaptada.

— Talvez não tenhamos de usar a história — disse Tommy. — Talvez consigamos limpar tudo e tirar todo mundo daqui antes de eles chegarem. É só um plano de contingência.

— Óóó — falou Linda —, que palavra grandiosa.

Tommy sequer respondeu. Abaixou os olhos para mim de seu metro e noventa e perguntou:

— Você tem laranjas? — Aquiesci. — Faça um suco de laranja — disse ele. — Café e suco de laranja têm um cheiro tão inocente.

Nada é mais *sexy* do que um homem competente. Eu estava apaixonada. Então Tommy passou os braços em volta do meu corpo e sussurrou:

— Você acha que poderia aproveitar o embalo e, sabe, pôr um glacê naquele bolo?

E foi assim que meus pais me encontraram às seis e meia da manhã. Mergulhada até os cotovelos em pó de café e cascas de laranja, fazendo glacê para bolo de sete minutos. Meus amigos estavam sentados inocentemente em volta da mesa da sala de jantar e, se alguns deles estavam respirando como se houvessem acabado de disputar uma corrida, meus pais não perceberam.

— Ah — disse minha mãe, animada —, que bom. Você fez *matzo brei* para os seus amigos. Fico tão feliz por não estar solitária.

6

A torta

Logo depois do Natal, Tommy se alistou na Marinha. Chorei quando ele foi embora e comecei a usar o anel de prata em miniatura que ele me dera em torno do pescoço. Mas nem isso nem suas cartas cheias de erros de ortografia eram um substituto satisfatório para sua presença, e eu comecei a beber muito. Meus pais passavam a maior parte do tempo fora e, agora que Tommy fora embora, a experiência do colégio americano não era muito divertida. Eu mal podia esperar para ir para a faculdade.

Lancei-me de cabeça nas inscrições. Minha mãe fazia pressão para eu entrar em uma das universidades da Ivy league, mas eu queria sair da Nova Inglaterra, me afastar o máximo possível da pessoa em que havia me transformado. Queria estar em um lugar onde ninguém me conhecesse. Queria começar tudo de novo.

Candidatei-me à Universidade de Michigan porque não havia taxa nem redação. Quando fui aceita, três semanas depois, percebi que aquilo seria perfeito: *tabula rasa*, eu nunca sequer visitara o estado de Michigan.

Enquanto isso, porém, era preciso atravessar o verão. Candidatei-me a um emprego em uma lanchonete da cadeia Dairy Queen perto de casa, mas minha mãe tinha outros planos. Em um fim de semana, ela chegou em casa e entregou-me uma passagem.

— Nós vamos para a Europa! — disse ela animada.

Ah, que ótimo! De repente, ela queria passar tempo comigo.

— Não posso — tentei. — Preciso ganhar dinheiro para a faculdade. Foi idéia sua.

— Você pode trabalhar lá — disse ela. — Eu já resolvi tudo.

Infelizmente, era verdade. Minha mãe havia descoberto o maravilhoso mundo do trabalho no exterior, e iria escrever um livro a respeito. Conseguira até um adiantamento de um editor fácil de convencer. Mamãe pensara em tudo: enquanto ela ficava em Paris entrevistando jovens americanos, eu seria monitora de um acampamento em uma pequena ilha na costa atlântica francesa. Ela havia organizado tudo nos mínimos detalhes. Eu estava encurralada.

"Pergunto-me se é uma boa idéia você aceitar esse tipo de emprego", escreveu Béatrice. "Nos Estados Unidos, trabalhar em um acampamento é ideal e eu mesma sou capaz de fazer isso daqui a um ou dois anos. Mas eu acho que as coisas aqui são bem diferentes. Secretárias e comerciantes viram monitores porque querem passar férias de graça. Você não terá ninguém para ser seu amigo."

Béatrice mostrou-se ainda mais cética quando soube que eu iria trabalhar em uma "*colonie sanitaire*" na Île d'Oléron. Acampamentos sanitários eram uma espécie de versão rural da Liga Atlética da Polícia americana: lugares para onde crianças francesas pobres eram mandadas para passar um mês no campo de graça. "Pense na comida!", escreveu ela. "Você vai morrer de fome."

Ela estava errada sobre tudo.

Torta de framboesas de Oléron

Ingredientes

Massa

1 ½ xícara de farinha peneirada

¼ de xícara de açúcar

125g de manteiga sem sal

2 colheres de sopa de creme de leite
1 gema de ovo

Ponha a farinha e o açúcar em uma tigela. Corte a manteiga em quadradinhos e acrescente à mistura de farinha e açúcar. Mexa com os dedos até a manteiga ficar coberta de farinha, depois esfregue até a mistura ficar parecida com fubá.

Acrescente o creme à gema de ovo e junte à mistura de farinha. Mexa ligeiramente com um garfo até a massa formar uma pequena bola. Caso ela não esteja úmida o suficiente, acrescente mais ou menos uma colher de sopa de água para dar liga.

Salpique uma bancada com farinha e ponha a massa sobre a farinha. Empurre a massa com a base da palma da mão até toda ela ter sido trabalhada. Forme uma bola, envolva em filme transparente e deixe descansar na geladeira por três horas.

Retire da geladeira e deixe aquecer por cerca de dez minutos. Espalhe mais farinha sobre a bancada. Achate a bola para formar um disco e, com o rolo, faça um círculo de 28cm de diâmetro. Encaixe-o delicadamente em uma forma de fundo removível de 20 ou 22cm de diâmetro. Pressione delicadamente na forma, tomando cuidado para não esticar a massa; apare as bordas e leve ao freezer *por dez minutos até ficar firme.*

Preaqueça o forno a 175°C. Cubra a massa enformada com papel alumínio e encha de feijão seco. Asse por 20 minutos. Retire o papel alumínio e o feijão e asse por mais quatro ou cinco minutos, até dourar.

Retire do forno e deixe esfriar enquanto prepara o recheio.

RECHEIO

¾ de xícara de amêndoas fervidas para tirar a casca
¾ de xícara de açúcar
3 colheres de sopa de manteiga amolecida
3 gemas de ovos grandes
1 colher de chá de essência de baunilha
4 xícaras de framboesa

Ponha as amêndoas e três colheres de sopa do açúcar no liquidificador e moa até formar um pó fino.

Misture a manteiga com o restante do açúcar. Acrescente as gemas, mexendo até ficar liso. Acrescente a mistura de amêndoas e açúcar e a essência de baunilha.

Espalhe o creme de amêndoas no fundo da massa de torta preassada.

Cubra cuidadosamente a torta com duas xícaras de framboesa.

Salpique com duas colheres de chá de açúcar, asse a 175°C por 40 minutos. Retire do forno e deixe esfriar por duas horas.

Logo antes de servir, cubra a parte de cima da torta com as duas xícaras de framboesa restantes. Não costumo pôr cobertura nesta torta, mas se quiser pode derreter duas colheres de sopa de geléia de groselha com uma colher de sopa de água em uma panela, deixar esfriar e em seguida pincelar a calda por cima das framboesas.

Rende oito porções.

— *Vous commencez maintenant* — disse a mulher na Gare d'Austerlitz, empurrando nove meninos pequenos na minha direção. Ela me entregou um maço de passagens, virou-se e desapareceu na multidão. Os meninos olharam para mim com interesse, passando as mochilas de uma das mãos para a outra. Então o menor deles, um menino de pele escura, cabelos pretos e enormes olhos castanhos, lançou-me um olhar de desafio e começou a gritar como um índio. Todos seguiram seu exemplo.

Passageiros que corriam rumo a seus trens se viraram e lançaram olhares desaprovadores na minha direção. A mulher que estava indo embora também se virou; mesmo de longe, pude ver a expressão de raiva e resignação em seu rosto.

— Nikili — disse ela, feroz, dando um bofetão na nuca do menino menor. — *Taisez-vous* — disse ela aos outros. O som cessou no mesmo instante.

Olhando para mim muito séria, ela disse:

— Você vai ter de manter a disciplina. Sabe o que tem de fazer?

— Não — falei, pensando que estivesse prestes a receber uma aula instantânea de como ser monitora. Mas tudo que ela queria era se livrar de mim. Apontou para um grupo de meninos ao longe, reunidos perto de um portão. — O trem sai daqui a 20 minutos. Vá esperar com eles — disse ela, virando-se para partir. Ela deu meia-volta, murmurou:

— *Bonne chance* —, e se foi.

Conduzi os meninos em bando até o grupo que ela havia indicado.

— *Maison Heureuse?* — perguntei ao rapaz bonito que estava com eles.

— *Très heureuse* — respondeu ele enquanto o portão se abria. Todos os meninos dispararam em direção ao trem, com o meu grupo galopando feliz atrás. Corri para alcançá-los e em seguida olhei em volta à procura do rapaz bonito, mas ele não estava mais lá. Decepcionada, acomodei os meninos em seus lugares, disse-lhes mil vezes para ficarem quietos, e vi a estação deslizar para longe.

Uma hora mais tarde, descobri que Nikili havia desaparecido. Fiquei histérica, imaginando um escândalo internacional.

— Americana incompetente! — murmurei para mim mesma, sacudindo o amigo de Nikili, Roland, e implorando:

— *Où est-il?*

Roland deu um sorriso irritante e não disse nada. Comecei a roer as unhas e pensei em descer na parada seguinte e desaparecer no campo francês. Como eu poderia admitir que já havia perdido um dos meninos? Estes davam risadinhas sentados em seus lugares e atiravam coisas uns nos outros, enquanto eu me perguntava o que fazer. Quando as lágrimas começaram a se formar debaixo das minhas pálpebras, levantei os olhos e vi uma menina mais ou menos da minha idade arrastando Nikili pela orelha corredor abaixo. Seu corpo era magro e atlético, seus cabelos grossos e pretos, e seus olhos tinham um azul espantoso, mas ela se portava como alguém que não tem interesse pela própria beleza. Usava roupas desbotadas, nenhuma maquiagem, e parecia muito profissional. Enquanto jogava Nikili em seu lugar, ameaçou entregá-lo ao diretor para levar uma boa surra no minuto em que chegássemos caso ele ousasse se mexer.

Ele não se mexeu,

— *Et vous autres* — disse ela, séria, antes de voltar para seu lugar. — Vou ficar de olho em vocês também.

Segui-a até o fundo do vagão, onde os outros monitores estavam sentados. Observando-os, logo entendi o princípio francês para controlar crianças. Ele consistia basicamente em muitos gritos. O volume era importante, e ameaças pareciam ajudar. Quando tudo mais falhava, a estratégia preferida era evocar o nome do temido diretor.

— Com certeza somos um grupo patético — disse a menina que havia encontrado Nikili. — Todos contando com um diretor que ainda nem conhecemos.

Dei um sorriso pálido e não disse nada. Estava cansada, com saudades de casa, e gostaria de estar na Dairy Queen com Julie. Senti pena de mim mesma e, quando finalmente chegamos ao acampamento e conhecemos enfim seu responsável, isso não ajudou. Em pé na varanda de pedra que margeava toda a extensão do prédio principal, o diretor destacou as regras. Não haveria empurrões, gritos nem desrespeito. Banhos seriam tomados uma vez por semana. Mais importante do que tudo, todos deveriam comer toda a comida em seus pratos. Os membros do acampamento seriam pesados toda semana e o governo esperava que todo mundo engordasse.

— Se houver algum problema... — disse ele, fazendo uma pausa significativa — vocês virão me fazer uma visita. — E ele suspendeu uma palmatória. Fomos dispensados.

— Bem-vindos ao Exército — disse o rapaz bonito do trem enquanto conduzíamos os meninos até o comprido dormitório de teto baixo. Fileiras de camas simples se estendiam até o fundo do cômodo, cada qual com um baú no pé. Os monitores foram acomodados ao lado, quatro em cada quarto minúsculo.

Comecei a desfazer as malas, pondo o retrato emoldurado de Tommy sobre a mesinha-de-cabeceira junto com uma caixa de cerejas cobertas de chocolate e com o livro que eu estava lendo, *Bonjour tristesse*. Monique, na cama ao lado, tirou da mala um enorme vidro de colônia, uma pilha de revistas de cinema e uma pequena montanha de cosméticos. Suzanne cobriu sua mesa meticulosamente com fotos do cantor francês Johnny Halliday. Uma vez estas arrumadas a seu gosto, extraiu da mala com cuidado um travesseiro com a palavra "Johnny" bordada em cima, acariciou-o com amor e pousou-o delicadamente sobre a cama.

Enquanto isso, Danielle, minha salvadora do trem, organizava uma pilha de livros sem cor. Instalou-se pudicamente sobre a cama, pôs os óculos e abriu um dos livros. Monique inclinou a cabeça para ler o título.

— *La Nausée* — riu ela —, que pesado. Não é de espantar que você precise de óculos. — Ela examinou Danielle com um olhar crítico e disse:

— Você poderia ser muito bonita se me deixasse maquiá-la, sabe.

Danielle levantou os olhos, irritada.

— Por favor — disse ela —, eu estou tentando evoluir como pessoa.

Monique fez uma careta cômica.

— Eu estava só tentando ajudar. — Ela se virou para mim e disse:

— Quer ir conhecer os meninos? Vamos ver se algum deles quer nos levar até a cidade.

— Boa idéia — falou Suzanne.

— Por que não? — falei.

— Tchau — disse Danielle. Ela não levantou os olhos.

— *Salut, les copains* — disse o cara bonito do trem quando entramos no Café Boyardville. Ele acenou para o garçom pedindo mais três copos de *pineau*, comportando-se como se fosse o dono do lugar. Apaixonei-me instantaneamente. Georges não prestou mais atenção em mim do que havia prestado no trem; ele dedicou o verão inteiro a seduzir Monique. À noite, eu sonhava com ele; durante o dia, consolava-me comendo.

Isso não era difícil. De manhã, quando acordávamos, o cheiro de pão assando flutuava entre as árvores. Depois de conseguirmos fazer nossos meninos saírem da cama, lavarem o rosto e porem a camisa para dentro da calça, a sedução do aroma havia se tornado enlouquecedora. Entrávamos no refeitório para devorar pão quente coberto de manteiga feita em casa e geléia caseira de ameixas tão cheia de frutas que fazia cada fatia parecer uma torta. Enfiávamos o rosto dentro das tigelas de *café au lait*, aspirando a fragrância doce, amarga e singularmente francesa, e Georges ou Jean ou algum dos outros monitores dizia, pela centésima vez: "*On mange pas comme ça à Paris.*" Duas horas depois, fazíamos um *goûter*, um lanche com brioches crocantes recheados de barras de chocolate. E duas horas depois havia o almoço. Passávamos o dia comendo.

Essa era a atividade principal; a Casa Feliz não oferecia esportes, jogos, artes manuais ou atividades organizadas de qualquer tipo. A ilha era selvagem e bela, um emaranhado de densas matas virgens margeando quilômetros e mais quilômetros de praias desertas, e esperava-se que as crianças se divertissem sozinhas. Nosso trabalho era apenas garantir que nenhuma delas se perdesse e que todas engordassem.

Passávamos a maior parte do dia na praia. Danielle se esforçava para ensinar suas crianças a nadar; o restante de nós simplesmente se concentrava no bronzeado. A única coisa que ensinávamos a nossos grupos era recolher os deliciosos moluscos que se escondiam logo abaixo da areia molhada e compartilhá-los conosco para um lanche de final da manhã. Assim fortificados, tornávamos a atravessar a praia e a mata, a pé, para ir almoçar.

A refeição era sempre magnífica. Para começar, muitas vezes havia pilhas de *petit-gris*, pequenos camarões cozidos em uma mistura de vinho, água, limão e ervas. Quando se tirava as cabeças, os camarões rosados saíam inteiros da casca; dava bastante trabalho comê-los, mas valia a pena. Depois, havia um prato de carne feito com frango ou coelho caipira fresco, ou algumas vezes pequenos filés de carne bovina suculentos e resistentes, com grandes pilhas de batatas fritas na hora. Depois, salada e pão e queijo e fruta. E, para os monitores, os acres vinhos campestres da região.

Depois do almoço, as crianças faziam uma sesta de duas horas. Só dois monitores precisavam ficar para apartar brigas de travesseiro; aqueles dentre nós que não estivessem "*de service*" ficavam livres para ir à cidade. Nós andávamos pelas ruazinhas de Boyardville, escrevendo postais para nossos pais e comendo os sorvetes de casquinha insatisfatórios vendidos no *tabac*. Porém, mais cedo ou mais tarde, todos terminávamos no Café Boyardville.

Certo dia, eu estava lá sentada sozinha, bebericando uma xícara de café e olhando para Georges com desejo, quando uma voz acima de mim disse:

— *Tu permets?*

Era Danielle. Ela se sentou e disse, acusadora:

— Acabei de descobrir que você é americana.

— E daí? — perguntei.

Ela ficou calada por um instante, depois perguntou, tímida:

— Me diga, você conhece Tony Curtis?

Estourei de rir.

— Você conhece Jacques Brel? — retruquei.

— Eu sou de Reims — disse ela, como se isso respondesse à minha pergunta. — Estou estudando para ser enfermeira. É uma profissão útil.

Os outros monitores consideravam Danielle uma chata; ela era uma rata de livros, uma certinha, "*pas amusante*". Mas, já que ela não se interessava por meninos e os meninos não se interessavam por mim, fomos nos tornando amigas. E eu descobri que ela possuía uma surpreendente faceta de independência. Quando perguntei se alguém queria ir de carona até a outra ponta da ilha e explorar St. Trojan, todos foram tímidos demais.

— É longe demais — disse Georges.

— Você vai chegar atrasada e ser demitida — falou Suzanne.

— St. Trojan? — perguntou Danielle, olhando-os de cima a baixo com ar de desdém. — Eu quero. Acho que seria interessante dar uma olhada.

— Vocês estão loucas? — perguntou Monique. — Se o diretor descobrir, vai mandá-las para casa.

— Você acha mesmo que ele vai nos mandar para casa se descobrir? — perguntou Danielle quando saímos. O dia estava quente e seco. — Se não conseguirmos voltar a tempo? — Atravessamos Boyardville, passamos pelo *tabac*, passamos pela única mercearia e pelo restaurante de frutos do mar freqüentado pelos turistas.

— O diretor nem vai saber que nós saímos — falei. — Monique nos dará cobertura. — Danielle aquiesceu, mas, quando chegamos ao lugar onde a calçada terminava, pude ver que ela havia perdido a segurança.

Não havia muito tráfego. Hoje em dia, uma ponte liga a Île d'Oléron ao continente, mas naquela época era preciso pegar um *ferry* em La Rochelle. Poucas pessoas se davam ao trabalho.

— Talvez não passe nenhum carro — disse Danielle. Achei sua voz esperançosa. Mas no instante em que ela disse isso um carro apareceu ao longe. Nós o vimos vir na nossa direção, com os polegares esticados. Ele passou voando, diminuiu e parou no acostamento com um cantar de pneus, levantando uma nuvem de poeira.

Corremos até ele. Lá dentro, havia um casal mais velho de Paris. Eles disseram que não podiam nos levar até St. Trojan porque só iam até metade do caminho, visitar um queijeiro da região.

— *Ça ira* — falei abrindo a porta —, se vocês permitirem, nós vamos junto. — Eu sabia que, se não fôssemos com eles, Danielle iria desistir.

— Vocês vão gostar — disse a mulher, confiante, como se nos conhecesse há muito tempo e soubesse de que gostávamos. Seu rosto era um daqueles rostos vagos, inchados, parecidos com um desenho apagado muitas vezes. Seus cabelos grisalhos estavam cortados curtos, seus olhos eram de um azul pálido, e ela suspirava muito, como se houvesse alguma terrível tristeza presa dentro dela; provavelmente era só indigestão.

Seu marido parecia uma demonstração ambulante de boa vida. Com a estrutura óssea parecida com um hidrante, ele tinha um rosto grande coberto de vasos sangüíneos rompidos e uma grande barriga que balançava suavemente contra o volante. Dentro do carro, alguma coisa misteriosa chacoalhava baixinho; ao olhar para baixo, vi que o som vinha dos vidros de geléia e das latas de *confit* que cobriam o chão do carro.

Eles se chamavam Deveau e, quando descobriram que eu era americana, perderam qualquer interesse por mim.

— Os americanos não sabem comer — disse madame com firmeza. Mas quando Danielle disse que era de Reims, os dois soltaram uma exclamação feliz. — *Oh, la belle Champagne* — suspirou madame, cobrindo Danielle de perguntas sobre tal restaurante ou tal vinícola.

— Minha família não freqüenta restaurantes — disse Danielle com simplicidade.

Os Deveau fizeram um ar triste, como se ela estivesse perdendo uma grande experiência de vida.

— Você já foi a Troyes? — arriscou madame.

— *Bien sûr* — disse ela —, minha tia e meu tio moram lá. Logo depois da cidade, no vilarejo de Chaource.

— Ah, Chaource — disse ela com reverência —, um dos grandes queijos do mundo. Você já provou?

— Meu tio é fabricante — respondeu Danielle.

Ao ouvir isso, *monsieur* Deveau virou-se para olhar para ela, fazendo o carro virar tanto que fiquei feliz pelo fato de a estrada estar vazia. Ele ignorou o movimento lateral do automóvel e fitou Danielle com adoração, como se houvesse acabado de descobrir uma estrela de cinema em seu banco de trás.

— Você sabia que esse queijo é fabricado desde o século XIV? — perguntou, com um tom de voz que a maioria das pessoas reserva para grandes obras de arte.

— Sabia — disse Danielle. — É um queijo venerável. — Enquanto ele tornava a virar os olhos para a estrada, ela sussurrou:

— Não estou agüentando. Que nojo! Eles são tão ricos!

Ouviu-se um grande suspiro vindo da frente, e então o rosto de madame Deveau se levantou por cima do encosto de seu banco.

— Hoje em dia é tão difícil conseguir queijos artesanais — disse ela, chorosa. Ficou feliz em nos informar que, quando chegássemos ao nosso destino, teríamos o privilégio de provar um queijo raro chamado Oléron. — Feito, é claro, como deve ser! É triste o bom queijo da França estar sendo feito em fábricas! — Outro suspiro.

Eu estava começando a me arrepender daquela pequena excursão; estávamos no meio do nada e não havíamos cruzado um carro sequer. Danielle parecia nervosa.

— Pelo menos não vamos morrer de fome — sussurrei, rendendo-me à aventura enquanto *monsieur* entrava por um caminho estreito. Ovelhas levantaram os olhos, sonolentas, quando o carro passou, depois voltaram a mascar grama. O carro parou em frente a uma pequena casa de madeira e todos descemos. Era estranho; se eu aspirasse com força, ainda conseguia sentir o cheiro do mar.

Uma mulher apareceu, usando um vestido cor-de-rosa com bolinhas brancas e calçando um par de tênis. Seus cabelos louros esvoaçantes estavam afastados do rosto e presos em uma espécie de coque. Seus dentes eram grandes e seu sorriso lindo.

— *Vous désirez?* — perguntou ela, abrindo a porta e acenando para entrarmos.

Danielle olhou para o relógio.

— Temos de voltar daqui a uma hora — disse ela com aflição. — Não deveríamos ter vindo!

— Não se preocupe — falei.

— Mas não estamos perto de lugar nenhum — disse ela, infeliz. — Só podemos ir embora quando eles forem.

— Quanto tempo eles podem levar para olhar um queijinho? — perguntei.

Eu havia subestimado madame. Antes do queijo, as ovelhas. Só depois de as termos examinado e discutido o que elas comiam foi que pudemos entrar no cômodo onde o queijo era fabricado e ver a mulher demonstrar como lavava o coalho, apertava-o para formar pequenas bolas e punha-o sobre esteiras para secar. Ela nos fez provar o queijo da véspera, que era fresco e suave como queijo cremoso, e depois outro que tinha uma semana. Era macio na boca, com um sabor distinto de leite de ovelha.

— Isto sim tem caráter! — disse madame Deveau com aprovação. Ela pegou um segundo pedaço e o pôs na boca. — Não temos nada assim em Paris — falou, feliz. Ela estava começando as negociações quando viu alguma outra coisa em cima da prateleira. Parecia um pedaço de carvão, completamente coberto por um mofo preto.

— Isso nós não vendemos — disse a mulher. — É para nós. Nós o envelhecemos alguns meses.

Os olhos de madame Deveau brilharam; ela havia descoberto uma raridade. Precisava daquilo. Começou a puxar notas de dentro da carteira, oferecendo cada vez mais dinheiro por um dos queijos da família.

— Mas, madame — disse a mulher —, a senhora ainda nem provou. — Ela olhou para nós e fez uma careta rápida com a boca.

— Sei que vai estar excelente! — disse madame com malícia. — Suas ovelhas são alimentadas com a grama saudável da ilha e os queijos envelhecem aqui, onde o ar é limpo. Sei que não haverá nada assim lá em Paris. Meus amigos vão ficar com tanta inveja.

A mulher fez uma grande cena antes de ceder.

— Mas primeiro — insistiu ela —, deixe-me lhes mostrar meus outros produtos. — Ela nos conduziu de volta para dentro da casa e ofereceu-nos uma bebida gelada. — Um pouco da minha limonada talvez?

Madame se abanou e sentou-se pesadamente em uma cadeira. Ela achava um pouco de limonada perfeito.

— Temos de ir — disse Danielle apontando para o relógio. Eram três da tarde e ela estava pálida e assustada. A sesta terminava dali a meia hora.

Se saíssemos naquele mesmo instante, talvez voltássemos a tempo. Mas madame Deveau não pretendia ir a lugar algum. A queijeira havia trazido uma bandeja de limonada e então começou o verdadeiro espetáculo.

Quatro tipos de geléia. Mel. Um *confit* de pato que ela mesma fazia. Madame provou tudo e, avidamente, comprou tudo.

— Ah — ela não parava de dizer —, que delícia! Meus amigos vão ficar tão contentes. Não é mesmo, Henri?

Monsieur estava sentado em uma cadeira no canto, cochilando um pouco.

— *Oui, ma chèrie* — disse ele, empertigando-se como devia. — É isso mesmo que você disse.

A queijeira tinha um ar ligeiramente aturdido, mas parecia ter chegado ao fim do espetáculo. Olhou em volta por um instante, e em seguida saiu da sala. Ao voltar, trazia uma bela colcha.

— Minha cunhada fia sua própria lã — ofereceu ela, estendendo-a. Suas cores eram escuras, roxos, marrons e azuis fechados, com a delicadeza de uma colcha de retalhos feita pelos *amish*. Estendi a mão para tocá-la, mas madame Deveau a dispensou dizendo:

— Não se pode comer colchas. Por acaso — perguntou madame, esperançosa — vocês fabricam *foie gras*?

Estávamos com sorte; a resposta era não. Chegaríamos atrasadas, mas não o suficiente para sermos demitidas. A cor retornou às bochechas de Danielle.

Mas a queijeira teve outra idéia.

— Deixem-me trazer-lhes uma prova da minha *tarte aux framboises* — disse ela. — Minhas *tartes* são famosas por toda a região.

— Estou *mesmo* com um pouco de fome — reconheceu madame. — Fazer compras é tão exaustivo.

Monsieur Deveau acordou com um ronco.

— Um lanchinho seria bom — concordou ele.

Danielle parecia que ia chorar.

— O que vamos fazer? — disse ela, mordendo as unhas.

— Comer um pedaço de torta — sugeri. — Somos prisioneiras.

Danielle tirou o dedo da boca e deu uma mordida. Fiquei olhando para ela. Ela deu outra mordida. E mais outra. Dei uma mordida também.

A torta era magnífica. O aroma da fruta era inebriante e cada uma só liberava seu suco dentro da boca, onde se juntava à massa doce que se desmanchava.

— Por que isso é tão melhor do que as outras tortas? — perguntei.

Madame Deveau olhou para mim com algo que parecia interesse.

— A americana acordou — comentou ela. — É porque os produtos daqui são muito bons — disse ela. — Boa manteiga de vacas gordas e frutas silvestres que crescem no clima da ilha.

Caso a queijeira tenha se ofendido com essa falta de reconhecimento do seu talento, não demonstrou. Mas Danielle o fez.

— Madame — disse ela com frieza —, minha tia faz sua própria manteiga e eu lhe garanto que ela é muito boa. E quando ela faz uma torta, eu mesma colho as frutas. Ela tem a reputação de ser uma ótima cozinheira. Mas eu nunca provei uma torta que se igualasse a esta.

Monsieur Deveau olhou para ela com certo respeito.

— *Bravo, ma fille* — disse ele. — É preciso reconhecer. Estamos diante de um verdadeiro talento.

A queijeira corou, mas não negou.

— Tenho uma boa mão para tortas — disse ela com simplicidade. Começou a tirar os pratos e Danielle e eu nos levantamos com um pulo para ajudá-la. Quando saímos da cozinha, Danielle apontou para o relógio: eram quatro horas. Estávamos perdidas. Enquanto a porta da cozinha se fechava atrás de madame Deveau, que se servia de mais um pedaço de torta, Danielle começou a chorar.

Fiquei espantada ao vê-la perder tão completamente a compostura, e não soube o que fazer.

— Eu sinto muito — falei, sem saber o que fazer —, é tudo culpa minha.

A queijeira passou os braços em volta de Danielle e deu um de seus lindos sorrisos.

— O que foi, *mon chou*? — perguntou ela. — Qual o problema?

— Eu nunca deveria ter sido tão estúpida a ponto de vir até aqui — soluçou Danielle. — Vamos chegar tão atrasadas no acampamento que seremos mandadas embora. Vou ter de voltar para casa e meus pais vão ficar furiosos comigo. Eu arruinei minha vida!

— Nada disso — consolou a queijeira. — Você dirá a *monsieur le directeur* que estava com Marie. E lhe dará de presente, com os meus cumprimentos, uma torta de framboesa. Ele não vai demiti-la, prometo.

Marie tinha tanta certeza do poder de sua torta que acreditamos nela. Danielle pareceu mais feliz. Então uma nuvem atravessou seu rosto.

— Eu não tenho dinheiro — disse ela.

— Não se importe com isso — disse Marie. — Vocês já me trouxeram sorte. Nunca vi ninguém comprar tanto em uma só tarde. E os preços! Eu cobrei o dobro. E eles vão mandar amigos e eu dobrarei os preços novamente.

Danielle murmurou seus agradecimentos. Ela parecia querer dizer alguma coisa, mas não sabia como. Vi-a lutar consigo mesma enquanto madame Deveau chamava da sala da frente:

— *Alors les filles! On y va?* — Danielle encaminhou-se para a porta, depois tornou a se virar.

— Madame — começou ela, envergonhada —, posso lhe fazer uma pergunta?

— *Oui, ma fille.*

— A senhora me ensina a fazer a torta?

— Quando é a sua folga?

— Daqui a quatro dias.

— Volte. Eu lhe ensinarei. E traga sua amiga. — Pela primeira vez naquele dia, Danielle pareceu verdadeiramente feliz.

Quando subimos no carro, madame Deveau olhou enciumada para a torta. Quando partimos, começou a tentar comprá-la. Danielle pareceu chocada.

— Foi um presente! — disse ela, com tanta veemência que madame Deveau desistiu do assunto.

A viagem de volta pareceu durar séculos. Madame Deveau falava sem parar sobre sua incrível sorte por ter encontrado uma mulher tão talentosa, parecendo alheia ao silêncio nervoso no banco de trás. Quando chegamos aos portões da Maison Heureuse, fazia duas horas que a sesta havia terminado. Não tínhamos idéia do que esperar. Despedimo-nos e descemos do carro. Madame lançou um último olhar de cobiça para a torta e eles se foram.

— Que mulher desagradável! — disse Danielle enquanto caminhávamos depressa pela mata em direção à praia. Houve um instante de aflição quando ela tropeçou na raiz de uma árvore, mas ela se agarrou à torta com firmeza e esta ainda estava intacta quando chegamos ao topo da colina.

— Não tenho coragem de olhar — disse Danielle. — Eles estão lá? — Olhei por cima do cume, para baixo. Nikili golpeava a cabeça de Roland com uma pá e Monique estava deitada com a cabeça sobre a barriga de Georges.

— Estão todos lá — falei.

Nikili lançou-me um olhar cúmplice quando voltamos à praia, mas acho que ele foi o único a perceber nossa ausência. Monique simplesmente havia levado nossas crianças para a praia junto com as suas e nenhuma delas se atreveu a contestá-la.

— Podemos comer a torta nós mesmas! — comemorei.

— Nada disso — disse Danielle, chocada. — Isso seria um roubo. Marie me deu a torta para o diretor.

— Mas ele vai querer saber por quê — falei. — Você está procurando encrenca.

— Eu não havia pensado nisso — disse Danielle, lutando com a própria consciência.

— Monique poderia ser despedida por nos dar cobertura — insisti. — Você deve isso a ela.

Danielle hesitava.

— Marie deu a torta para você, não para ele — insisti.

Ela fechou a cara.

— Mas não o teria feito se eu não lhe houvesse dito que estava com medo de ser demitida — disse, formal.

— Você é mesmo francesa — suspirei. E deixei o assunto morrer.

Durante toda aquela tarde, Danielle refletiu sobre a moralidade da torta. A idéia de deixar o simples interesse próprio ditar sua decisão a repugnava, mas eu havia complicado a questão levantando um argumento contrário. Sempre que se decidia a favor de Monique, ela questionava os próprios motivos. O diretor não podia ser privado da torta simplesmente porque ela sentia medo de lhe dizer onde estivéramos.

— Quando você se decidir, a torta já vai estar velha demais para comer — provoquei, mas no fundo eu admirava seu conflito.

— Deixe-me em paz — disse ela, afastando-se sozinha.

Quando ela voltou, havia uma expressão de determinação em seu rosto, e ela se aproximou de Monique e estendeu-lhe a torta com solenidade.

— Isto é para você — falou. — Você correu um risco por nós e estou muito grata.

— Obrigada — disse Monique. Naquela noite, quando ela e Georges foram para a mata, levaram a torta consigo.

— Por que você está deixando ela comer a prova? — perguntei a Danielle enquanto nos aprontávamos para dormir.

— Acho que teria sido essa a vontade de Marie — disse ela, sonolenta. Ela apagou a luz. — Na semana que vem, quando ela me mostrar a receita, farei uma torta para o diretor. É a coisa certa a se fazer.

7

Serafina

A maioria dos calouros chegava a Ann Arbor acompanhada dos pais. Com inveja, eu os vi carregarem escrivaninhas para dentro do alojamento e saírem para comemorações de despedida. Minha mãe ainda estava na Europa, tentando terminar seu livro, e nunca ocorreu a papai que eu pudesse querer companhia em minha primeira viagem para a faculdade. De todo modo, caso ele houvesse me perguntado, tenho certeza de que eu lhe teria dito para ficar em casa.

Mas, quando desci do ônibus em frente ao Centro Estudantil, percebi que havia 30 mil alunos na Universidade de Michigan e que eu não conhecia nenhum. Peguei minha mala e me encaminhei para o alojamento Couzens, rezando para que minha companheira de quarto estivesse lá.

Ela não estava; tudo que encontrei foi um bilhete dizendo que ela fora para casa, em Detroit, e que eu poderia escolher a cama que preferisse. Vasculhei as coisas que ela havia deixado, mas elas não revelaram muito; eu agora sabia que ela era baixa e magra e que se chamava Serafina.

Dois dias depois, quando Serafina finalmente apareceu, percebi que no final das contas provavelmente havia sido uma boa coisa minha mãe não ter me levado à faculdade. Mamãe não estava muito entusiasmada quanto à Universidade de Michigan, e eu teria de prepará-la para minha colega de quarto. Serafina era linda, com grandes e límpidos olhos castanhos emoldurados por cabelos pretos curtos, brilhantes. Era inteligente e divertida, com um senso de humor incomum. E sua pele, mesmo no inverno, tinha a cor de um bronzeado perfeito.

Mas mamãe nunca me deu uma chance de prepará-la. Certo dia do início de outubro, cheguei ao meu quarto depois da aula de Introdução ao Inglês e Serafina disse:

— Sua mãe acabou de ligar. Ela está vindo de avião direto de Paris e chega amanhã. Disse que queria conhecer meus pais.

— Ihhh — falei. Os pais de Serafina eram as pessoas mais generosas que eu jamais conhecera. Fazia muito tempo que eles estavam nos Estados Unidos, mas ainda falavam com uma entonação caribenha, acariciando cada palavra antes de liberá-la. Quando falavam da Guiana, era como se estivessem apenas visitando Detroit e fossem voltar a qualquer momento. Tentei imaginar minha mãe em seu modesto apartamento, mas não conseguia visualizá-la ali, cercada pelo cheiro de caril e coco.

Mas mamãe não pediu para ir a seu apartamento. Ela entrou no alojamento como um tufão ostentando um grande sorriso que se dissolveu quando viu Serafina. Ela se esforçou para se controlar, ajeitou a expressão e estendeu a mão.

— Serafina? — perguntou, hesitante.

Mais tarde, ela me pediu desculpas.

— Eu simplesmente não consigo evitar. Acho que sou uma pessoa preconceituosa. Jamais me ocorreu que sua colega de quarto pudesse ser negra.

— Ah, ela não é — disse eu com fervor, repetindo como um papagaio o que a própria Serafina havia me dito. — A família dela é da Guiana. Eles são uma mistura de sangue francês e índio. Não são negros. — E, para prová-lo, dei-lhe um pouco do pão de coco que a mãe de Serafina havia mandado.

— Que alívio — disse mamãe, servindo-se de um pedaço.

Pão de coco

INGREDIENTES

1 xícara de água morna
½ xícara de açúcar
2 pacotes de fermento de pão seco
4 xícaras de farinha de trigo, mais um pouco para trabalhar a massa
225g de manteiga
2 ovos batidos
1 colher de chá de sal
1 colher de chá de essência de baunilha
½ coco fresco médio

Ponha a água em uma tigela grande. Acrescente o açúcar e mexa até dissolver. Acrescente o fermento, mexa e deixe repousar alguns minutos até espumar.

Acrescente uma xícara e meia da farinha e mexa até ficar liso.

Em outra vasilha, bata a manteiga, os ovos, o sal e a baunilha até misturar bem.

Descasque o coco, corte em pedaços e ponha no liquidificador. Triture bem e acrescente à mistura de manteiga.

Acrescente a mistura de coco e manteiga à farinha e mexa até formar uma massa lisa. Acrescente o resto da farinha aos poucos. Vire a massa sobre uma superfície enfarinhada e trabalhe até formar uma bola lisa e elástica, por cerca de dez minutos.

Ponha a massa em uma vasilha ligeiramente untada, cubra e deixe crescer até dobrar de tamanho.

Dê um soco na massa, molde-a em formato de pão e ponha sobre um tabuleiro sem untar. Cubra com uma toalha e deixe crescer por meia hora. Preaqueça o forno a 175°C.

Asse de 50 minutos a uma hora. Deixe esfriar sobre uma grade.

— Eu logo percebi que você era uma menina rica — disse-me Serafina mais tarde. Estávamos sentadas em nosso quarto tarde da noite, compartilhando a *pizza* que havíamos pedido pelo telefone. Eu estava preocupada com as calorias, mas comia mesmo assim; além disso, Serafina, que tinha um corpo perfeito com seios fartos, barriga lisinha e cintura fina, estava comendo a maior parte.

— Eu não sou rica — falei, já arrependida da *pizza*; eu havia queimado o céu da boca e ficava tocando o ponto sensível com a língua.

— Deve ser rica sim — disse ela. — Nunca vi ninguém se portar tão mal em restaurantes.

— Ahn? — perguntei, genuinamente intrigada. — Ter maus modos significa que eu sou rica?

— Não — disse ela. — Ter maus modos em restaurantes significa que você é rica. Ficar lá sentada com os cotovelos em cima da mesa! Você age como se comer fora fosse algo que fizesse todos os dias da sua vida. Eu nunca tiro as mãos do colo.

Serafina, eu descobriria mais tarde, prestava atenção em coisas que outras pessoas não viam. Seus pais haviam feito sacrifícios para mandá-la para um colégio católico, e ficaram encantados quando ela recebeu uma bolsa integral para a faculdade. A opinião de Serafina era mais nuançada: ela se sentiu insultada pelo fato de o Prêmio Oportunidade incluir um período de verão para aclimatá-la à vida universitária.

— Só porque você é pobre — bufava ela — eles acham que precisam nos ensinar como nos comportar. — Ela deu outra mordida na *pizza*.

Observei que chegar mais cedo na faculdade tinha algumas vantagens; quando cheguei a Ann Arbor, ela já tinha um namorado. Rob era baixo e bonito e a seguia por toda parte com adoração, ansioso para levá-la de carro às aulas, convidá-la para jantar e exibi-la para seus colegas do grêmio estudantil.

Serafina olhou para dentro da caixa.

— Vou pegar o último pedaço, tudo bem? — perguntou.

— Por favor — respondi.

— Você quer vir ao baile do grêmio de Rob na semana que vem? — perguntou ela, lambendo os dedos com a graça de um felino. — Posso pedir para um dos colegas dele a acompanhar.

É claro que eu queria ir. Mas quando desci as escadas e vi Rob acompanhado de um zagueiro de 113 quilos chamado Chuck Mason, quase dei meia-volta e fugi. Chuck estava espremido em um terno preto e segurava na mão gigantesca uma pequena caixa com uma flor para o meu vestido. Eu podia ver que ele também não estava muito impressionado comigo. Com coragem, ambos engolimos em seco e estendemos as mãos.

Chuck, que era de Marietta, na Geórgia, ficou decepcionado ao descobrir que eu havia parado de beber. Ele dedicou a maior parte da noite a contar histórias de suas bebedeiras em sua cidade natal. Dançamos um pouco, sem jamais nos tocar. Eu estava entediada. Então Serafina se aproximou de nós, radiante, segurando alguma coisa na mão com orgulho.

— Olhem — disse ela. Era o broche do grêmio de Rob. — Rob me pediu para usar isto.

— Que ótimo! — falei, ligeiramente enciumada. Por um instante, perguntei-me o que Serafina tinha que eu não tinha. Então percebi que Chuck havia se retesado de forma perceptível.

— O que houve? — perguntei. Ele me puxou de lado.

— Quando um homem dá seu broche a uma mulher — disse ele, pomposo —, ela se torna parte do grêmio.

— E daí? — perguntei, educada.

— Ela não pode fazer parte do grêmio — disse ele, sucinto.

— Por que não? — perguntei. — Outros caras do seu grêmio já deram seus broches, não deram?

Ele aquiesceu.

— Mas elas não são como ela.

Eu ainda não estava entendendo.

Ele olhou para o salão, pensativo. Tornou a olhar para mim. Parecia irritado.

— Elas não são negras — disse ele, com seu sotaque da Géorgia muito pronunciado, fazendo a palavra soar como *nigra.*

— Entendo — falei, jovial —, não tem problema nenhum. Serafina também não é.

Muito mais tarde, aquilo me deu raiva, mas na hora não pensei muito no assunto. Estava ocupada demais pensando no problema sexual de Serafina. Agora que ele lhe dera seu broche, Rob considerava que tinha determinados direitos. "*Todo mundo* transa quando usa o mesmo broche", eu soube que ele gemia noite após noite.

"Eu não", dizia Serafina com os olhos faiscando. Eu não dizia nada. Eu antes achava que a conexão broche/sexo fosse óbvia, mas Serafina era o tipo de católica que comia peixe às sextas-feiras. Precisava zelar por sua alma.

De todo modo, Rob não durou muito. Um ano depois, Serafina dizia com desprezo: "Você acredita que eu algum dia namorei um cara do grêmio?"

Francamente, eu não conseguia acreditar. Naquele ano, nós nos mudamos para uma suíte no alojamento. Fazíamos nossa própria comida, dividindo uma cozinha com duas outras meninas. Nossas colegas de quarto eram meninas certinhas do Meio-oeste que usavam saias xadrez com suéteres combinando e consideravam bolo de carne um prato exótico. A coisa mais experimental que Marina preparou o ano inteiro foi galinha frita, e Susan se ateve a bifes e arroz em saquinhos.

Mas Serafina era ótima cozinheira. Passava as noites acordada fazendo salmouras de frango com caril, cebolas e temperos. Fazia pãezinhos fritos chamados "assados" e pediu à mãe a receita de pão de coco. Logo estava fazendo assados e marinadas, enchendo a cozinha de cheiros que eu sequer imaginava que existissem.

Pessoalmente, eu era uma fã de *Como comer melhor por menos dinheiro*, um livro de capa mole de 35 *cents* que não sei como incluía receitas de ganso e leitão em cardápios de baixo custo. Algumas das receitas eram estranhas; fiz *ossobuco* uma vez, mas a parte do risoto era intrigante. James

Beard e Sam Aaron, os autores, chamavam o risoto de "um modo muito popular entre os italianos de preparar arroz, e mais simples do que a maioria dos métodos", instruindo-me a cobrir o arroz com caldo fervente e assá-lo no forno até o líquido evaporar. O gosto era exatamente igual ao arroz que minha mãe cozinhava habitualmente com seu frango, só que menos gorduroso. Seria isso a culinária italiana?

Quando Serafina e eu descobrimos o mercado de produtos agrícolas no lado mais afastado da cidade, começamos a ir lá todos os sábados de manhã comprar frutas e verduras frescas e as tortas de batata-doce vendidas por um homem de olhos tristes muito velho e muito preto. Mais tarde, Serafina me levou ao Mercado Oriental, em Detroit, e começamos a preparar pratos gregos com azeite, cordeiro e folhas de videira que trazíamos de nossas expedições. Na noite em que fizemos *moussaka*, Marina e Susan fizeram cara de náusea.

— Cordeiro moído? — perguntou Marina, pegando o telefone. — Que nojo! — Ela estava ligando para a *pizzaria* Domino's.

Mesmo assim, elas gostaram mais disso do que das vezes em que Mohammed, um marroquino de quem eu ficara amiga para que ele pudesse falar francês, ia ao nosso quarto preparar cuscuz, remexendo os grãos de sêmola com as mãos. A simples idéia do cabrito assado que Mohammed preparava de vez em quando as deixava realmente enojadas, e elas fugiam só de ouvir falar o nome dele.

No ano seguinte, quando nos mudamos do alojamento para nosso próprio apartamento, Serafina e eu tínhamos a intenção de cozinhar bastante. Mas o lugar que encontramos ficava a apenas meio quarteirão do *campus*, em cima de um café, e era prático demais para nossos amigos. Caso qualquer uma de nós entrasse na cozinha e começasse a cortar cebolas, quando o jantar ficava pronto já havia 15 pessoas esperando ansiosas. Não tínhamos dinheiro para cozinhar para a multidão que sempre havia na nossa casa, e as refeições regulares desapareceram das nossas vidas.

Nossa porta nunca ficava trancada. Na maioria das manhãs, quando eu passava pela sala de estar, encontrava um ou dois caras dormindo no chão, com os braços enroscados em volta das almofadas que haviam tirado do sofá quebrado. Algumas vezes eu os conhecia; outras, não. Cinzeiros malcheirosos transbordavam sobre as colchas indianas de estampado brilhante que havíamos estendido pelo chão. Muitas vezes, havia uma vela escorrendo na gaiola de ferro fundido pendurada no teto; gostávamos de ficar sentadas no escuro e girar a gaiola, observando as sombras que ela lançava sobre as paredes. Geralmente ainda havia um disco rodando na vitrola, tocando baixinho enquanto as pessoas dormiam.

Se eu não gostasse da música, ia até lá e a mudava, tirando o que quer que estivesse tocando e pondo Bob Dylan ou Bessie Smith. Serafina preferia *jazz*; houve um período de três meses durante o qual ela tocou sem parar um único disco de Lalo Schifrin.

Do outro lado da rua, havia um ponto de ônibus, e sempre que olhávamos pela janela podíamos ver um homem, o mesmo homem, só sentado ali. Serafina estava convencida de que ele era um agente do FBI. Na época, eu achava isso ridículo; hoje, não tenho tanta certeza. Não sei o que o FBI pensava que poderia descobrir, mas incomodava-nos pensar no desperdício de dinheiro dos contribuintes. Ficávamos na janela e acenávamos para o cara no banco e, quando saíamos, atravessávamos a rua e o provocávamos dizendo, ao passar: "Menos gastos com a guerra."

A guerra estava sempre conosco. A maioria dos meninos que conhecíamos ficava na faculdade para evitar o alistamento, preocupados com suas notas. Aqueles que desistiam de estudar tinham de descobrir outras maneiras de evitar o Vietnã. Alguns prestavam serviços alternativos, e escreviam-nos cartas dos hospitais de veteranos nas montanhas de Ozarks, em West Virginia, para onde eram mandados. Outros fingiam ser loucos; esse esforço deixava alguns deles malucos e eles vagavam pelo apartamento, sem pertencer mais inteiramente a este mundo. O Canadá era o derradeiro recurso, e tivemos muitas festas de despedida antes de alguém cruzar a fronteira.

Enquanto isso, meus pais ligavam todo domingo de manhã e minha mãe me escrevia cartas comoventes sobre os respeitáveis filhos de seus amigos. De vez em quando, eu respondia. "Eu sei que Loren Labe ficou hospedada com vocês", escrevia eu, "e lhes deu um presente e namorava um menino de Yale e voltava para casa em uma hora decente todas as noites e vestia-se bem e escreveu-lhes um simpático bilhete de agradecimento depois de ir embora. Muito *comme il faut.*" Depois acrescentava: "Eu nunca poderia ser como ela."

Certa vez, passei uma tarde inteira sozinha na sala de estar com a vitrola. Fiquei voltando a agulha para poder copiar a letra inteira da canção de Bob Dylan "It's All Right, Ma" e mandá-la para meus pais em uma tentativa de me explicar para eles. "Quando eu olho para a sociedade", eu lhes dizia, "tudo que vejo é um bando de sombras frustradas de gente que se cercou de regras para isolá-las da vida. O que passa por real é o tipo mais óbvio de fabricação. Eu não quero viver uma vida complacente."

Na maior parte do tempo, porém, eu tentava não pensar nos meus pais. Obediente, ia para casa nos feriados mais importantes — Ação de Graças, Natal, Páscoa — e odiava todas as visitas. No verão, encontrava empregos que me mantivessem afastada. Em um dos verões, Serafina e eu trabalhamos em Nova York. Em outro, ficamos em Ann Arbor e depois arrumamos um trabalho dirigindo um Volkswagen até São Francisco. Acabamos em um prédio abandonado na Haight Street com pessoas que não conhecíamos tomando ácido à nossa volta. Fizemos pão com o grupo de teatro de rua anarquista Diggers e freqüentamos o café I and Thou, onde o escritor Leonard Woolf estava entrevistando pessoas para um livro que estava escrevendo. Ele não quis nos entrevistar.

— Vocês não são *hippies* de verdade — disse ele. Serafina e eu ficamos chocadas e magoadas. Como ele podia perceber que não tomávamos ácido?

— Ah — disse ele —, vocês são limpas demais.

Não sei quando Serafina parou de ir à igreja, mas isso pareceu acontecer sem drama, foi só um afastamento. Protestar havia se tornado a nossa religião; freqüentávamos palestras e demonstrações e só usávamos roupas pretas. Eu não parava de me apaixonar por meninos que não queriam saber de mim, enquanto Serafina passava as noites em casa ouvindo Lalo Schifrin e escrevendo em seu diário. Nós pedíamos *pizza* e tínhamos conversas infindáveis sobre a vida e o mundo, e o nosso lugar nele. Deixávamos bilhetinhos uma para a outra. "Estamos em um estágio transitório — por que odiar nossos eus atuais?", escreveu-me Serafina certa vez. "Vamos poupar energia para quando tivermos 80 anos, quando estivermos talvez além, ou acima da mudança. Então poderemos odiar, se for o caso."

Mas, em nosso último ano de faculdade, tudo mudou. Um dos estudantes radicais havia se apaixonado por Serafina. Bill era um menino rico metido em política, com vergonha de sua origem. Era bonito e relativamente famoso, e eu tinha uma queda por ele, de modo que senti ciúmes quando ele começou a aparecer lá em casa. Serafina mostrou-se mais lisonjeada do que fascinada, mas quando Bill disse que queria conhecer seus pais ela o levou para sua casa, em Detroit.

Quando eles voltaram, ela estava diferente. Da noite para o dia. Jogou fora seus discos de Lalo Schifrin e os substituiu por Aretha Franklin. Comprou todos os discos da cantora, os novos como *Respect* e os mais antigos, nos quais a voz de Aretha era suave, como a de uma cantora *gospel*. Serafina cantarolava junto com a música, às vezes dançava, mas nunca falava. Bill parou de aparecer e Serafina se recolheu em si mesma. À noite, quando eu sussurrava pelo quarto, ela se virava, de costas para mim.

No início, fiquei magoada. Depois me senti sozinha. Finalmente, fiquei com raiva. "Por que você está fazendo isso comigo?", gritava eu. Ela não respondia.

Liguei para seus pais para perguntar se havia acontecido alguma coisa.

— Você vai ter de perguntar a Fina — respondeu sua mãe. Parecia que ela havia chorado. Ela cedeu um pouco. — Pergunte-lhe sobre o *pelau* — disse ela. *Pelau* era um prato de carne caramelizada de origem africana que havia sido incorporado à culinária crioula.

Naquela noite, preparei um grande jantar, cozinhando com cuidado, como se estivesse tentando seduzir um amante. Fiz as coisas de que sabia que Serafina gostava: um fricassê de frango ao vinho branco, creme de leite e cogumelos; uma grande salada; bolo de chocolate. Implorei a todas as pessoas que estavam na nossa casa para irem para outro lugar. Cheguei até a comprar um ingresso para um cara ir assistir a *La notte*, meu filme preferido na época, para tirá-lo do apartamento. Pus na vitrola *Carmina Burana*, um disco que Serafina antes adorava. E torci para que ela aparecesse para o jantar.

— O que é isto? — perguntou ela, entrando na cozinha com ar desconfiado. Eu estava nervosa e ligeiramente encabulada.

— Fiquei com vontade de fazer um jantar — disse eu, o mais casualmente possível. — Você está com fome?

Ela fez uma cara de quem tornaria a sair pela porta e desceria novamente as escadas. Mas ela viu meu rosto e cedeu. Sentou-se.

— Tudo bem — disse ela. — Vou comer.

Servi um pouco de arroz nos pratos. Espremi um limão sobre o fricassê de frango e despejei o molho cremoso sobre o arroz. Abri a garrafa de vinho, servi um pouco em nossos copos e me sentei.

Brindamos, pouco à vontade.

— Saúde — falei, antes de conseguir me controlar.

— Tenha um bom dia — acrescentou ela, e ambas rimos, com a tensão dissipada.

— Está ótimo — disse ela, comendo com tanto apetite que perguntei-me se ela vinha se esquecendo de se alimentar.

Respirei fundo. Era agora ou nunca.

— Sua mãe disse que eu deveria lhe perguntar sobre o *pelau*... — comecei. Serafina se retesou, com as narinas tremendo feito um animal que sente o cheiro do perigo.

— O que aconteceu quando você foi para Detroit? — perguntei.

Ela hesitou, como se refletisse sobre o que deveria me contar.

— Minha mãe fez um *pelau* para Bill — disse ela por fim.

Esperei. Ela fez uma pausa antes de continuar.

— Acho que ele queria ir para casa comigo para poder se aproximar do povo humilde. Ele gostava da idéia do meu pai ser zelador. E não ficou decepcionado. Quando entramos no pequeno apartamento quente, pude senti-lo pensar que havia chegado em casa. De repente, vi que eu era tudo que ele queria em uma mulher, um passaporte para fora da burguesia.

Ela respirou fundo, tomou um gole de vinho.

— Mamãe fez um *pelau*. Na hora em que ela estava começando a despejá-lo na travessa de porcelana grande, esta se partiu. Simplesmente partiu-se em suas mãos. — Serafina parou, bebeu mais um pouco de vinho.

— Papai disse que não era nada, que ele e Bill desceriam até o porão para colar a travessa. Eles desceram, com Bill todo contente por estar indo fazer um trabalho útil com as mãos. Enquanto eles estavam lá, perguntei a mamãe se o gosto do *pelau* era diferente quando estávamos na Guiana. Eu disse a ela que não conseguia me lembrar de um dia ter estado na Guiana. E ela me disse que eu nunca estive lá.

Olhei para ela, sem entender. Serafina olhou-me bem nos olhos e disse, de uma vez só:

— Ela disse que eles só me adotaram depois que chegaram em Detroit.

Deixei cair meu garfo. Ela pareceu gostar da reação.

— Não consegui acreditar. Adotada! Ela disse isso com um tom tão casual: "Nós adotamos você quando você tinha um ano e meio." Então Bill e papai voltaram e nós nos sentamos para jantar.

Levantei-me e fui abraçar Serafina, mas ela se esquivou.

— Tenho uma lembrança vaga do jantar. Não me lembro sobre o que eles conversaram. Eu olhava para o rosto do meu pai, que é igualzinho ao meu, e para suas mãos, e sabia que eu era do mesmo sangue e da mesma carne que ele. Eu sabia. Decidi que mamãe estava sendo nobre, que na verdade eu era filha de papai com alguma mulher com quem ele tivera um caso e que ela havia aceitado me criar. Eu me senti melhor.

Não falei nada. Não tenho certeza se estava respirando.

— Eu não podia dizer nada disso na frente de Bill, então terminamos de comer e voltamos de carro para casa — continuou Serafina. — Durante o caminho todo, Bill não parou de dizer como os meus pais eram gente "de verdade". E o tempo todo eu só conseguia pensar: "Por que eles nunca me contaram?"

— Você perguntou para o seu pai?

Ela assentiu, baixando os olhos para o próprio copo.

— Ele simplesmente me olhou e disse: "Fina, eu gostaria que você fosse minha, mas você não é." E me disse onde eles haviam me adotado.

Sua voz estava ficando mais presa, como se ela estivesse segurando as lágrimas, mas seus olhos estavam secos.

— Então, no dia seguinte, pedi um carro emprestado e fui até o lugar onde eles me haviam adotado. Mas as pessoas de lá se recusaram a me dizer o que quer que fosse. Eu voltei, e voltei, e voltei de novo. E finalmente descobri a verdade.

Ela me olhou bem nos olhos e as lágrimas começaram a escorrer por suas bochechas.

— Eu não sou da Guiana. Não sou índia e francesa. Eu sou negra. — A palavra saiu como um grasnado, como se pronunciá-la lhe causasse dor. — Minha mãe era uma enfermeira polonesa. Meu pai era um lixeiro negro. — Em seguida ela repetiu, com menos dor. — Eu sou negra. De cor. Apesar de o meu nariz ser mais anglo-saxão do que o seu. Quem me dera eu nunca houvesse perguntado nada sobre aquele maldito *pelau*!

Ela afastou seu prato.

— Quer um pouco de salada? — perguntei.

— Não, eu não quero nenhuma droga de salada! — disse ela. — Isso é tudo que você tem a dizer?

Eu não podia dizer o que estava realmente sentindo; ela não entenderia. Eu estava novamente com inveja. Queria desesperadamente descobrir que era adotada, descobrir que era negra. Durante todo aquele tempo estivéramos marchando e protestando, mas Serafina finalmente tinha algo de seu do qual sentir raiva.

E ela abraçou aquilo com paixão, tornando-se mais negra a cada dia que passava. Sempre que eu olhava, ela estava mais distante. Deixou crescer os cabelos em uma tentativa de penteado afro, embora seus cabelos não ficassem realmente do jeito certo, e começou a se enrolar em tecidos africanos coloridos. O ativista Eldridge Cleaver foi dar uma palestra na faculdade, e Serafina começou a falar sobre o Poder Negro.

Na superfície, nada havia mudado. Ainda dividíamos um quarto, mas ela passava os dias em aula e arrumou um emprego à noite, organizando seus horários de modo que raramente nos víamos. Nós nos comunicávamos sobretudo por meio de bilhetes.

Certo dia, logo antes do final da faculdade, cheguei em casa e encontrei isto em cima da mesa da cozinha:

"Você é a única pessoa branca a quem algo precisa ser dito. O meu povo sou eu. Não estou mais perdida." E ela terminava assim: "Espero que você encontre a sua África."

8

Verão do amor

— Esse homem está apaixonado por você — disse minha mãe na primeira vez em que encontrou Mac. Ele havia ido buscar meus pais de carro no aeroporto quando eles foram me visitar no terceiro ano da faculdade.

— Não seja ridícula — falei. — Você só não consegue imaginar que um cara negro queira ser meu amigo. Ele nunca nem me beijou!

Era verdade. Mesmo assim, éramos inseparáveis. Serafina havia me apresentado a Mac, que era o homem mais gentil que eu jamais conhecera e o mais fácil de conversar. No início, saíamos em grupos, mas, à medida que as outras pessoas foram se juntando, começamos a passar muito tempo juntos, só como amigos. Mesmo naqueles dias de marchas pelos direitos civis e manifestações contra a guerra, devemos ter parecido um casal estranho. Eu era pálida e rechonchuda, com montes de cabelos pretos encaracolados. Ele era magérrimo e muito preto e, como minha mãe não perdeu tempo em observar, parecia ter perdido um grande número de dentes.

Mac fora estudar em Michigan com uma bolsa de estudos esportiva de corredor, mas, até onde eu podia perceber, não tinha real interesse por esportes. Quando o conheci, cursava pós-graduação em psicologia e trabalhava com crianças com problemas mentais no hospital do estado. Sussurrava-se que ele possuía a habilidade de fazer crianças autistas falarem. Não sei se isso era mesmo verdade, mas nunca duvidei; ele era uma pessoa tranqüila, com uma voz tão gentil que você respondia instintivamente a todas as perguntas que ele fazia.

"As pessoas são um gás", dizia Mac, e falava sério. Enquanto cursava a pós-graduação, ele trabalhava como lixeiro, e conseguia até amar esse emprego. "É tão interessante o que você pode descobrir a partir do que as pessoas jogam fora", dizia ele. "Além disso, o salário é bom e o horário é curto."

Mac me apresentou um mundo inteiramente novo. Meus pais haviam me levado para viajar no exterior, mas eu agora descobria outro mundo no meu próprio país. Nós passeávamos pela cidade em seu confortável Cadillac preto 1955 ouvindo Soul Preacher no rádio. A música traduzia tudo que eu sentia, mas que não sabia como dizer. Mac gostava de todo tipo de música, mas era o *blues* que o fazia realmente se arrepiar de felicidade. Mais tarde, depois que o conheci melhor, íamos a Detroit, parávamos na casa de um amigo seu para pegar um baseado, e depois comíamos doces, verduras e galinha frita como se não houvesse comida suficiente no mundo para nos saciar.

Mac foi a primeira pessoa a me fazer pensar na maneira como a comida reunia as pessoas — e as mantinha afastadas. Quando fomos a um clube de *blues* em Chicago, um policial nos parou enquanto voltávamos a pé para o carro e disse-nos para sair da rua antes de provocarmos uma rebelião. Em South Bend, Indiana, descobrimos que os cafés não serviam casais mistos. E a taberna preferida de Mac em Ann Arbor era um lugar de música *funk* chamado Clint's com um cartaz acima do balcão de madeira gasta que dizia ESTE É UM DOS ÚNICOS BARES DA CIDADE QUE NOS PERTENCE. POR FAVOR, DÊ-LHE O SEU RESPEITO.

Para chegar à porta muitas vezes recauchutada do Clint's, era preciso passar por uma sala de sinuca. Os homens enchiam as calçadas com seus tacos, fumando cigarros, estapeando-se e assobiando para as moças brancas a caminho do bar. O Clint's era notório por seu descaso quando se tratava de verificar a identidade dos freqüentadores, o que era um dos motivos de sua popularidade com os estudantes. O outro motivo era Washboard Willie, que tocava lá quatro vezes por semana.

Quando Washboard tocava, as mulheres negras dançavam à sua volta como se seus corpos não tivessem ossos e as moças brancas, movidas a coisas doces com nomes bobos — Black Russians tinham particular sucesso — tentavam imitá-las.

Fiquei tão intrigada com o Clint's que decidi escrever um ensaio sobre ele para minha aula de sociologia. "Clint's, estudo de um bar local integrado" me dava uma boa desculpa para passar todas as minhas noites sentada em um bar. E, quando meus pais visitavam a cidade, eles iam junto.

O primeiro encontro da minha mãe foi com Claritha, uma mulher que ostentava orgulhosamente uma peruca cor de cenoura. Ela era tão gorda que seus seios balançavam sempre que ela mexia a cabeça, batendo um no outro. Era impossível não olhar para eles. Mamãe olhava para os seios se remexendo debaixo do suéter sintético surrado enquanto Claritha lhe dizia como sua filha era uma boa moça. Sem levantar-se da mesa, Claritha se agitava ao som da música de Washboard e o movimento debaixo de seu suéter se intensificava.

Papai parecia estar gostando de tudo, mas mamãe não estava tranqüila. "Espere até provar o frango de Claritha!", exclamava eu. Claritha dizia preparar a melhor galinha frita do mundo e fora preciso muita cerveja para extrair-lhe a receita inteira.

"Deixe-me entender isso direito", dizia eu, comprando-lhe outra cerveja.

— Você põe o frango em sal grosso assim que chega em casa da loja e deixa até o dia seguinte?

— Isso mesmo, menina — ela aquiescia.

— Depois você tira do sal e põe em uma panela com leite desnatado?

— É preciso cobrir a ave completamente! — disse ela.

— E depois você passa cada pedaço na farinha e deixa secar?

— É, é — dizia ela como se estivéssemos na igreja.

Fiz tudo isso, esperando que fosse ficar tão bom quanto ela dizia. Porque eu estava cozinhando com um propósito em mente: depois do jantar, Serafina e eu planejávamos pedir um favor a meus pais. Queríamos seu apartamento de Nova York emprestado durante o verão.

Ambos disseram sim imediatamente. Caso soubessem o que estava por vir, ambos teriam provavelmente pensado duas vezes.

Galinha frita de Claritha

INGREDIENTES

1 frango de cerca de 1,3kg cortado em pedaços
sal
3 xícaras de leite desnatado
2 cebolas cortadas em rodelas finas
1 xícara de farinha
3 colheres de chá de sal grosso
½ colher de chá de pimenta-de-caiena
1 colher de chá de grãos de pimenta-do-reino moídos
1 xícara de margarina vegetal
¼ de xícara de manteiga

Ponha os pedaços de frango em uma tigela e cubra com sal. Deixe descansar por duas horas.

Retire o frango do sal, lave bem e ponha em uma tigela com o leite e as rodelas de cebola. Cubra e deixe na geladeira de um dia para o outro.

Ponha a farinha, o sal, a pimenta-de-caiena e a pimenta-do-reino em um saco de papel e sacuda para misturar. Escorra um pedaço de frango de cada vez e ponha dentro do saco. Sacuda para cobrir bem. Ponha em cima de papel-manteiga. Repita até todos os pedaços de frango estarem cobertos.

Deixe descansar por meia hora para secar e atingir a temperatura ambiente.

Derreta a margarina e a manteiga em uma frigideira grande em fogo alto, acrescente os pedaços de frango e tampe. Abaixe o fogo e cozinhe por dez minutos. Vire e cozinhe, destampado, oito minutos para o peito, 12 minutos para as carnes mais escuras.

Teste o ponto beliscando uma coxa; a carne deve liberar um líquido claro.

Rende quatro porções.

— Eu me esqueci que o apartamento não tinha ar-condicionado — desculpei-me no início de julho. Serafina e eu estávamos sentadas perto da janela aberta esperando uma brisa. Lá embaixo, na rua 10, do outro lado do rio, podíamos ver o letreiro do café Maxwell House Coffee piscando, intermitente. — Meus pais nunca passam o verão aqui.

— Tudo bem — disse ela. Levantou o rosto para aproveitar os últimos raios de sol e acrescentou:

— Aquele bar é tão frio e escuro que sempre que vou trabalhar parece que estou entrando em um *freezer*.

— Sorte a sua — disse eu. — O sul do Bronx inteiro parece um inferno. Lá faz tanto calor que o asfalto gruda nos seus sapatos quando você atravessa a rua, e sempre que vejo pessoas brigando tenho medo de que elas peguem fogo. O que me fez pensar que eu queria ser assistente social?

A Sociedade de Serviço Comunitário em Tremont Avenue era o lugar mais deprimente ao qual eu jamais fora. Todas as manhãs, eu entrava no metrô sentindo-me jovem e otimista. "Este é o trem D para Brighton", dizia o maquinista, dando-nos as boas-vindas enquanto as portas se fechavam. "Próxima parada, rua 34." Quando eu voltava à estação do metrô, todos os sentimentos bons haviam se evaporado no ar pesado do Bronx e eu me sentia suja e tomada pelo desespero. "Trem D para Brighton", entoava o maquinista. Como eu poderia ajudar alguma dessas pessoas?

Minha cliente preferida, a Sra. Forest, era baixa, bonita e tinha a mesma idade que eu. Mas aos 19 anos ela já tinha três filhas. Crystal, a mais velha, tinha seis anos. Eu tentava imaginar como deveria ter sido ficar grávida aos 12 anos, mas minha imaginação não bastava. Enquanto eu aprendia francês e terminava o colégio, ela estava se casando e tendo filhos. "Quando eu disse a meu marido que ia ter esta aqui", ela meneava a cabeça em direção a Charisse, sua filha bebê, "ele sumiu. Não se despediu nem da própria mãe."

A Sra. Forest ainda tinha sonhos; queria ser auxiliar de enfermagem. Ajeitando uma mecha rebelde de cabelos alisados, ela dizia: "Mas como vou arrumar um emprego antes das minhas meninas irem para o colégio?" Perguntei-me se o seu sonho duraria mais de cinco dias; arrastar-se pelo sul do Bronx carregando três crianças cobrava o seu preço. O mesmo valia para ver homens se esvaírem em sangue enquanto se esperava uma consulta médica. Eu sabia.

Meu trabalho era ajudar o máximo possível, dar assistência aos clientes enquanto eles lidavam com a infinita burocracia da previdência social. Assim como os outros estudantes do programa de estágio de verão, eu via coisas sobre as quais antes só havia lido. Havia Ben, um menino surdo de nove anos cujos pais não haviam pensado em mandá-lo para o colégio. Nós conversávamos sobre luta livre enquanto eu o fazia percorrer o prédio vazio e cheio de ecos para que, no outono, quando ele finalmente começasse a estudar, aquilo lhe fosse familiar. Acompanhava duas irmãs idosas com mal de Parkinson a suas consultas no hospital e uma menina de 14 anos sem a mão direita que precisava fazer uma prótese. Eu gostava da maioria dessas pessoas e admirava sua coragem.

Mas a Sra. Williams era o outro lado da moeda; sempre que eu subia os cinco lances de escada até seu apartamento, aquilo mexia com as minhas crenças mais arraigadas. Uma mulher gorda e desleixada de chinelos, com as meias enroladas logo acima dos tornozelos, ela era mãe de oito filhos de oito homens diferentes. Eles pareciam estar lutando para se criarem sozinhos com muito pouca ajuda sua. O apartamento era tão imundo que havia fraldas sujas espalhadas pelo chão e ratos andavam sobre a gordura das panelas no fogão. Eu abria caminhos em meio aos detritos, marcava consultas médicas para as crianças, e tentava explicar à Sra. Williams por que cada gravidez a deixava mais pobre. "Mas meu cheque fica mais gordo", dizia ela, balançando a cabeça diante da minha estupidez.

A Sra. Forest, por sua vez, entendia a situação perfeitamente. "Nenhum homem nunca mais vai me levar para a cama", dizia ela. "Eu não quero mais filhos." Ela mantinha seu pequeno apartamento pouco mobiliado impecável e suas filhas, na linha. Quando dizia: "Vão buscar a palmatória", elas não discutiam. De vez em quando, no metrô, Crystal e Janisse conversavam sobre o que doía mais, o cinto ou o fio elétrico, mas depois de algumas paradas eram submersas por puro entusiasmo e ficavam completamente caladas. Até eu conhecê-las, elas nunca haviam saído do Bronx, e cada excursão a Manhattan era tão espetacular quanto um *trekking* no Himalaia.

— Elas gostaram mesmo daquele prédio — disse a Sra. Forest quando eu as trouxe de volta de uma visita ao Empire State. Manhattan era tão exótica para ela quanto para suas filhas; perguntei-lhe se ela gostaria de vir conosco quando fôssemos à estátua da Liberdade.

Ela disse que iria pensar e nunca mais tocou no assunto. Mas uma semana depois, quando subi os quatro escuros lances de escada até seu apartamento, a família inteira estava esperando no corredor triste.

A Sra. Forest não falou muito, e no metrô ficou segurando o bebê em silêncio. Sua presença deixava as crianças mais comportadas e, enquanto eu me esforçava para alegrar o ambiente conversando amenidades, comecei a desejar não tê-la levado. Então, quando subimos no *ferry*, sua expressão mudou. Ela ficou em pé na frente da embarcação, entregando-se à brisa enquanto o barco deixava o cais. Parecia uma exótica figura de proa.

— Não custa muito — disse ela, olhando para a cidade lá atrás e depois para a estátua do outro lado. Eu sabia que ela estava pensando em seu apartamento pequeno e sufocante. — É tão fresco e arejado — repetia ela. Quando chegou a hora de descer do barco, ela apertou o bebê e perguntou, tímida:

— Tudo bem se eu continuar no barco?

— Claro — falei —, eu levo as meninas até o alto da estátua. — Perguntei-me se ela ficaria envergonhada caso eu lhe desse algumas moedas de cinco *cents*. Ela não me deu essa chance.

— Janisse — falou, séria, agarrando o braço da menina de cinco anos —, você se lembra do que eu lhe disse? Um pingo de mostarda nesse vestido e você vai levar uma surra quando chegar em casa. — E juntou-se depressa à multidão que voltava para Manhattan.

A fila para a estátua serpenteava em volta do pedestal, e as meninas ficaram indóceis enquanto esperávamos. Fazia calor. Quando entramos, elas insistiram para subir até a coroa. Seguimos a multidão que ondulava lentamente subindo as estreitas escadas de metal e, quando enfim chegamos lá em cima, Crystal olhou para os *ferries* que ziguezagueavam pelo porto e perguntou:

— Em qual deles você acha que estão mamãe e Charisse? — Ela apertou os olhos na luz forte que refletia sobre a água e disse:

— Parece que elas estão viajando em diamantes. — Ficamos olhando a água durante algum tempo e depois nos viramos e descemos os degraus íngremes. Janisse agarrou minhas pernas durante todo o caminho, com medo.

Na barraquinha de lanches, as duas meninas quiseram cachorros-quentes.

— Você quer mostarda? — perguntei a Janisse. Ela aquiesceu com solenidade. — Tem certeza? — insisti. Tinha. Forrei a frente de seu vestido com guardanapos, mas ela se remexeu tanto enquanto comia que não adiantou. Eu olhava desesperada para a mancha amarela em seu vestido verde xadrez quando a Sra. Forest nos encontrou.

Ela estava radiante.

— Eu poderia fazer isso o dia inteiro — disse ela. — Nós fomos e voltamos quatro vezes. É tão fresco e bonito.

— Estava bonito lá de cima também, mamãe — disse Crystal, tímida. — E nós conseguimos ver o seu barco. Você parecia tão pequena. — Ela levantou os dedos, mostrando o tamanho.

Eu odiava a idéia de voltar para o Bronx e tentei pensar em algum outro lugar fresco e bonito para onde levá-las. Durante um breve instante, cogitei o Metropolitan Museum, mas quando pensei na Sra. Forest carregando o bebê por todas aquelas imensas salas a idéia não pareceu muito boa. Crystal e Janisse ficariam entediadas; elas ficariam agitadas e a Sra. Forest ficaria envergonhada e depois zangada. Então eu não disse nada e voltamos todas para o *ferry*. Fiquei olhando para a Sra. Forest em pé, com os cabelos empurrados para trás pelo vento e o sol batendo em seu rosto escuro de ébano. Eu gostaria de ter uma máquina fotográfica para que ela pudesse se ver.

Ela riu quando tiramos as crianças do *ferry* e o som da sua risada era jovem e descontraído. Eu nunca a vira rir antes. Paramos na barraquinha de sorvete e depois nos sentamos em um banco verde do parque para comer.

Depois de lamber todas as amêndoas tostadas do picolé, ela deu um sorvete de baunilha para o bebê com movimentos sensuais, hipnóticos. Estava tão entretida que não percebeu quando o sorvete de Janisse começou a escorrer por seu braço. Levei rapidamente as meninas até o chafariz, onde fiz o possível para limpá-las. A Sra. Forest ainda estava ocupada com o bebê e não pareceu perceber nossa ausência.

O metrô não tinha ar-condicionado; estava quente e abafado no vagão. Eu podia sentir meu vestido começar a colar no assento. Na rua 59, o trem se encheu, e o suor pingava das pessoas em pé ao nosso lado. Quando chegamos ao Bronx, todas as sensações boas haviam sumido. Saindo do metrô, a Sra. Forest apontou um dedo para a mancha de mostarda no vestido de Janisse e disse:

— Você sabe o que eu lhe disse. — Janisse desatou a chorar.

Seu lamento nos acompanhou pelas ruas fétidas, coalhadas de lixo.

— Talvez pudéssemos fazer outro passeio juntas — disse eu animada, sentindo-me tão jovial quanto uma revendedora de cosméticos da Avon. Eu podia ver que, para a família Forest, a água fresca já parecia um sonho distante. Desesperada para trazê-lo de volta, eu disse de repente:

— Tenho um amigo que realmente gostaria que vocês conhecessem.

Mac estava passando pela cidade a caminho do Festival de Jazz de Newport, mas eu não sabia o que esperava que ele fizesse. Eu só tinha uma vaga sensação de que conhecê-lo seria bom para a Sra. Forest. Ele poderia lhe dar um pouco de esperança. Ela ainda era tão jovem.

— Talvez — disse ela, evasiva. Entregou o bebê a Crystal e mandou as crianças subirem as escadas. — Pode pegar a palmatória, ouviu? — gritou ela para Janisse. Virou-se para mim. — Conversaremos sobre outros passeios e sobre o seu amigo quando você vier na semana que vem — disse ela, encerrando o assunto. — Preciso lavar roupa. — E seguiu as crianças.

— Você vai gostar mesmo dela — prometi a Mac na semana seguinte. Ele e Serafina estavam estendidos no sofá da sala de estar dos meus pais, fumando maconha e ouvindo Quiet Nights. Eu estava deitada no sofá turquesa, tão chapada que descobria formas estranhas na pintura abstrata da parede. Mac parecia cético, mas eu sabia que ele iria se eu realmente quisesse.

— As meninas são ótimas — insisti. — Podemos levá-las ao Central Park e depois ao carrossel. Talvez ao zoológico também. Por favor, venha.

Mac deitou-se de costas e olhou para o teto.

— Está me parecendo — disse ele, sensato — que deveríamos voltar ao *ferry*. Você disse que ela gostou muito disso.

Ele provavelmente tinha razão.

— Talvez pudéssemos ir ao *ferry* e depois a Chinatown. Aposto que elas gostariam das *dim sum*, as comidinhas servidas com chá. — Imaginei a família Forest em uma das mesas apertadas do minúsculo Salão de Chá Nom Wah, e aquela imagem me pareceu boa. — Há um lugar onde costumávamos ir quando eu era pequena em que eles passam pelo salão com travessas de comida em uma bandeja e você escolhe o que quer. Quando termina, eles contam as travessas para fazer a sua conta. Você deveria ver os camarões fritos gigantes; parecem baquetas!

— Eu queria alguns camarões desses agora — disse Serafina.

— Não sei — disse Mac, sensato. — Essa mulher não vai ficar envergonhada vendo você pagar para ela e suas filhas?

No mesmo instante, vi que ele estava certo.

— Estou com fome — disse Serafina. — Vamos comer uns camarões desses.

Descemos a Quinta Avenida de braços dados, passamos debaixo do arco comemorativo de Washington Square e pelo bairro de Little Italy, onde homens sem camisa jogavam bocha na rua. Estávamos felizes por estar juntos em Nova York sem responsabilidades e com um fim de semana inteiro pela frente. Em algum lugar ao sul de Houston Street e ao norte de Canal Street, o cheiro de alho flutuando pelas ruas nos arrebatou e soubemos que estávamos chapados demais, e famintos demais, para esperar por Chinatown.

— Vamos ao Luna — disse Serafina quando passamos embaixo do letreiro do exíguo restaurante, um crescente em néon. Sentamo-nos em uma das compridas mesas coletivas e pedimos copos de vinho tinto barato servido em jarras. O gosto era uma mistura de refrigerante de framboesa e vinagre, e eu sabia por experiência própria que dali a uma hora estaria com dor de cabeça. Mas bebi mesmo assim, e devoramos cestas de pão e pratos de espaguete à bolonhesa.

— Nova York! — disse Mac, sonhador, e lembrei-me que aquela era sua primeira visita à cidade. Assim, tentando ser boas anfitriãs, Serafina e eu o levamos para tomar um drinque no restaurante e bar Max's Kansas City, para que ele visse os membros da Factory de Andy Warhol se exibirem, e depois ao Bradley's para ouvir *jazz*.

— Que cidade! — disse Mac quando voltávamos para casa.

O ascensorista parecia irritado e sonolento quando tocamos a campainha da frente. Eram quase quatro da manhã e minha cabeça estava começando a doer; eu estava sentindo o vinho, o vinho e o vinho que passara a noite bebendo.

Armamos o sofá-cama da sala de estar e jogamos alguns lençóis em cima dele para Mac dormir. No meu antigo quarto, Serafina e eu caímos na cama. Dormimos até depois do meio-dia.

No dia seguinte, finalmente conseguimos chegar até Chinatown. Depois pegamos o *ferry* de Staten Island para nos refrescar.

— Não é à toa que aquela mulher — qual é mesmo o nome dela? — gosta tanto do *ferry* — disse Mac, vendo a cidade se afastar atrás de nós.

— Sra. Forest — falei.

— É — disse ele. — Por cinco *cents*, vale muito a pena.

— Então talvez devêssemos levá-las ao *ferry* e depois de volta para nossa casa? — perguntei.

Mac suspirou.

— Tenho certeza de que não é permitido levar clientes à sua casa — disse ele.

— Eu não ligo — disse eu. — Meus pais não têm um apartamento chique nem nada.

Mac apenas me olhou, exasperado.

— Não contem comigo — disse Serafina. — Eu vou estar trabalhando.

Durante toda a noite, pensamos no que fazer com a família Forest. Discutimos sobre isso entre os *sets* de John Hammond no Café Wha? e enquanto nós três consumíamos uma melancia inteira no Washington

Square Park. Conversamos a respeito enquanto dançávamos em uma boate chamada Arthur. Então Serafina engatou uma conversa com um dos Superstars de Andy Warhol e a conversa mudou.

— Esse cara — falei, sombria —, eu não confio nele. Ele parece um michê com algo a esconder.

— Somos todos michês e todos temos algo a esconder — disse Mac. — Acho que deveríamos levar sua amiga ao *ferry* e depois para fazer um piquenique no parque. — Ele sacudiu a cabeça e acrescentou:

— Espero que você não arrume problemas. Não sei por que concordei em fazer isso.

E eu não tinha muita certeza de por que havia pedido. Especialmente durante aqueles primeiros momentos de desconforto quando fui buscar a família no Bronx e disse à Sra. Forest que meu amigo nos encontraria na estação do *ferry*. Ela fez algum comentário e percebi que ela pensava que meu amigo fosse uma amiga, e que fosse branca. Sem conseguir dizer isso com todas as letras, não soube como desfazer seu engano, então, quando Mac juntou-se a nós carregando a grande sacola de compras que continha nosso almoço, ela foi pega completamente de surpresa.

Mas Mac raramente ficava sem ação com os outros; ele sabia exatamente o que fazer. Inclinou-se junto a Charisse e falou:

— Ei, que bebê lindo — e depois fez alguma piada sobre não confiar em mim para pegá-la no colo. Não demorou muito para eles começarem a trocar genealogias; descobriram que tinham raízes em duas cidades da Geórgia a poucos quilômetros de distância uma da outra.

— Nesse ritmo, vocês vão descobrir que são primos — falei.

— É provável — respondeu a Sra. Forest. Com Mac por perto ela ficava mais tranqüila, o que fazia as meninas relaxarem também. Todos pareciam felizes. Mac, que raramente falava sobre si mesmo, começou a conversar com a Sra. Forest sobre sua mãe e sobre como ele havia ido parar na Universidade de Michigan.

— Eu entrei lá porque tive sorte — disse ele.

— Eu já comecei sem sorte — disse a Sra. Forest. As palavras soavam casuais, não amargas. — Fiquei grávida antes de ficar adulta.

— Mas não precisa continuar sem sorte — disse Mac.

Nós íamos e vínhamos no *ferry*, íamos e vínhamos. A Sra. Forest parecia disposta a passar o dia inteiro fazendo isso, mas, depois de explorar cada centímetro do barco, as meninas estavam ficando indóceis.

— Quando vamos descer? — perguntou Crystal em nosso sexto trajeto de ida e volta.

Mac abaixou o rosto em sua direção, sorrindo.

— Está ficando com fome? — perguntou ele.

Ela aquiesceu.

— Adivinhem o que eu trouxe para vocês almoçarem — disse ele.

— Sanduíches de manteiga de amendoim e geléia?

Ele fingiu estar magoado.

— Como vocês sabiam?

— Porque é isso que as pessoas sempre trazem para crianças — disse ela. — Mamãe diz que é barato e tritivo.

— Nutritivo — corrigiu a Sra. Forest. — E não vá contar todos os nossos segredos. Nós não comemos manteiga de amendoim todos os dias.

— Comemos sim — disse Crystal.

— Não seja insolente comigo, mocinha — disse a Sra. Forest com o tom mais sério que usaria o dia inteiro. Crystal obedeceu na hora.

— Bom, eu comi manteiga de amendoim todos os dias da minha infância — disse Mac. — E foi isso que me deixou assim alto e forte.

As duas meninas riram; Mac parecia um exemplo bem franzino. Descemos do *ferry* e Mac conduziu todas nós até um grande táxi quadriculado.

— Nós vamos pegar um táxi? — perguntou Janisse. — Nós?

— Eu convido — disse Mac, abrindo a porta e abaixando os dois bancos de mola para as meninas.

— Um táxi — exclamou Crystal, admirada. — Estamos andando de táxi! — Eu sabia o que ela estava sentindo; na nossa casa, pegar um táxi era algo que só se fazia quando se estava tão atrasado que não havia mais ônibus, ou quando se estava gravemente doente. Um táxi no meio do dia parecia quase um pecado. Até mesmo um táxi cheio como aquele.

Descemos em Washington Square Park e fomos nos sentar perto do chafariz. Comemos nossos sanduíches, conversamos e escutamos um dos músicos tocar acordes em seu violão. As meninas, avisadas pela Sra. Forest para não se molharem, entraram imediatamente no chafariz. Estava claro que aquele não era um dia para surras.

Mas então Janisse quis ir ao banheiro, e o toalete do parque estava fechado.

— Eles estão sempre fechados — disse a Sra. Forest, resignada.

— Minha casa fica só a três quarteirões daqui — disse eu num impulso. — Podemos ir ao banheiro lá.

Quando chegamos, Janisse já estava pulando de tanta vontade e eu estava tão ocupada rezando para ela não fazer xixi antes de chegarmos ao apartamento que sequer percebi o olhar de reprovação do ascensorista.

— Que cara simpático — disse Mac quando descemos. Não prestei atenção no sarcasmo; eu estava enfiando primeiro uma das chaves na fechadura e depois a outra, abrindo as três trancas. Depois estava levando Janisse ao banheiro, e dando um grande suspiro de alívio.

Um de cada vez, desfilamos até o banheiro. Depois saímos. Se a Sra. Forest teve alguma opinião sobre as estranhas obras de arte ou sobre a árvore morta, não a externou. As meninas riram da pintura abstrata no *hall*, mas pararam quando a Sra. Forest franziu o cenho.

Descemos a rua 10 até a Sexta Avenida, e depois a Sexta Avenida até o metrô. Mac nos deixou ali, dizendo que ia assistir a uma aula gratuita em um centro comunitário.

— Prazer em conhecê-lo — disse a Sra. Forest. E foi isso.

— Tchau — disseram Crystal e Janisse em coro. A Sra. Forest foi conversando com as meninas durante todo o trajeto até o Bronx e, quando saímos em Tremont Avenue, ainda estava tão alegre quanto no início do dia.

— Para onde vocês acham que nós vamos agora, meninas? — perguntou ela. — Talvez Ruth nos leve até a lua.

— Até a lua, até a lua — disseram as meninas, tentando acompanhar sua alegria.

— Até a lua — falei enquanto acenava para elas no pé da escada, pensando que nosso próximo passeio poderia ser uma visita ao Planetário. — Esperem só para ver quanto vocês pesam lá!

Voltei ao escritório para escrever meu relatório, omitindo a presença de Mac e a parte sobre levar as meninas para fazer xixi na minha casa. Em seguida, entrei no metrô e voltei para Manhattan.

O ascensorista estava emburrado como sempre, mas não dei muita importância.

— Está sozinha? — perguntou ele.

— Completamente sozinha! — falei animada, pescando as chaves de dentro da bolsa. Quando entrei no *hall*, pude ouvir o telefone tocando.

— Oi, gatinha — disse a voz da minha mãe quando atendi. Minha atenção foi imediatamente despertada.

— Oi — falei. — Algum problema?

— Só uma coisinha — disse ela, com a voz animada.

— Hã?

— Acabei de receber um telefonema do zelador. Ele queria saber quem estava usando o apartamento.

— E daí?

— Eu lhe disse que você e sua colega de quarto estavam passando o verão aí. Mas ele disse que vocês também estavam hospedando um homem negro.

— Mac veio passar alguns dias aqui — disse eu. Ela suspirou.

— Ele também disse que você hoje subiu com um casal e três crianças negras.

— E daí? — perguntei. — O que ele tem a ver com quem eu recebo no apartamento?

— Bem, querida, a questão é que... — Mamãe hesitou.

— O quê?

— Eles gostariam que seus amigos negros usassem o elevador de serviço.

— Você está maluca? — perguntei. — Estamos em 1967. Isto aqui não é o sul, é Nova York! E não é um endereço esnobe da Park Avenue. Isto aqui é o Village!

— Eu sei, querida, mas algumas pessoas não gostam.

Respirei fundo. Depois disse, com a voz mais digna de que fui capaz:

— Eu vou esquecer que nós algum dia tivemos esta conversa. E certamente não vou dizer a Serafina, nem a Mac, nem a ninguém que eu conheça que ela aconteceu. Pode dizer o que quiser para o zelador.

Não sei o que minha mãe fez. Nunca mais falei sobre isso com ninguém. Mac voltou de sua aula gratuita e Serafina chegou em casa do bar. E nós descemos para jantar pelo elevador da frente.

9

O filósofo da mesa

Fui trabalhar no L'Escargot por causa de Alan Jones. Fiquei lá por causa de todos os outros.

Ele era um intelectual magérrimo que andava de um lado para o outro dizendo coisas como "Você vai ter de superar sua dependência burguesa por conforto". Quando nos conhecemos, em um comício antibélico, para mim foi amor à primeira vista. Quando ele me disse que havia arrumado um emprego de garçom no elegante restaurante francês, não perguntei como ele iria conciliar isso com sua consciência; perguntei apenas onde eu poderia ir para ser contratada também. Eu não sabia nada sobre servir em restaurantes, mas imaginei nós dois trabalhando até tarde da noite e voltando para casa a pé juntos, sob a luz do luar. Quem sabe o que poderia acontecer?

— Você já trabalhou em algum restaurante antes? — perguntou o dono quando me apresentei. Ele era um homem magro, agitado, com cabelos escuros e roupas boas. Fiquei chocada ao perceber que seu rosto estava coberto de *pancake*. Isso não o impediu de me olhar de cima a baixo com ar de avaliação. Sacudi a cabeça e balbuciei alguma coisa sobre aprender rápido e ser boa trabalhadora.

— Bem — disse ele —, precisamos de gente assim. Vá experimentar um uniforme e vamos ver como você fica.

O uniforme era uma engenhosa mistura de roupa de camponesa francesa com fantasia de coelhinha da *Playboy*; a saia era curta e bufante, e a jaqueta tão apertada que fazia meus seios pularem de forma alarmante para fora da blusa branca decotada. Meias pretas e saltos altos completavam o conjunto.

— Bom, bom — disse Maurice ao me ver. — Você vai servir. Deixe-me lhe mostrar o restaurante.

Ele percorreu o espaço de maneira possessiva, apontando para os principais pontos como se fosse o guardião de um local histórico importante. Ao parar debaixo de um lustre na entrada, apontou para cima.

— Está vendo aquele candelabro? — perguntou. — Ele ficava pendurado no quarto do duque de Gales. — Olhou para o meu rosto e acrescentou: — Não é verdade. Comprei-o na venda de uma propriedade na Inglaterra. — Ele me conduziu ao salão principal e exibiu com orgulho os aparadores de mogno e as longas cortinas de veludo drapeado. Pendurado no meio do teto havia outro magnífico candelabro. Ele olhou para cima com admiração e comentou:

— Lindo, não é? Comprei na França.

Ao me mostrar as cadeiras (carvalho esculpido), os pratos (Limoges) e copos (cristal), ele disse:

— Tudo do melhor! As pessoas dizem que Ann Arbor não está preparada para a verdadeira classe, mas eu vou provar que estão erradas. Pus todas as economias da minha vida neste restaurante. — Então ele me levou até a cozinha para conhecer o *chef*.

O *chef* era um francês gordo e velho que usava um toque duas vezes maior do que a sua cabeça.

— Eu o tirei do Four Seasons de Nova York — gabou-se Maurice. Segundo ele, o sub*chef*, Rolf, também vinha do Four Seasons.

— E este — disse ele —, é Lincoln. Ele veio da London Chop House de Detroit. É o melhor churrasqueiro de Michigan. — Lincoln sorriu, com os dentes muito brancos no rosto escuro, e estendeu a mão. O *chef* me olhou como se eu fosse sujeira, e Rolf disse:

— Ah, Maurice, você finalmente está ficando esperto. Trouxe-me uma cerejinha para decorar a cozinha. — Ele tinha um forte sotaque alemão. Corei intensamente.

Rolf me fez um afago debaixo do queixo e disse:

— Seu trabalho, pombinha, vai ser me trazer cerveja gelada e me deixar feliz. Seja boazinha e nunca terá de esperar por seus pedidos.

Maurice cruzou os braços na frente do peito e se abraçou como se o ar da cozinha houvesse esfriado. Enquanto caminhava até a porta, esfregou os ombros:

— Agora vou apresentá-la a Henry — disse ele. — Ele lhe mostrará o que fazer. — Ainda envolto no próprio abraço, conduziu-me para fora da cozinha quente e muito iluminada.

Maurice abaixou os braços quando a porta para o salão se fechou. Suspirou enquanto atravessávamos o carpete, como se voltasse de uma viagem perigosa. Caminhando pelo salão de maneira possessiva, ele ajeitava cada toalha de mesa ao passar, deslizando as mãos amorosamente por cima delas. Perguntei-me como seria a casa onde ele morava.

— Este é Henry — disse ele, levando-me até um homem negro de cabelos grisalhos que retirava metodicamente os copos de cima das mesas e removia sujeiras invisíveis. — Ele é o melhor garçom que eu já conheci. — Henry pousou o copo com cuidado e deslocou-o meio centímetro, como se houvesse um diagrama em cima da toalha visível apenas aos seus olhos. Ele meneou a cabeça e estendeu a mão. Em seguida, pegou o copo seguinte e segurou-o contra a luz com um ar crítico. Sem olhar para mim, perguntou:

— Ela sabe alguma coisa?

Maurice sacudiu a cabeça.

— Tudo bem, chefe — disse Henry —, vamos começar do começo. — Ele largou o copo com a mesma precisão do anterior, acenou para que eu me aproximasse da mesa e puxou uma cadeira. A aula estava prestes a começar.

— Você sabe o que é um restaurante? — perguntou ele.

— Um lugar onde as pessoas pagam para comer?

— Uma zona de guerra — respondeu ele. — Nunca se esqueça disso. Eles — apontou para a porta da cozinha — estão de um lado. Estas pessoas — continuou, indicando o salão com os braços — estão do outro. — Fez uma pausa, encarou-me e disse:

— Nós? Nós somos só intermediários. A cozinha nunca se esquece do inimigo, mas, se você fizer bem o seu trabalho, o cliente sai pela porta sem jamais ter percebido que foi à guerra.

Henry me mostrou como arrumar a mesa e como servir. Disse-me para dar gorjeta ao *barman* e para ser generosa com os assistentes dos garçons ("eles podem cortar sua gorjeta pela metade se decidirem não gostar de você", alertou). Ensinou-me a flambar um filé Diana e a fazer crepes *suzette*.

— Isto é ouro puro se você fizer tudo certinho — disse ele, derretendo a manteiga na frigideira de cobre. — E não é só pelo fato de eles cobrarem 2,95 dólares por duas panquecas desmilingüidas. — Ele acrescentou suco de limão e curaçau, acendeu um fósforo e observou a chama subir.

Mas deixou a salada Caesar por último.

— Esta é a sua melhor oportunidade de desenvolver uma personalidade para os clientes — disse ele. — É como atuar.

Segundo Henry, tínhamos a *responsabilidade* de inventar uma boa história para os clientes; aquilo incrementava sua experiência gastronômica. A sua própria história, refinada ao longo dos anos, era que ele nascera em uma família de dançarinos profundamente desapontada com sua falta de ritmo. "Sou um perna-de-pau", dizia ele pesaroso enquanto mexia os crepes na frigideira.

— Não é verdade? — perguntei.

— A verdade — disse ele — é supervalorizada demais. A única coisa que minha família jamais fez com os pés foi plantá-los em uma fileira de pés de algodão e depois levá-los para o norte. Mas quem quer ouvir isso? Eu dou às pessoas algo para contar a seus amigos quando chegarem em casa. É mais interessante do que conversar sobre o filé que comeram no restaurante mais caro do meio-oeste.

Sob a tutela de Henry, logo desenvolvi um bom sotaque francês e uma história deplorável: eu era uma aluna de intercâmbio cuja família subestimara a quantia necessária para se morar nos Estados Unidos. Eu floreava um pouco mais a cada dia, acrescentando detalhes sobre a fazenda na Île d'Oléron onde crescera. Ninguém parecia se importar, com exceção de Marielle, a garçonete francesa mais velha. Ela nunca dizia nada, mas olhava para mim com tamanho ódio que eu mal conseguia falar quando ela estava por perto.

— Não ligue para ela — disse Henry certa noite, quando estávamos na lateral do salão, de olho em nossas mesas. — Você está fazendo um favor para os clientes. As pessoas gostam disso.

Salada para se exibir

Ingredientes

2 dentes de alho
½ xícara de azeite
1 xícara de pão francês dormido cortado em quadradinhos
1 ovo orgânico
1 pé de alface romana
½ colher de chá de molho Worcestershire
½ colher de chá de sal
pimenta
½ limão grande e com bastante suco
4 filés de anchova cortados em quatro
¼ de xícara de queijo parmesão ralado na hora

Faça os croûtons*: esmague um dente de alho e aqueça lentamente em duas colheres de sopa de azeite. Acrescente os quadradinhos de pão e doure em fogo médio, mexendo sempre, até os* croûtons *ficarem crocantes e corados de todos os lados. Seque em papel-toalha e reserve.*

Cozinhe o ovo em água fervente, com a casca, durante um minuto. Reserve. (É importante usar ovos testados de um produtor confiável, já que o ovo não ficará cozido o suficiente para matar bactérias que podem existir no ovo cru, como a salmonela.)

Lave e seque bem a alface, e corte-a em pedaços médios. Enrole em um pano de prato e ponha na geladeira até a hora de usar.

Reúna todos os ingredientes em uma bandeja na mesa.

Na frente de seus convidados, descasque o segundo dente de alho, corte-o ao meio e amasse metade no fundo de uma saladeira. Acrescente a alface e o resto do azeite e mexa bem, de forma bem dramática, até cada pedacinho de folha ficar coberto. Acrescente o molho Worcestershire e sal e pimenta a gosto.

Quebre o ovo sobre a alface e mexa até as folhas ficarem reluzentes. Enfie um garfo na metade do limão e esprema o suco sobre a alface. Mexa até o molho ficar com uma aparência cremosa. Junte as anchovas e mexa mais um pouco.

Agora prove. Talvez você queira pôr um pouco mais de limão? Vá em frente! Um pouco mais de pimenta? Ponha também. Talvez você queira pedir a seus convidados para provarem eles também a salada. Quando ela estiver temperada a seu gosto, jogue lá dentro o queijo e os croûtons, *torne a mexer e sirva.*

Rende quatro porções.

Todo mundo no L'Escargot percebia que o restaurante estava condenado. Exceto eu. E Maurice.

— Você não sabe nada — disse Henry —, e Maurice, como ele mesmo diz, é um bobo. Mas há uma coisa que eu gosto nesse homem: ele tem a capacidade de sonhar.

Henry não precisava sonhar: ele adorava seu trabalho. Vê-lo inclinado junto a um cliente murmurando baixinho que os aspargos à holandesa estavam realmente muito bons naquela noite me lembrava o meu pai correndo as mãos pelas páginas de um livro como se os tipos estivessem falando com ele. Ele também era um homem que adorava o seu trabalho.

Henry sabia tudo sobre restaurantes e era generoso com seu conhecimento. Na primeira noite, mostrou-me como equilibrar drinques sobre uma bandeja, e em que ordem retirá-los para evitar um desastre. A coisa seguinte que ele me ensinou foi a lidar com a cozinha quando um cliente devolvia um prato.

— A cozinha não está em guerra com você — explicou ele —, então você tem de assumir a culpa. Digamos que o cliente reclame que o bife está passado demais. Rolf vai dizer que não está; ele precisa defender sua honra. Porém, se você disser que o cara pediu ao ponto, mas você anotou bem passado, a história é outra, porque o erro é seu. Rolf vai gritar com você. Vai chamá-la de idiota. Mas vai lhe dar outro bife.

Na terceira noite, eu me esqueci do coquetel de camarão de um cliente e Henry disse a Maurice para mandar uma garrafa de champanhe para o homem, por conta da casa. Quando agradeci a Maurice, Henry murmurou que aquilo não era necessário.

— É do interesse dele — explicou. — Maurice não quer clientes infelizes. E sabe o que mais? Quanto mais rico o cliente, mais ele ganha coisas de graça.

Na quarta noite, contei-lhe sobre meu novo pesadelo recorrente.

— Tem uma mesa e os clientes não param de gritar: "Moça, ei, moça", acenando para mim. Eu não paro de dizer: "Já vou." Mas nunca os alcanço.

— Eu me lembro desse sonho — disse ele para me reconfortar. — Vai passar. — De repente, uma expressão estranha atravessou seu rosto. Eu o vi se mover, como uma onda perturbando a água calma.

— Seu namorado ali acaba de pôr curaçau demais — disse ele. E se afastou. No instante seguinte, Alan Jones acendeu um fósforo, aproximou-o da frigideira, e as chamas pularam e lamberam as cortinas de veludo vermelho. Henry extinguiu o fogo antes mesmo de os clientes se darem conta do que havia acontecido.

— Obrigado, cara — disse Alan, com cara de encabulado.

Henry voltou para onde eu estava em pé.

— Como você faz isso? — perguntei.

— Abafando o fogo — disse ele, casual, dobrando um pedaço de lona encerada e tornando a guardá-la no bolso da jaqueta.

Mas havia três problemas com os quais Henry não podia me ajudar: Alan Jones, Rolf e Marielle.

Alan Jones de fato me acompanhava até em casa na maioria das noites, mas não segurava minha mão. Depois de tirar o *smoking* e vestir seu casaco verde-oliva do exército, ele começava a me fazer sermões sobre minhas tendências materialistas, falando-me sobre suas leituras de Gurdjieff e sobre seu mais recente interesse, a macrobiótica. Eu o achava maravilhoso; estava desesperada.

Rolf, infelizmente, tinha toda a paixão que faltava a Alan Jones. À medida que cada noite avançava e a temperatura na cozinha atingia os 48°C, seus pedidos de cerveja ficavam mais freqüentes. Quanto mais bêbado ele ficava, mais licencioso se tornava.

— Um *coq au vin* — dizia eu.

— O quê?

— Um *coq au vin* — repetia eu.

— Mais alto.

— Um *coq au vin*.

— Vocês escutaram, ela quer um pau — dizia ele, fazendo piada com a semelhança na pronúncia do francês *coq*, "galinha", e do inglês *cock*, "pênis", e a cozinha inteira explodia numa risada enquanto eu ficava toda vermelha.

Certa noite, ele me seguiu até o beco onde íamos fumar cigarros.

— Tenho uma coisa para você — disse ele, indo até a lata de lixo e procurando algo lá dentro.

— Lixo? — perguntei.

— Espere — disse ele. — Você vai ver. — Sua cabeça estava dentro da lata de lixo e ele jogava para cima cascas de ovo e toalhas de papel usadas. Finalmente emergiu segurando um pacote comprido envolto em papel alumínio.

— Sinta isso — disse ele, lançando-o para mim. Era surpreendentemente pesado. — Um filé inteiro — disse ele. — Trate-me bem e ele é seu.

— Não, obrigada — falei.

— É melhor você me tratar bem de qualquer maneira — disse ele, aproximando-se e olhando com avidez para o lugar onde meus seios escapavam para fora da blusa.

— O que eu posso fazer? — reclamei com Henry.

— Quanto você está ganhando? — perguntou ele, sério.

— Trinta e cinco dólares em uma noite boa.

— Quer trabalhar em um bar onde ganha metade disso e os homens enfiam a mão por baixo da sua saia?

Eu não queria.

— Rolf não vai fazer nada — disse Henry com desdém —, ele só fala, nunca faz. Além disso, não vai demorar muito para Maurice quebrar.

— Por quê? — perguntei.

— Maurice fez tudo errado — disse ele, convicto. — Ninguém põe Limoges e cristal em um restaurante. Sabe por quê? — Ele fez uma pausa. — Porque eles quebram no lava-louças. Daqui a alguns meses, não vai sobrar mais nenhum. Ele já está perdendo metade da carne; aquele francês gordo inútil não pára de roubá-lo.

— É Rolf quem está roubando! — falei. — Foi ele quem me ofereceu a carne.

— Ele só estava se apropriando da mercadoria roubada pelo francês. Rolf não rouba.

— Você quer dizer que todo mundo sabe que o *chef* está roubando? — perguntei.

— É claro — disse Henry com filosofia. — E se Maurice tivesse algum bom senso, iria lá fora todas as noites verificar aquelas lixeiras.

— Você não acha que devemos contar a ele?

— Não é assunto meu — disse ele com dignidade, voltando ao assunto principal. — Mas, da próxima vez que Rolf importuná-la, lembre-se que daqui a um ano ele estará de volta a Nova York, trabalhando em algum outro restaurante, e você estará servindo drinques.

Enquanto isso, havia Marielle. Ela me olhava com ódio durante o jantar dos funcionários e me evitava no salão. Mas respeitava Henry e, enquanto ele estava presente, mantinha distância.

Mas na primeira noite de folga de Henry ela ficou olhando, com as sobrancelhas arqueadas, enquanto eu mexia uma salada Caesar para uma mesa de quatro pessoas. Os homens eram parrudos, com gravatas listradas e anéis de diamante nos dedos mindinhos, e suas mulheres eram gordas e atenciosas. Mesmo assim desfiei minha história, lamentando a beleza da minha ilha perdida, das ovelhas da família, da geléia caseira da minha mãe. Disse-lhes como fazia frio nos Estados Unidos, e o quanto eu era infeliz. A loura tingida quase chorou.

A qualquer minuto, porém, ela poderia estar chorando mesmo. Havia pedido um linguado de Dover, o único prato que eu ainda não havia dominado. Eu estava aterrorizada com medo de esquecer uma espinha e matar um cliente. Henry sempre tirava as espinhas do peixe para mim.

Mas agora eu estava sozinha. Enquanto eu hesitava com o peixe, Marielle se aproximou como um predador de sua vítima.

— *Alors, ma petite* — disse ela —, *on a terminé le drame?* — E começou a dar instruções com seu francês parisiense preciso. Seu objetivo, ela me diria mais tarde, era que eu não entendesse nenhuma palavra e ficasse tão envergonhada que saísse correndo aos prantos, para nunca mais voltar. Ou, pelo menos, para nunca mais voltar fingindo ser francesa.

Mas, em vez disso, ali estava eu seguindo suas instruções à risca.

— Você começa com as espinhas de cima — disse ela. — Pegue o garfo e puxe-as para fora. São pequenas. *Oui, c'est ça*. Agora embaixo. Agora corra a faca bem pelo meio do peixe, *doucement*, *doucement*, você pode sentir a espinha.

Passo a passo, ela me fez executar o ritual. Finalmente, concluiu dizendo-me para servir a porção de peixe para a bruxa da direita com aquele vestido florido horrendo. Quando levantei os olhos, espantada, ela disse, ainda em francês:

— Ah, os americanos! Eles nunca entendem uma palavra! — E retirou-se para o seu posto.

Quando fui lhe agradecer mais tarde, ela simplesmente sacudiu a cabeça e disse:

— *J'étais loin de croire que tu me comprendrais.* — A importância de eu ter passado, depois de desossar um simples peixe, do *vous* ao *tu* não passou despercebida para mim; aos olhos de Marielle, eu me tornara francesa. E ela assumiu minha educação.

— Deixe ela comigo, Henri — disse ela na noite seguinte. — Você lhe ensinou o jeito americano. Agora vou ensinar-lhe o jeito francês. Quando ela estiver pronta, talvez nos ajude com nosso pequeno projeto.

— Que projeto? — perguntei, mas nenhum dos dois quis me dizer.

Lenta, orgulhosamente, Marielle começou a me ensinar tudo que aprendera na escola de hotelaria. Ensinou-me a tirar espinhas de peixe, a fazer omeletes, e a servir com um garfo e uma colher com uma das mãos nas costas. Fez com que eu provasse molhos de salada vezes sem conta até ser capaz de pôr a quantidade exata de azeite em relação ao vinagre sem olhar para o que estava fazendo.

— É como datilografar — disse ela —, você precisa conhecer nos dedos para não pensar com a cabeça. Vai precisar disso mais tarde.

À noite, depois dos últimos clientes saírem do salão e de rearrumarmos todas as mesas, depois de Rolf pôr o pote de creme de leite debaixo da luz de emergência para cozinhar durante a noite, depois de William, o caixa, ter fechado as contas, saíamos para beber juntos. Todos falavam sobre os restaurantes onde haviam trabalhado, tentando superar as histórias de horror uns dos outros. Eu não tinha idade suficiente para beber legalmente, mas me perdia no grupo e nenhum *barman* jamais questionou meu direito de estar ali.

Certo domingo, Lincoln convidou todos nós para sua cabana no lago Whitmore. O melhor churrasqueiro do meio-oeste havia cavado uma churrasqueira subterrânea no chão e passou o dia inteiro assando costeletas em cima de velhas molas de colchão. O cheiro subia pelo ar puro, espiralado, e nós bebíamos cerveja e contávamos histórias. Rolf, num raro dia de sobriedade, saiu para passear sozinho e voltou segurando alguma coisa.

— Olhem — disse ele, abrindo a mão como se houvesse descoberto um grande tesouro. — Cogumelos.

— Ah, sim — disse Lincoln —, eles estão por toda parte. Sirva-se.

Em seu entusiasmo, Rolf parecia subitamente mais jovem.

— Precisamos colher o máximo possível — disse ele. — Se encontrarmos o suficiente, eu os porei no cardápio amanhã à noite. — Ele nos dividiu em equipes e saímos à cata de *morilles*.

— E se colhermos os cogumelos errados? — perguntou Marielle, sempre prática. — Vamos envenenar os clientes.

— Impossível — disse Rolf, levantando algo que parecia o guarda-chuva de uma fada de um livro de histórias infantis. — Nenhum outro cogumelo se parece com este. Nem Alan Jones poderia confundir um *morille* com um cogumelo venenoso.

Voltamos com os braços cheios de *morilles*; eles *realmente* estavam por toda parte. Enquanto cortava cebolas e começava a refogá-los na rústica cabana de Lincoln, Rolf parecia quase atraente em sua felicidade.

— Cogumelos com costeletas à moda de Rolf e Lincoln — disse ele. — O que você acha, Lincoln? Quer abrir um negócio comigo depois que Maurice quebrar?

— Pode ser — disse Lincoln. — Mas nesse caso seriam cogumelos com costeletas à moda de Lincoln e Rolf.

— Quanto tempo vocês acham que ele vai durar? — perguntou Alan Jones.

— Bom — disse Henry, devagar —, na minha opinião ele ainda tem mais seis meses. Se aquele francês gordo não ficar ganancioso demais.

— Eu lhe disse para parar de roubar — falou Rolf — ou eu iria contar para Maurice. Este é o melhor emprego que eu já tive e gostaria que houvesse um modo de fazê-lo durar.

— Por que isso não pode acontecer? — perguntei.

— É — disse Alan Jones —, Maurice não pode simplesmente substituir a porcelana e o cristal por louças mais baratas?

Os outros nos olharam como se fôssemos crianças bonitinhas e burras.

— São os clientes — disseram em coro.

— O que têm eles? — perguntei.

Rolf se aproximou e pôs um *morille* na minha boca. O cogumelo tinha um gosto forte, como o campo inteiro concentrado em uma só mordida.

— Um pouco mais de sal? — perguntou ele. Com os dedos, espalhou sal na frigideira e pôs outro cogumelo na minha boca. O sal havia intensificado os sabores, tornando-os mais pronunciados.

— Eu não sabia que existia algo com esse gosto — disse eu com reverência.

— *Exactement!* — disse Marielle, olhando para Rolf com um respeito renovado. — Os americanos não sabem o que têm. Um restaurante como o L'Escargot é um desperdício para eles.

— Você já reparou — perguntou Henry com gentileza — quantos clientes regulares nós temos?

Um: o professor de história da arte que vinha jantar sozinho todas as noites e pedia ao *chef* para preparar algo especial. Ninguém mais nunca voltava.

— Depois que todas as pessoas curiosas já tiverem experimentado o restaurante — continuou ele —, Maurice não terá mais clientes. Ele está à frente de seu tempo.

— Como é possível fazer diferente? — perguntei. Henry olhou para Marielle e pude ver que estava lhe fazendo uma pergunta. Ela aquiesceu de maneira quase imperceptível.

— Nós já pensamos em tudo — disse ele. — O problema de Maurice é que a comida é elaborada demais. Ela assusta as pessoas. Servi mesas durante minha vida toda e sei exatamente o que as pessoas querem. Nós vamos lhes dar a comida que elas conhecem, só que melhorada. Quando as pessoas saírem do nosso restaurante, elas dirão: "Eu nunca soube que macarrão com queijo pudesse ser tão delicioso." Na verdade, é muito simples.

— Vamos tirar os *smokings* — disse Marielle —, seremos mais amistosos. As pessoas vão adorar ir ao nosso restaurante. Vocês vão ver.

Enquanto isso, as semanas passavam e Maurice ia ficando cada vez mais grisalho e enrugado. Parou de usar maquiagem, suas roupas impecáveis às vezes estavam manchadas, e ele perdeu o saltitar em seu andar. Certo dia, cheguei mais cedo do que o normal e o encontrei no salão, correndo freneticamente de mesa em mesa.

— Olhe este prato! — gritou ele para mim, suspendendo-o de modo que seu dedo ficasse em cima da longa rachadura irregular no meio. Ele o atirou na parede e o viu despedaçar-se, os cacos se espalhando sobre os tapetes em pequenos pedaços. Foi até outra mesa. Examinou os pratos, e atirou outro na parede. E depois outro.

Quando terminou, ele pôs as mãos sobre os olhos e em seguida olhou para mim, com o rosto pálido.

— Sinto muito — sussurrou, e foi buscar a vassoura.

Naquela noite, Rolf subiu ao "escritório" de Maurice no andar de cima, na sala empoeirada onde eram guardadas as cadeiras e mesas sobressalentes. Quando subi para vestir meu uniforme, vi-os anotando números em um pedaço de papel enquanto davam goles alternados em uma garrafa de vinho tinto. Quando desceram, Maurice entrou na cozinha e disse alguma coisa para o *chef*, que deu de ombros e começou a guardar suas facas.

— Não precisamos dele e de seu salário gordo — disse Rolf, surpreendendo-me ao chegar por trás de mim. — Ele é uma despesa inútil. — O *chef* sequer de despediu.

Tampouco precisávamos de todos os garçons e, à medida que os clientes foram ficando mais esparsos, o mesmo aconteceu com as gorjetas. Logo o restaurante estava funcionando com uma equipe mínima. Quando Alan Jones foi embora para prestar seu serviço militar alternativo, não foi substituído. Então Maurice cortou meu horário para fins de semana apenas. Arrumei um emprego suplementar de garçonete em um bar mais embaixo na mesma rua.

Todas as noites, a caminho de casa, eu passava no restaurante, mas a atmosfera havia ficado mais sombria.

— Está percebendo algo diferente? — perguntou Henry certa noite. Olhei em volta. Não percebi nada.

Caminhei até o fogão e desencavei uma sobra de *coq au vin.*

— Eu acho incrível — falei — que os idiotas que eu sirvo prefiram comer a gororoba mais embaixo na rua e não a comida de Rolf. Isto aqui está ótimo!

— Ah, americanos! — disse Marielle, entrando. — E eles lá sabem alguma coisa?

— Mas você está percebendo alguma coisa diferente? — insistiu Henry. Ele apontou para uma lata de molho de tomate. Ela era igualzinha à que estava juntando mofo na prateleira da minha geladeira. — Isto aqui veio do supermercado. E isso significa que Maurice não está conseguindo pagar suas contas. Não vai demorar muito agora. Maurice deve a todo mundo e não tem mais crédito na praça. É mesmo uma pena.

Naquela noite, Maurice saiu para beber conosco pela primeira vez. Pediu um Rémy Martin e levantou o copo de conhaque.

— Um brinde a mim — disse ele com amargura —, o último dos sonhadores.

— O que você vai fazer? — perguntou Henry.

— Leiloar tudo, trancar a porta e sair correndo deste estado — respondeu Maurice.

— Se você voltar, tem um emprego à sua espera — disse Henry. Ele olhou para Marielle, que aquiesceu. — A senhora francesa e eu vamos abrir nosso próprio restaurante. Rolf vai cozinhar para nós. Precisamos de um *maître*.

Maurice olhou para ele durante muito tempo. Depois sacudiu a cabeça.

— Acho que não — falou. — Mas eu lhes desejo tudo de bom. E Henry?

— Sim?

— Atenha-se às coisas simples.

— Tem toda razão — disse Henry.

10

Túnis

Passei meu último ano da faculdade preocupada com o futuro. Eu seria bacharel em sociologia com menção honrosa, e não estaria preparada para absolutamente nada. Queria que a faculdade não terminasse nunca.

Serafina também não queria seguir em frente. Estava profundamente envolvida em política e completamente insegura sobre o que queria fazer da vida.

Ambas passamos o verão de 1968 em Ann Arbor, mas não juntas. Serafina havia deixado claro que não tinha interesse em amigos brancos. Entender esse fato não me fazia me sentir menos sozinha. Ela sempre falava comigo quando eu ligava, mas nunca retornava a ligação.

Foi uma época bem deprimente. O L'Escargot havia fechado, o restaurante de Henry ainda não havia aberto, e meu emprego de garçonete de bar era exatamente tão ruim quanto Henry dizia que seria, incluindo a saia curta e as mãos dos homens.

Eu tinha saudades de Serafina. Tinha saudades de Mac também. Com delicadeza, ele indicara que ficaria feliz em expandir nosso relacionamento; no final das contas, minha mãe estava certa. Quando não correspondi, ele foi embora e se apaixonou por outra pessoa. Fiquei arrasada; estava claro que era hora de fazer novos amigos.

Quando uma menina da minha turma de história da arte me perguntou se eu gostaria de me mudar para o seu apartamento, pulei sobre a oportunidade. Pat tinha um metro e oitenta e três, era artista, e a criatura mais exuberante que eu jamais cruzara. Assistia às aulas descalça, envolta em largos panos e nuvem de patchuli. Sinetas e pulseiras tilintavam a cada passo que ela dava. Ela era famosa por todo o *campus* e eu fiquei lisonjeada e aterrorizada com a idéia de me tornar sua colega de quarto; ela me fazia me sentir tão maçante.

Pat fez uma faxina de cima a baixo em seu apartamento antes de eu me mudar. Chegou até a esvaziar um ou dois armários. Fiquei tocada e surpresa: eu esperava que ela fosse interessante, mas não esperava que fosse legal. Tirando uma repreensível tendência a praticar exercícios físicos — ela saía às seis toda manhã para correr descalça em uma pista de concreto —, Pat revelou-se espantosamente pouco assustadora.

Muito mais tarde, Pat me disse que eu era a pessoa mais deprimente que ela já conhecera. Certamente era assim que eu me sentia. Lá fora, no mundo real, havia rebeliões na convenção de Chicago e uma manifestação pacífica a favor do amor livre em Woodstock, mas eu estava trancada em minha própria infelicidade. Sentia-me anestesiada. Quando Serafina ligou para perguntar se eu queria fazer uma viagem com ela, era como se estivessem me atirando uma bóia salva-vidas.

— Eu vou a qualquer lugar — falei —, contanto que seja barato.

— Que tal a África do Norte? — perguntou ela. — Podemos pegar um vôo barato para Roma e pegar o *ferry* de Nápoles para Túnis. De lá, podemos ir a Argel e depois ao Marrocos. Mohammed disse que podemos ficar com a família dele em Meknes. Ele disse que sua mãe vai nos ensinar a fazer sua famosa *bisteeya.*

— Ótimo — falei.

— Por que você quer ir para lá? — perguntou minha mãe quando lhe contei meus planos.

— Porque é exótico — disse eu. — Porque ninguém mais vai para lá. E porque é barato.

Eu poderia ter acrescentado que estava tentando desesperadamente não perder Serafina. Mas isso eu não sabia.

Bisteeya de Mohammed

INGREDIENTES

3 xícaras de caldo de galinha
2 frangos pequenos lavados
4 dentes de alho descascados
1 colher de chá de sal
1 pedaço de canela inteira
1 ramo de salsa
1 cebola grande descascada e cortada
1 pedaço de gengibre fresco do tamanho de uma moeda, descascado
1 colher de sal de pimenta
125g de manteiga
¼ de xícara de suco de limão
8 ovos grandes batidos
2 colheres de sopa de manteiga
350g de amêndoas
¼ de xícara de açúcar de confeiteiro
2 colheres de chá de canela em pó
1 pacote de massa tipo filo, descongelada (caso seja comprada congelada)
225g de manteiga derretida

Ponha os dez primeiros ingredientes em uma panela grande. Deixe levantar fervura, tampe, abaixe o fogo e deixe cozinhar por uma hora e meia.

Retire o frango do líquido de cozimento e parta a carne em pedaços médios. Reserve.

Coe o líquido e ferva até ficar reduzido a duas xícaras. Acrescente o suco de limão e ferva por cerca de cinco minutos. Acrescente devagar os ovos batidos, mexendo sempre com uma colher de pau até eles se solidificarem, formando uma massa grossa, e a maior parte do líquido ter evaporado. Isso leva cerca de dez minutos. Deixe esfriar.

Aqueça as duas colheres de sopa de manteiga em uma frigideira e refogue as amêndoas. Quando puder sentir seu aroma e elas estiverem ligeiramente coradas, seque em papel-toalha, pique e misture com o açúcar de confeiteiro e a canela.

Uma hora antes de comer, preaqueça o forno a 200°C.

Estique a massa filo e ponha as folhas de massa debaixo de uma toalha molhada para mantê-las úmidas enquanto trabalha. Unte o fundo de uma forma de pizza, *panela de* paella *ou assadeira de bolo bem grande com a manteiga derretida. Forre o fundo da forma com as folhas de filo até toda a superfície ficar coberta e o filo ultrapassar as bordas da forma cerca de cinco centímetros de todos os lados. Pincele a parte de cima do filo com manteiga.*

Ponha por cima metade da mistura de amêndoas, cubra ligeiramente com mais filo e pincele com manteiga. Acrescente metade do frango, cobrindo com mais filo e pincelando com manteiga. Cubra com metade da mistura de ovos, acrescente outra camada de filo e pincele com manteiga. Acrescente o restante do frango e mais uma ou duas folhas de filo pinceladas com manteiga. Acrescente o restante da mistura de ovos, mais duas camadas de filo, ambas pinceladas com manteiga, e salpique o restante da mistura de amêndoas por cima. Cubra com o resto das folhas de filo, reservando três, pincelando novamente com manteiga.

Dobre as bordas da bisteeya *para cima para formar um embrulho fechado. Ponha as últimas três folhas de filo por cima e despeje a maior parte do resto da manteiga por cima.*

Asse por 20 ou 25 minutos até as folhas de cima ficarem douradas. Retire a forma do forno, vire cuidadosamente sobre uma assadeira grande untada com manteiga, pincele com o resto da manteiga e asse por mais dez minutos.

Salpique com açúcar de confeiteiro e canela e sirva imediatamente.
A bisteeya *deve ser comida com a mão. Deve machucar um pouco, de tão quente.*

Rende dez porções.

Nenhuma de nós duas queria admitir, mas estávamos com medo. Túnis parecia muito estrangeira, mesmo depois de Nápoles. A viagem de barco até lá — 12 dólares para dormir no convés — fora mais suja do que romântica e agora ali estávamos nós, descendo uma rua empoeirada à procura de um lugar para ficar. A paisagem era árida e sem cor, e cada passo que dávamos levantava pequenos montes de areia. Nossas malas estavam ficando pesadas.

— Estou pensando em Gary Cooper em *Beau Geste* — disse Serafina, engolindo com dificuldade. — Não olhe agora, mas estamos sendo seguidas.

— Eu sei — falei, desanimada. O carro preto nos acompanhava havia vários quarteirões, mantendo uma distância discreta. Eu não queria olhar, mas achava que havia dois meninos dentro no carro. Ou talvez fossem homens. Serafina começou a se virar.

— Não olhe — sibilei. Continuamos a andar, com calor e em silêncio, por mais um quarteirão. Eu estava feliz por sermos duas, feliz por estarmos juntas.

O carro chegou mais perto.

— Nós conhecemos um hotel — disse um dos meninos, inclinando-se pela janela.

— Aposto que conhecem mesmo — disse Serafina entre os dentes. Virei-me e olhei para os meninos. Eles pareciam bastante simpáticos.

— Não vamos falar com nenhum homem — disse eu. Um dos meninos riu.

— Apenas nos sigam — disse ele, sorrindo, seus dentes eram muito brancos, em contraste com sua pele cor de café e seus cabelos escuros. O motorista aproximou o carro até o nosso lado e seguimos assim, em silêncio, por vários quarteirões. Pelo menos eles pareciam estar nos conduzindo ao centro da cidade.

O motorista parou o carro e desceu. Saiu do pequeno veículo, e ao ficar de pé fez o veículo parecer minúsculo. Serafina riu. Lancei-lhe um olhar ameaçador, mas o mal já estava feito; ele interpretou a risada como uma apresentação. O homem alto estendeu-lhe a mão.

— Taeb — disse ele, apertando a dela. O mais baixo também estava com a mão estendida.

— Noureddine — disse ele. Apertei sua mão.

Eles nos seguiram até o hotel e começaram a falar depressa, em árabe, com o homem atrás do balcão. Ele olhou para o meu rosto rosado e queimado de sol, depois para o rosto moreno e calmo de Serafina, e escreveu algo em um pedaço de papel. Noureddine deu uma olhada, riu com desprezo, agarrou o pedaço de papel e o rasgou. O homem escreveu outra cifra. Noureddine tornou a rasgá-la. Ambos pareciam estar gostando da brincadeira; ela prosseguiu por um bom tempo. Finalmente, Noureddine balançou a cabeça e se virou para mim.

— Tudo bem? — perguntou ele, mostrando-me a quantia. Ela equivalia a cerca de 75 *cents* por noite.

— Precisamos ver o quarto — disse eu com superioridade, e o homem atrás do balcão pegou uma chave e nos conduziu até o andar de cima.

O quarto era bom, muito melhor do que qualquer um dos nossos quartos na Itália. Dissemos que aceitávamos e jogamos nossas malas em cima da cama. Em seguida, descemos para agradecer aos meninos.

— Venham tomar chá conosco — disse Noureddine. Serafina e eu nos entreolhamos, aquiescemos, e nos esprememos no banco de trás do carro.

Fazia calor. Nossas pernas nuas grudavam nos bancos de plástico e o ar dentro do carro estava tão pesado, que com cada respiração eu podia sentir o ar passar pela minha garganta e chegar às extremidades dos meus pulmões. Serafina abaixou a janela. Taeb pôs o pé no acelerador e saiu correndo tanto, que fez a primeira curva sobre duas rodas.

Olhei para Serafina, nervosa. Por que havíamos dito sim? Quem eram esses homens? Para onde estávamos indo? Noureddine apontou para longe e pudemos ver a medina, uma colcha de retalhos desconexa de prédios de pedra amontoados como em uma cidade medieval. O carro rumou para lá, saindo da avenida larga e reta e entrando em pequenas ruas sinuosas que iam se tornando mais estreitas a cada curva. As paredes das casas se aproximavam cada vez mais até podermos estender a mão para fora do carro e tocá-las dos dois lados. Quando o carro não pôde mais passar, Taeb simplesmente parou e abriu a porta. Descemos. Fomos atrás dele, caladas e assustadas.

Menininhos correram na nossa direção, tagarelando em árabe, francês e inglês. Noureddine os enxotou com impaciência, encaminhando-se para um misterioso labirinto que recendia a açafrão, caiena, hortelã e cominho. Eu podia ouvir o farfalhar de tecidos e, lá longe, o agudo lamento da música árabe que se parece com gritos de medo e alegria.

Passamos por lojas escuras cheias de tapetes estampados, roupas tecidas à mão e contas de âmbar. As paredes frescas e grossas se fechavam à nossa volta. Serafina lambeu os lábios e sibilou para mim:

— Podemos nos perder e nunca mais encontrar a saída. Podemos desaparecer para sempre. Ninguém nem sabe que estamos em Túnis!

Então Taeb parou, afastou uma cortina e acenou para entrarmos em uma loja. Ambas hesitamos. Aquilo não se parecia com nenhum salão de chá que conhecíamos. Era escuro. Mesas baixas estavam cercadas por pilhas de tapetes orientais desbotados sobre os quais homens se reclinavam, segurando xícaras de chá de ervas. Não havia mulheres. O ar estava repleto de uma música que mais parecia um gemido e, enquanto escutavam de olhos fechados, os homens batiam o ritmo com as mãos.

— Parece uma casa de ópio — sussurrou Serafina. — Não vamos entrar.

Aquilo poderia ser perigoso. Eu sabia que estávamos fazendo besteira. Mas Serafina e eu estávamos juntas e eu me sentia mais feliz do que havia me sentido em meses. Além disso, era tarde demais para desistir daquela aventura. Já estávamos na porta e o chá estava sendo pedido. Noureddine meneou a cabeça para a música e disse, com reverência:

— É a cantora egípcia Oum Kalthoum quem está cantando.

O chá chegou; era muito doce e cheio de hortelã, mas não parecia conter drogas perigosas.

— Todo mundo em Túnis vem tomar chá no *souk* — disse Noureddine, reclinando-se como um paxá. — É um costume. Vocês vão ver. Depois que se conhece Túnis, é impossível ir embora. — Olhei para Serafina; aquilo parecia o começo de um conto de fadas do mal.

Taeb e Noureddine começaram a falar francês, que eu entendia, e depois árabe, que eu não entendia. Eles gesticularam e os sons se tornaram mais ásperos. À medida que o debate ficava mais acalorado, fui ficando nervosa. Sobre o que eles estariam falando?

Eu os observei discutir. O alto, Taeb, tinha um rosto magro com traços bem definidos e um nariz aristocrático. Tinha uma calma perigosa. Com sua camisa branca e sua calça escura, parecia um daqueles personagens que passeiam taciturnos pelos filmes de Antonioni. O atarracado era mais animado e menos atraente. Seu rosto quadrado era emoldurado por cabelos encaracolados e ele parecia forte o suficiente para esmagar um crânio com as mãos. Então, de repente, eles pararam de falar.

— Atenção! — disse ele. Endireitei o corpo. — Nós decidimos onde levá-las para jantar.

Serafina e eu nos entreolhamos, surpresas. Estariam eles discutindo sobre o jantar?

— Naturalmente — disse Noureddine. — A primeira impressão que se tem de uma nova cidade é muito importante. Queremos que vocês gostem de Túnis. Hoje à noite, vamos a um pequeno restaurante no *souk*. Amanhã à noite, minha mãe fará um cuscuz para vocês.

— O que é isso? — perguntou Serafina. — Você é a comitiva de boas-vindas?

— Perdão? — disse Taeb. — Não entendi.

— Nem eu — disse Serafina.

Quando eles nos deixaram no hotel, eu estava me sentindo tonta, como se estivesse retendo a respiração há horas. O alívio veio de uma vez só e nós tagarelamos enquanto subíamos as escadas até nosso quarto.

— O que estávamos pensando, saindo com dois estranhos? — falei.

— Durante os primeiros minutos — disse Serafina —, pensei que fôssemos ser engolidas pela medina.

— O que você acha que eles querem? — perguntei.

— Ah, só nossos corpos — respondeu ela.

— Provavelmente deveríamos agradecer a Deus e esquecer o jantar — falei.

Ambas sabíamos que iríamos.

O restaurante que eles haviam escolhido ficava no antigo bairro árabe. Seguindo suas instruções, descemos becos estreitos, passamos por prédios caindo aos pedaços e viramos em uma rua sem saída que terminava em uma porta, uma cortina de contas. Lá dentro, havia uma pequena sala abarrotada de fotografias tiradas de revistas e pregadas nas paredes de qualquer jeito. Noureddine deu um pulo ao nos ver e começou a acenar freneticamente, como se pudéssemos achar difícil encontrá-los. Eles estavam sentados em frente a uma mesa forrada de plástico e coberta por manchas vermelhas brilhantes de *harissa*. Durante alguns instantes, ninguém falou, e em seguida engatamos uma daquelas conversas surreais que se tem quando se está na companhia de estranhos e é possível reinventar-se. Dissemos que fazíamos pós-graduação. Eles nos disseram serem engenheiros que haviam estudado na França. Perguntei-me se aquilo era verdade.

Enquanto conversávamos, uma mulher bonita de cabelos pretos brilhantes empilhados em cima da cabeça pôs sobre a mesa uma bandeja de salgados triangulares.

— Atenção! — disse Noureddine, estendendo a mão para pegar um salgado. — Este é o prato nacional da Tunísia. Agora vou lhes mostrar como comer um *brik*.

Serafina nunca gostou que lhe ensinassem como fazer algo. Antes de ele ser capaz de dizer qualquer outra coisa, ela pegou o salgado mais próximo e deu uma mordida. Ouviu-se uma cuspida e um engasgo; Serafina estava com o rosto coberto de ovo.

Noureddine e Taeb riram, e depois de me conter por um segundo eu também ri.

— Vou lhe dizer uma coisa — falou Noureddine —, comer um *brik* requer prática. Vou fazer uma demonstração. — Ele segurou o triângulo crocante e folheado pelos cantos superiores, pôs o terceiro canto entre os dentes delicadamente e começou a chupar. Engolindo, disse:

— Está vendo? Você tem de comer o ovo primeiro.

Comi dois para treinar, gostando da sensualidade de comer algo tão saboroso e tão perigoso, e depois um terceiro porque estava muito bom. O ovo repousava sobre um fundo de legumes misturado com molho *harissa* apimentado, e a gema criava uma sensação incrível sempre que saía por entre as camadas de massa folheada.

— Amanhã você se sairá melhor — disse Taeb para Serafina com gentileza, estendendo-lhe uma travessa de tomates, pepinos, cebolas e azeitonas, e uma cesta de pão. Ela lançou-lhe um olhar demorado por entre os cílios e deu uma mordida no pão.

Fiquei com ciúmes. Taeb tinha o charme distante de um homem que se sabe atraente para as mulheres e não liga. Ele não falava muito. Noureddine falava o suficiente por ambos; apesar de sua aparência, ele era aplicado e lia muito. E era extremamente patriota. Logo depois, começou a contar a história dos hafsidas que um dia haviam dominado o país.

— No século XIII, Abu Zakariyya construiu os *souks* e sua mulher criou universidades por toda a África do Norte. A Tunísia era o lugar mais esclarecido do mundo, e pessoas de toda a Europa vinham morar aqui — disse ele, orgulhoso.

— É mesmo? — perguntou Serafina com a voz melosa. Sua mão se estendeu depressa e pegou um *brik*. Segurando delicadamente as extremidades superiores com os dedos, ela pôs a extremidade inferior na boca. Enquanto aspirava o ovo, devagar, não tirou os olhos de Taeb nem por um segundo.

— Muito bem! — disse ele. — Você deve ter sangue tunisiano.

— Ele nem sequer segurou a minha mão! — gemeu Serafina mais tarde. — Mesmo quando nós dançamos, ele manteve distância.

— Eu não deixei Noureddine segurar a minha — falei, já me sentindo deprimida. Depois do jantar, eles haviam nos levado a uma grande boate na parte nova da cidade. Noureddine dançava surpreendentemente bem e me puxava com energia pela pista de dança enquanto eu olhava desejosa para Taeb. Eu não tinha certeza de que havíamos formado pares, mas, se fosse esse o caso, eu havia perdido.

— E ele insistiu em se sentar durante todas as músicas lentas — continuou Serafina, ignorando meu comentário. — O homem mais bonito que vi desde que saí de casa acha que se divertir é dançar *twist*!

— Oito horas atrás — lembrei-lhe — você estava aterrorizada achando que ele queria o seu corpo. Agora está aterrorizada achando que ele não o quer.

Serafina ainda estava sacudindo a cabeça.

— Vir aqui pode ter sido um erro — disse ela, sombria.

Na noite seguinte, Noureddine nos levou à casa da sua mãe. No jardim, botões de flores cor de laranja tinham um brilho prateado. O ar estava pesado de perfume, e abelhas agitavam-se em suas colméias. Noureddine abaixou-se para tirar os sapatos, com o volume de seu corpo enchendo a pequena entrada, e em seguida conduziu-nos até uma sala escura de teto baixo. Havia tapetes por toda parte: espalhados pelo chão, pregados nas paredes, jogados sobre os móveis. No centro, estava a mãe de Noureddine, coberta por um véu dos pés à cabeça, com as mãos juntas em um cumprimento. Quando a olhei nos olhos, tive a sensação de estar recuando 100 anos no tempo.

Mais tarde, Noureddine me disse que sua mãe não sabia ler, e tentei imaginar o que era ter uma mãe analfabeta para um engenheiro que falava três línguas. Não consegui, mas a simples visão daquela mulher misteriosa me fez me sentir pouco à vontade e segurou minha língua. Então a irmã de

Noureddine adentrou a sala vestindo uma saia reta azul-marinho e uma blusa de seda branca e nos resgatou.

— Mina leciona na universidade — conseguiu dizer Noureddine antes de ela assumir o comando, perguntando onde já fôramos, aonde iríamos, e por que viéramos a Túnis.

Enquanto ela falava, sua mãe arrumava travessas de comida sobre uma mesa redonda e baixa no canto. Havia beterrabas brilhantes cor de granada e cenouras raladas perfumadas com água de flor de laranjeira. Havia pepinos cobertos de azeitonas, laranjas molhadas em água de rosas. A comida reluzia. Quando sua mãe saiu da sala, Noureddine e Mina começaram a se servir, usando os dedos para pegar a comida.

— Vocês ficarão ofendidas — perguntou Mina com sua voz ritmada — se eu lhes perguntar sobre sua origem?

Perguntei-me se eu deveria dizer que era judia. Tive uma fantasia passageira de que todos eles se levantariam com um pulo, virariam a mesa e exigiriam que saíssemos da casa. Mas Mina apenas meneou graciosamente a cabeça e disse:

— Muitos judeus já viveram em Túnis. — Ela se virou para Serafina.

— É incomum, não é, uma mulher branca e uma mulher morena serem amigas nos Estados Unidos? — perguntou Mina.

— Não — falei.

— Sim — disse Serafina simultaneamente —, é sim.

Ficamos novamente em silêncio enquanto a mãe de Noureddine reaparecia com um pão grande. Taeb partiu um pedaço e mergulhou-o nos pimentões verdes picantes misturados com tomates. Serafina imitou-o, mas, quando ela partiu o pedaço de pão e o mergulhou na untuosa salada de berinjela, o gesto se tornou subitamente sedutor. Ela lambeu os dedos.

— Atenção! — disse Noureddine. — Isto é só a entrada. — E ele começou a nos falar sobre a agricultura da Tunísia. Quando chegou à produção anual de tâmaras, eu estava achando difícil conter o riso. Meu olhar cruzou o de Serafina.

— Pare! — disse ela, e então ambas começamos a rir incontrolavelmente. Houve um momento de tensão, e em seguida os cantos da boca de Mina se levantaram, ela também riu, e tudo ficou bem.

Não conseguíamos comer mais.

Comemos.

As travessas iam e vinham em um ritmo que parecia um sonho. Cada uma parecia deixar a mesa tão cheia quanto chegara, e perguntei-me o que aconteceria com os restos.

O prato principal surgiu, uma pirâmide triunfante de sêmola, peixe e especiarias grande o suficiente para alimentar uma pequena cidade. Noureddine levantou a mão direita.

— Vou lhes ensinar a maneira correta de comer cuscuz — disse ele, mergulhando a mão na travessa com delicadeza. Puxou alguns dos grãos de sêmola na sua direção, enrolando-os enquanto puxava, e em seguida atirou a bola dentro da boca. — Vocês vão perceber — disse ele — que meus dedos não encostam na minha boca. Agora tentem vocês.

Tentei. Os grãos me escaparam por entre os dedos e tudo que me restou foi um punhado de ar.

— Tente de novo — insistiu ele. — Dessa vez consegui pegar três grãos do cuscuz e um pedaço de peixe. — Foi melhor — disse Noureddine —, mas você tocou a boca. De novo.

Continuei tentando, esquecendo-me do quanto estava cheia. Finalmente dominei a técnica, mas a essa altura Serafina já estava pedindo a Taeb para lhe ensinar a comer, aproximando-se dele para a aula. Enquanto ele lhe mostrava como segurar os grãos, ela se encostou nele. Ele se afastou. Mas uma vez levantou os dedos inconscientemente e limpou um pouco de cuscuz da bochecha dela, retirando os dedos em seguida como se a pele de Serafina estivesse pegando fogo.

Nossa intenção havia sido passar alguns dias em Túnis antes de seguir para Argel e Meknes. Porém, mais de uma semana havia se passado e nenhuma de nós duas havia mencionado a possibilidade de ir embora. Os meninos estavam sempre conosco e nossos ossos pareciam estar cheios de um doce mel tunisiano que nos tornava mais vagarosas, diminuía nosso ritmo.

Nós caminhávamos e dançávamos. Passávamos o entardecer bebendo limonada gelada no terraço do Café de Paris e, à noite, comíamos *tajines* picantes e salsichas *merguez* grelhadas. Passeávamos pelas ruelas da medina, onde víamos chafarizes cintilando em pátios banhados de sol. De vez em quando, Noureddine segurava minha mão, como um irmão ou um primo. E, além disso, havia Taeb.

Nós duas sonhávamos com ele. Serafina fazia mais do que isso, mas ele mal parecia notar.

— Todo esse tempo e ainda somos só amigos — bufava ela. — Eu queria entender este país.

Então Noureddine começou a falar sobre descer de carro pelo litoral até Sousse, Mahdia e Sfax.

— Vocês precisam ver a Grande Mesquita — insistiu ele. — Ela foi construída em 851. E o Ribat, uma obra-prima da arquitetura islâmica, que é ainda mais antigo.

— Que legal — disse Serafina, mal conseguindo conter um bocejo.

— Por favor, chega de monumentos — objetei.

Foi Taeb quem insistiu.

— O Sahel é mais do que monumentos — disse ele. — As praias são as mais lindas do mundo. Voltaremos a tempo para o casamento da minha irmã na semana que vem. — Ele então decidiu o assunto pondo a mão no braço de Serafina e pedindo:

— Por favor, venha.

A estrada para o sul estava vazia, ou pelo menos é assim que me lembro dela, margeada por palmeiras altas. Burros pastavam na beira da estrada, levantando os olhos e agitando as orelhas quando passávamos. De vez em quando, um dromedário passava pelo meio da pista, obrigando Taeb a buzinar com impaciência para fazer o condutor chegar para o lado.

Depois de algumas horas, paramos para nadar. Não havia ninguém na praia e quando nos separamos para vestir a roupa de banho experimentei um súbito instante de modéstia, lembrando-me de que os meninos nunca nos haviam visto usando nada menos do que saias e blusas. Ao olhar para os seios fartos e a cintura fina de Serafina, arrependi-me de cada bocado de cuscuz. De fato, ambos os meninos ficaram de queixo caído ao vê-la.

Mais tarde, saímos da estrada e paramos em um pequeno barracão caiado com toldos azuis. Éramos os únicos comensais, e o dono corria de um lado para o outro aproximando cadeiras de uma mesa. Houve uma negociação — Noureddine falou, é claro — e em seguida o homem saiu. Podíamos ouvi-lo na cozinha, atarefado, falando com o cozinheiro.

Fiquei surpresa quando uma garrafa de vinho *rosé* surgiu sobre a mesa; em Túnis, os meninos não haviam chegado nem perto de álcool. O vinho tinha um sabor forte, muito gelado, e pesava na boca. Com a primeira garrafa comemos amêndoas apimentadas, e azeitonas das oliveiras que cresciam à nossa volta. Tomamos uma segunda garrafa com o *mechouia*, a picante mistura de pimentas e tomates grelhados sobre carvão. Quando chegamos ao peixe grelhado, eu podia sentir minhas bochechas começando a corar. Do outro lado da mesa, Taeb dava tâmaras para Serafina comer, devagar, com os dedos. Em seguida, ela pegou uma fatia de melancia — a doçura da fruta era quase insuportável — e a devorou com mordidas cortantes, delicadas. Taeb a fitava com tanta atenção que, pela primeira vez, foi ela quem desviou o olhar.

Estava quase escuro quando chegamos ao hotel, alguns bangalôs simples espalhados entre palmeiras na areia. Enquanto se despia, Serafina cantarolava para si mesma baixinho, e eu me senti triste e vazia. Não conversamos muito. Acordei no meio da noite e achei que Serafina não estivesse em sua cama. Mas ela estava lá pela manhã, profundamente adormecida. Será que eu havia sonhado?

Comemos brioches e tomamos café no hotel, e em seguida saímos para a praia, que era tão bonita quanto eles haviam dito que seria. Estava vazia e tranqüila. O mar era muito azul e o sol estava forte, mas não quente demais. Barcos de pesca deslizavam pelo horizonte. Ficamos deitados sobre colchas durante algum tempo, e então Taeb se levantou e disse que iria visitar a tia. Noureddine disse que iria junto, para demonstrar respeito.

— Você não disse que tinha uma tia aqui — falou Serafina.

— Os tunisianos têm família por toda parte — respondeu ele. — Você vem?

É claro que eu teria ido caso Serafina fosse, mas ela não quis ir. Seria aquilo uma dança amorosa? Eu não conseguia saber. Ela voltou para seu livro e eu me virei, olhei para a água com preguiça, e adormeci.

Acordei faminta. Mas, enquanto andávamos pela estrada que levava do mar à cidade, fui ficando intimidada; não estávamos acostumadas a ficar sozinhas na Tunísia.

— Parece muito vazio — disse eu. — Nenhum turista parece ter vindo aqui antes.

— Óóó — zombou Serafina —, que medo. — Chegamos ao final da cidade e olhamos os cardápios pregados nas vitrines dos cafés. Nenhum estava traduzido.

— Não importa — disse ela, marchando em direção a um pequeno café com tiras de plástico vermelho, branco e azul penduradas no vão da porta. Sentamo-nos debaixo de um toldo em uma mesa do lado de fora e Serafina pediu uma omelete, uma salada e um copo de vinho.

O garçom parecia preocupado. Em um francês hesitante, ele disse algo sobre as moscas, sobre a necessidade de sentar-se lá dentro.

— Lá dentro vai estar um forno — disse Serafina —, não vamos sair daqui. Não ligamos para algumas moscas.

O homem aquiesceu e saiu. Dez minutos se passaram. Vinte. Quarenta. Nada chegou. Chamamos o homem e ele disse sim, sim, a comida chegaria a qualquer momento.

— E o vinho — falei —, não se esqueça do vinho.

Ele aquiesceu e tornou a entrar. Passou-se mais meia hora. Nada aconteceu.

— Isto é ridículo! — disse Serafina. — Tenho a sensação de estar esperando Godot.

Ela saiu à procura do garçom e voltou com uma expressão intrigada no rosto.

— Eles foram todos para casa — disse ela —, e a porta está trancada. Somos as únicas pessoas aqui. O que você acha que aconteceu?

— Não é um mistério — disse Taeb mais tarde, quando lhe contamos. Estávamos jantando no barracão da praia, comendo como ogros. Ele bebia vinho. — Isto aqui não é Túnis. É uma cidade pequena onde as mulheres árabes não se sentam ao ar livre sozinhas bebendo vinho!

— Mas nós não somos mulheres árabes — disse Serafina.

Taeb lançou-lhe um olhar de soslaio.

— Não mesmo? — perguntou, educado.

Olhei para Serafina, percebendo de repente o que eles estavam vendo o tempo todo: seus cabelos escuros brilhantes e sua pele cor de mel.

— Mas eu não sou! — disse ela.

— Eu sei — disse Taeb com a voz tranqüilizadora que se usa para acalmar uma criança indisciplinada. — Eu sei. — Ele começou a descascar laranjas e a estender os gomos para Serafina, que os pegava delicadamente com os dentes, como um felino. Senti minha nuca se arrepiar; a imobilidade de Taeb havia desaparecido.

Voltamos para o bangalô e Serafina passou muito tempo na pia, lavando o rosto.

— Eles acham que você está aqui para descobrir suas raízes — falei. — Acham que você não percebeu isso. — Ela se inclinou para enxaguar o sabonete. Secou o rosto, escondendo-o na toalha grossa.

Alguns dias depois, a irmã de Taeb, Fátima, casou-se. O casamento aconteceu em um grande e perfumado jardim tunisiano tão cheio de flores que parecia tropical. Os homens vestidos com ternos ocidentais eram pontos escuros sombrios, mas todas as mulheres, até mesmo Mina, ostentavam longas túnicas de seda e véus coloridos.

Os homens saíram antes da noiva ser carregada até o jardim em um alto palanquim, envolta em sedas e com as palmas das mãos tingidas de hena na frente do rosto. Tudo que conseguíamos ver eram seus olhos, muito pintados de *kohl*. Quando ela foi acomodada sobre o estrado, todas as mulheres do jardim começaram a ulular, com o som saindo de suas gargantas vibrantes como se seus corações estivessem falando. Aquele som primitivo, agonia e aprovação, subiu flutuando pelo ar e por cima do muro do jardim.

A música começou e as mulheres se puseram a dançar com movimentos frenéticos, sensuais, balançando os quadris e sacudindo os seios com uma liberdade jamais demonstrada em companhia mista. Foi lindo. Pequenos bolos foram servidos, pontuados por risos, música e canções. Isso continuou durante horas; quase ao final, eu me permiti ser puxada para a dança. Era uma sensação estranha, saber que nenhum homem estava me vendo. No instante em que eu estava relaxando com o ritmo, percebi que Serafina havia desaparecido.

Em pânico, corri de mesa em mesa, à sua procura. Ela não estava em nenhuma das mesas. Não estava dançando. Finalmente, vi um grupo de mulheres reunido no canto mais afastado do jardim. Ali estava ela, imóvel, cercada por uma dúzia de mulheres falando com vozes altas e animadas. Mina também estava na roda, segurando um tecido acima da cabeça de Serafina como se fosse uma criança prestes a vestir uma boneca.

Mina vestiu a longa túnica de seda vermelha por cima do vestido ocidental curto de Serafina. Cobriu-lhe os cabelos com um xale bordado de fio prateado, juntando as pontas e fazendo-as cair por sobre seus ombros. Enrolou correntes de prata em volta de seu pescoço e começou a delinear seus olhos com *kohl*. Fiquei olhando enquanto ia surgindo aquela nova mulher, mais suave. Serafina parecia pertencer àquele jardim. Eu estava sozinha.

Alguns instantes depois, o noivo entrou para buscar sua noiva, seguido pelo restante dos homens. Taeb era mais alto do que os outros, então pude ver seus olhos se acenderem ao verem Serafina. Ela também viu. Um esgar esticou sua boca e ela começou a tirar a roupa típica. Quando Taeb chegou ao seu lado, ela já era ela mesma novamente, com exceção dos olhos pintados de *kohl*.

A festa havia terminado, a noiva foi levada embora e todos fizeram piadas sugestivas sobre a noite de núpcias. A lua-de-mel começaria no dia seguinte. Do lado de fora do jardim, com Taeb e Noureddine, Serafina e eu nos perguntávamos o que fazer. Era cedo demais para ir dormir.

— Vamos ao cinema — sugeriu Noureddine —, está passando um filme novo do James Bond.

Descemos a colina até o enorme cinema novo na avenida Habib Bourguiba. Acomodamo-nos em bancos macios no balcão. Os anúncios já haviam começado e, na tela, alguns meninos andavam perigosamente de *skate* por uma calçada californiana segurando garrafas de Coca-Cola. Taeb deve ter tentado segurar a mão de Serafina, porque senti o safanão de seu corpo quando ela se afastou. Então a câmera subiu mostrando a paisagem de São Francisco, e de repente desejei estar com um balde de pipoca no colo e poder sair e descobrir que todos os carros eram da Ford.

Dois dias depois, pegamos um avião para Argel. Estava claro que era hora de ir embora. Taeb não disse nada, mas ostentava seu olhar mais intenso, como se fosse um homem faminto diante de um banquete. Ele beijou Serafina com delicadeza, uma bochecha, depois a outra, depois a primeira de novo. Noureddine parecia amarfanhado e triste.

— Por que vocês vão embora? — lamentou-se ele, como se sua generosidade houvesse falhado e a nossa partida fosse de algum modo culpa sua.

Atirei os braços em volta dele, grata e pesarosa.

— Você tinha razão — sussurrei em seu ouvido. — Depois que se conhece Túnis, é impossível ir embora. — Em seguida, embarquei no avião.

Serafina pediu imediatamente uma garrafa de vinho.

— Tenho a sensação de estar acordando de um sonho muito estranho — disse ela. — Em Argel, seremos só nós duas, tudo bem? Chega de homens.

— Por mim, tudo bem — respondi.

Mas menos de uma hora depois descemos do avião e encontramos um tunisiano moreno e alto chamado Dris à nossa espera na pista.

— Sou amigo de Noureddine — disse ele. — Ele me pediu para tomar conta de vocês enquanto estivessem em Argel. Esta cidade é perigosa.

11

História de amor

A África do Norte não resolveu nada. Voltei tão deprimida quanto quando parti, e mais sozinha. Eu não sabia para onde ir nem o que fazer da vida.

— Meu psiquiatra acha que você deveria voltar para Nova York — disse minha mãe. — Ele acha que seria bom para mim.

Cerrei os dentes. "E EU?", era o que ecoava na minha cabeça, mas tudo que saiu da minha boca foi:

— Sinto muito. Vou fazer pós-graduação.

Até dizer aquilo, eu sequer sabia que tinha um plano.

— Nós não vamos pagar — ameaçou minha mãe.

— Tudo bem — falei —, eu mesma pago.

Arrumei um emprego de garçonete no hotel Sheraton na hora do almoço e um apartamento barato do lado errado de Ann Arbor. Eu tinha uma fantasia de que morar ali seria romântico, mas meu vizinho de porta era um monstro que passava a noite inteira espancando a mulher que morava com ele. Eu nunca a havia visto, mas vira ele uma vez, subindo pela calçada, um sujeito velho e cinzento de cabelos grisalhos e com a pele da cor de lençóis que não são trocados há muito tempo. Ele não parecia forte o suficiente para ser tão cruel.

Começava sempre por volta das sete. Uma pancada na parede, depois eu o ouvia dizer: "Levante-se, eu disse para se levantar." Outra pancada. E outra, e outra e mais outra. Ela nunca dizia uma palavra, ou pelo menos não alto o suficiente para eu escutar. Do meu lado da parede, eu me encolhia miseravelmente, cozinhando para me distrair, repreendendo-me por comer demais. O pior momento foi a noite em que preparei um pudim de arroz para 12 pessoas e o comi inteiro ainda na forma, em pé ao lado do fogão.

Eu não namorava ninguém e achava que ficaria ali para sempre, morando naquele apartamento horrível sozinha, ouvindo a infelicidade ao lado. Freqüentava bares para fugir do barulho, bebendo demais e me apaixonando por homens que conhecia. Esperançosa, eu ficava até o fim do serviço, e depois voltava para casa sozinha para ouvir os barulhos do apartamento ao lado.

Serafina havia se mudado para Detroit. Ela escrevia poesia, freqüentava reuniões políticas e estava envolvida com um grupo de teatro radical. Certa noite, ela me convidou para jantar, e pensei que ela pudesse me apresentar a seus novos amigos.

Mas, quando cheguei lá, éramos só nós duas, e ficamos pouco à vontade juntas. O telefone não parava de tocar e sempre que ela atendia sua voz mudava, tornando-se mais estridente, mais enfática.

— Aaahhh, minha filha — disse ela uma vez —, você sabe que eu faço! — Tentei imaginar as pessoas do outro lado da linha, mas a única coisa de que eu tinha certeza era sua cor.

Eu esperava um frango ao caril e um assado, e ansiava pelo pão de coco de sua mãe. Tudo que tive foram costeletas na grelha, batatas-doces e verduras.

— Estou surpresa por você não ter feito tripas — ouvi-me dizendo ao sair. Enquanto dirigia para casa, pensei que demoraria muito tempo até eu encontrá-la de novo.

Cheguei em casa e fui acolhida pela pancada habitual, seguida pela ordem habitual para ela se levantar para ele poder derrubá-la de novo. Mas dessa vez ele era um disco arranhado, repetindo "Eu disse para se levantar!"

tantas vezes que pensei que ele pudesse tê-la matado. Chamei a polícia. E saí correndo; sequer esperei eles chegarem.

— É claro que você pode ficar aqui — disse Pat quando apareci no apartamento que havia dividido com ela durante o verão. — Na verdade, pode ficar com o apartamento, eu vou me mudar daqui a alguns dias.

Qualquer lugar teria servido, mas o número 711 da Packard era uma pechincha. O prédio era tão decrépito que o departamento de construção não o considerava habitável, e o aluguel custava apenas 100 dólares. O proprietário, Sr. Blue, sequer exigia um depósito de garantia.

Mas depois de ela ir embora, o apartamento de Pat pareceu muito grande. Não havia nenhum monstro no apartamento ao lado, mas dessa vez eu fabriquei um, e acordava com o coração disparado, despertada por sons imaginários. Trancava-me no quarto à noite. Isso não ajudava muito.

Durante o dia, tudo isso parecia absurdo. Mas todas as noites eu me sentava sozinha na sala de estar daquele prédio abandonado, vendo a escuridão engolfar o apartamento e tornar tudo assustador e pouco familiar. Eu tinha 20 anos de idade e parecia infantil sentir tanto medo. Tinha vergonha de mim mesma, mas isso não ajudava.

Certa noite, eu estava examinando as janelas, perguntando-me o que poderia fazer para me sentir mais segura, perguntando-me se deveria procurar um psiquiatra, quando a campainha tocou. Eu teria ficado feliz em ver qualquer amigo, mesmo alguém de quem não gostasse muito. Infelizmente, o cara alto e magro de calça *jeans* suja de gesso era um desconhecido.

— Pat está? — gaguejou ele, parecendo afogueado. Seus cabelos eram finos e lisos, ele usava óculos e tinha bochechas lisas rosadas. Apesar da tinta e do gesso em suas roupas, parecia extremamente limpo. Quando eu lhe disse que Pat havia se mudado, ele ficou ali parado sem dizer nada. Perguntei se ele queria o endereço dela. E em seguida perguntei se ele queria jantar.

Não me lembro do que comemos. Mas na noite seguinte, quando Doug voltou, eu fiz *sauerbraten*. Estávamos em meados de julho e fazia um calor úmido no meio-oeste, mas isso não me impediu de servir a carne ao molho agridoce com panquecas de batata e molho de maçã caseiro. Doug repetiu duas vezes. Depois ficou me fazendo companhia na pequena cozinha antiquada enquanto eu assava *brownies* no forno vetusto. Precisamos da noite inteira para comer tudo.

Na noite seguinte, assei uma fornada de *cookies* e os pus dentro de uma caixa de sapatos. Eu estava planejando dizer que minha mãe os havia mandado, gostando da total improbabilidade da mentira. Mas, quando bati na sua porta, Doug pareceu tão feliz em me ver que eu não disse nada; simplesmente estendi a caixa.

— Eu estava esperando que você viesse — disse ele. — Comprei até um pouco de vinho caso tivesse sorte. — Sua total falta de malícia me conquistou. Terminamos a garrafa e em seguida voltamos para jantar no meu apartamento. Eu fiz *wiener schnitzel*. Ele nunca mais foi embora.

Doug era capaz de consertar qualquer coisa, mas os únicos livros que jamais havia lido eram os de J. R. R. Tolkien. A maioria das pessoas o entediava. Aos dois anos de idade, ele havia espantado seus pais conservadores anunciando que planejava ser artista plástico. Jamais havia se desviado de sua decisão; a única coisa em que pensava era arte, e durante a maior parte de sua vida ela foi a única companhia que ele realmente desejou. Nós não tínhamos nada em comum, mas ele me pareceu instantaneamente familiar, como se eu houvesse passado a vida inteira esperando ele bater na minha porta. Desde o primeiro momento, completávamos as frases um do outro. Pat nos chamava de Duth e Rug.

Eu achava que nós nos amávamos por sermos tão diferentes. Deveria ter percebido que não era tão simples. Tudo que eu precisava fazer era prestar atenção nas comidas que estava preparando.

Desde o início, eram as mesmas comidas que eu faria para meu pai. Mesmo quando fazia um calor úmido de 37° C, eu preparava costeletas de porco recheadas e *sauerkraut* para Doug. Fazia a salada de batatas de tia Birdie e a servia com presunto. Assava *linzertortes* para a sobremesa. Em algum lugar dentro de mim, devo ter percebido que havia encontrado a alma gêmea de papai. E que, se eu o levasse para casa, Doug finalmente me apresentaria ao cavaleiro alemão que era meu pai.

Sauerbraten para Doug e papai

Ingredientes

1 peça de alcatra ou lagarto redondo de 2kg
1 ½ colher de sopa de sal
2 cebolas picadas
10 pimentas-do-reino moídas
2 pimentas-da-jamaica inteiras
2 folhas de louro
5 cravos inteiros
1 ½ xícara de vinagre de vinho tinto
1 xícara de vinho tinto
¼ de xícara mais 2 colheres de sopa de farinha
¼ de xícara de óleo
2 colheres de sopa de açúcar mascavo
½ xícara de biscoitos de gengibre esmagados

Ponha a carne em uma vasilha de vidro.

Misture o sal, as cebolas, a pimenta-do-reino, a pimenta-da-jamaica, as folhas de louro, os cravos, o vinagre e o vinho tinto. Despeje sobre a carne. Deixe repousar na geladeira por três ou quatro dias, virando a carne duas vezes por dia.

Retire da salmoura, reservando o líquido. Seque a carne e role em um quarto de xícara de farinha. Aqueça o óleo em uma frigideira pesada e doure a carne de todos os lados. Retire. Ponha em uma panela pesada, acrescente a salmoura, deixe levantar fervura, tampe, abaixe o fogo e cozinhe por duas horas e meia.

Retire a carne do líquido de cozimento e reserve. Retire a gordura do caldo e passe-o na peneira. Acrescente água para obter um volume total de três xícaras e meia.

Misture o açúcar mascavo com duas colheres de sopa de farinha. Junte um quarto de xícara de água e misture bem. Acrescente aos poucos ao líquido de cozimento, mexendo sempre até ficar liso. Acrescente os biscoitos de gengibre, torne a mexer e ponha o assado dentro do molho para cozinhar por mais 15 minutos.

Fatie a carne e sirva com o molho.

Rende de seis a oito porções.

— Sobre o que nós vamos conversar? — perguntei enquanto passávamos pelo balcão de bebidas da lanchonete onde a garçonete ruiva usava maquiagem demais e sempre se lembrava que Doug gostava de cebolas e mostarda em seu sanduíche de carne moída. Sua mãe havia nos convidado para jantar às cinco.

— Nada demais — disse Doug. — Vamos conversar sobre o que sempre conversamos. Você vai ver.

Paramos o carro no meio de uma rua ocupada de um lado e de outro por casas de aspecto exatamente igual. Todas elas tinham um caminho de cimento que cortava ao meio um gramado minúsculo, e todas tinham três degraus que conduziam a uma pequenina casa branca. O que distinguia aquela casa de sua vizinha era o brilhante Ford cinza estacionado diante da garagem; o carro da casa ao lado era bordô.

A relação de Doug com sua família me deixou atônita. Ele parecia gostar razoavelmente de sua mãe e de seu padrasto, de um modo um tanto distante, e achava seu irmão Dick muito legal. Mas eles não faziam realmente parte de sua vida. Não que ele fosse rebelde, ele simplesmente não estava presente.

A porta da casa se abriu e a mãe de Doug saiu. Ela era gordinha e acolhedora, com cabelos grisalhos arrumados com perfeição e óculos confortáveis. Usava um avental sobre um vestido estampado azul-claro e acenou para nós, como se houvéssemos percorrido uma grande distância em vez dos oito quilômetros que separavam nosso apartamento da casa deles.

Subimos os degraus e ficamos ali em pé, pouco à vontade. Doug e sua mãe não se beijaram.

— Mamãe, esta é Ruth — disse Doug, e ela sorriu.

— Ora, olá — disse, apontando para a casa.

Entramos na sala de estar, quase totalmente ocupada por duas poltronas, uma televisão grande e uma mesa de centro. O canto da mesa de centro desfiou minhas meias e eu me desviei dela; ao olhar para baixo, vi uma revista com a programação da TV envolta em uma capa bordada à mão.

— Minha tia Winnie é a artista da família — sussurrou Doug.

A cozinha era impecável e cheirava a purificador de ar de pinho. Era difícil acreditar que o jantar apareceria em breve. Mas a mesa no canto que servia de sala de jantar estava posta para quatro e em cada lugar havia um pêssego em conserva cheio de queijo *cottage* arrumado sobre uma folha de alface americana.

O padrasto de Doug entrou, perguntando:

— O jantar está pronto? —, e sentou-se. Ele apertou minha mão, disse:

— Olá — e não o ouvimos mais falar durante o resto da refeição.

— Meu Deus — disse a mãe de Doug. — Eu hoje estive ocupada como um gato em teto de zinco quente! — Ela olhou para mim e confidenciou:

— Doug me disse que você é uma cozinheira e tanto. Não posso competir, mas fiz seu prato preferido.

Este último era o seu famoso *chow mein*, com direito a brotos de feijão enlatados, cogumelos enlatados, caldo Knorr e melado. Com o jantar, bebemos café quente.

— Gosto do modo como você penteia seus cabelos — disse a mãe de Doug. — É tão diferente. — Ela deu uma olhada rápida para o padrasto de Doug e acrescentou:

— Doug lhe disse que temos um primo que é judeu?

— Não — respondi. — Ele não mencionou isso. — Ela desviou os olhos e acrescentou:

— Você entende a arte de Doug? — Aquiesci, tentando visualizar *Cinza Grande*, a escultura feita de flocos que ele acabara de terminar, naquela sala de estar. Ela ficaria mais alta do que a TV.

— Eu admiro muito sua arte! — disse ela, tornando a nos servir. — Parece que teremos chuva na semana que vem. — Conseguimos conversar sobre o tempo até chegar a hora da sobremesa preferida de Doug, bolo de damascos, do tipo em que se assa as frutas no fundo da forma. Aquilo era muito familiar; as prateleiras da minha própria cozinha estavam cheias de damascos em lata.

Às sete, nós já havíamos saído.

— Tudo correu bem — disse Doug quando partimos. — Minha mãe gosta de você.

— Como você percebeu? — perguntei.

— Agora mesmo ela está dizendo para o meu padrasto: "Ela parece uma boa menina." E ele está dizendo: "Olhe quem vai estar no programa do apresentador Johnny Carson hoje à noite! O ator Art Carney!"

— O que ela teria feito caso não gostasse de mim? — insisti.

— Nada diferente — reconheceu ele. — Mas eu saberia.

Ao subir as escadas barulhentas do nosso apartamento, senti o cheiro conhecido de poeira, jornais velhos e picles da loja no andar de baixo. Respirei fundo, contente por estar em casa, contente por me sentir segura ali. Destrancamos a porta, que ainda tinha um leve resquício do óleo de patchuli que Pat usava, e o gato veio ao nosso encontro, reclamando muito por ter sido deixado sozinho. Ele nos seguiu até o quarto e pulou graciosamente para cima da cama antiga elaboradamente esculpida que eu comprara na loja de pechinchas Treasure Mart. Liguei o ventilador na janela, tirei a roupa toda e desabei ao lado do gato.

— Você provavelmente não percebeu — disse Doug, estendendo-me um copo cheio de Ripple e cubos de gelo —, mas o jantar esta noite foi muito especial. — Ele descalçou os sapatos, tirou a camisa e se deitou ao meu lado. — Quando eu era pequeno, nós quase sempre comíamos em mesas dobráveis na frente da TV.

— Todas as noites? — perguntei incrédula, decidida a fazer com que fosse diferente dali para a frente.

Fiz tomates em conserva. Assei pão, tortas e bolos. Doug construiu prateleiras na cozinha e penduramos um anúncio de lata de ervilhas de um metro e oitenta e três que havíamos encontrado do lado de fora de um supermercado. Dividimos o restante dos quartos, o meu uma profusão de cores e texturas, com um sofá de veludo vermelho e almofadas tunisianas espalhadas por todo o chão. A sala de jantar pertencia a Doug: era muito minimalista, com paredes brancas, um piso preto e uma grande mesa redonda no centro. As únicas decorações eram suas esculturas cinza, formas lisas e abstratas.

Minhas cartas para casa eram recheadas de receitas. "Tirei A no meu trabalho sobre a Renascença sienense", gabei-me, "e inventei uma sopa de abóbora que se prepara dentro da própria abóbora. Primeiro você corta a coroa e retira as sementes e fibras. Forre o fundo até dois terços da altura com pão tostado e queijo *gruyère* ralado. Em seguida, encha de creme de leite. Ponha a coroa de volta e asse no forno a 175° C por duas horas. Sirva à mesa direto na abóbora, prestando atenção para retirar a carne da abóbora junto com as outras delícias. Todo mundo adora."

Mamãe não estava interessada em receitas nem em notas; ela foi direto ao assunto. "Quando vamos conhecer Doug?", escreveu ela de volta.

Adiei o quanto pude. Mas no verão seguinte, depois de fazer as provas do mestrado, minhas desculpas finalmente se esgotaram.

— Minha mãe está tomando lítio — falei enquanto carregávamos a caminhonete para a viagem até Connecticut. — Ela atualmente parece estar bem equilibrada. Mesmo assim, é preciso tomar muito cuidado com sua comida. Quando ela lhe der alguma coisa para comer, olhe para mim antes de pôr na boca. Se me vir empurrando a comida de um lado para o outro do prato, faça o mesmo.

— Você já disse isso antes — falou Doug. — Pare de se preocupar. Vai ficar tudo bem. Não a deixarei me envenenar. E eles vão gostar de mim.

— Você quer dizer tanto quanto seus pais gostam de mim? — perguntei.

— Eles gostam de você — insistiu ele.

Já passava das dez quando paramos o carro em frente à garagem, mas meus pais ainda estavam sentados à mesa, de mãos dadas enquanto a luz das velas tremeluzia nas janelas altas da sala de jantar às escuras. Apresentei Doug, papai serviu-lhe um copo de vinho, e mamãe e eu entramos na cozinha. Meus pais já haviam comido, mas mamãe havia guardado uma ou duas lagostas e a água estava fervendo. Depois de jogarmos os bichos na panela, voltei para a sala de estar para resgatar Doug de papai. Ele não precisava da minha ajuda; eles estavam tão entretidos conversando que nem me viram.

— Você emagreceu — disse mamãe mais tarde, enquanto tirávamos a mesa. Os homens haviam saído para fumar no gramado. Assenti.

— Deve ser amor — continuou ela.

Tornei a aquiescer. Eu não queria ter uma daquelas conversas íntimas para as quais minha mãe me empurrava, aquelas em que eu dizia mais do que pretendia dizer e me arrependia depois. Estava me sentindo frágil e vulnerável e corri para a cama assim que a cozinha ficou limpa. Doug ainda estava lá fora, ainda conversando com meu pai.

Li um pouco, mas estava quase dormindo quando senti o corpo de Doug ao lado do meu.

— Por que você não me contou que seu pai havia voado com Wilbur Wright? — perguntou ele.

— Ele fez o quê?

— Voou com um dos irmãos Wright. Você não sabia? — Ele se apoiou sobre um dos cotovelos, olhando para mim.

Eu não sabia. Minha mãe ocupava tanto espaço que eu passara minha infância inteira sem perceber o silêncio do meu pai. Ele quase nunca falava sobre si.

— Eu sequer sei em que cidade ele nasceu — dei-me conta.

— Leipzig — disse Doug. — Mas quando os irmãos Wright foram à Alemanha, a família dele já estava morando em Berlim.

— Fale-me sobre o vôo do meu pai — pedi, lembrando-me.

Doug me abraçou e eu me virei para ficarmos encaixados como colheres. Ele afagou meus cabelos e sussurrou.

— Não, pergunte você. — E apagamos a luz.

Eu havia me esquecido dos cafés da manhã gargantuescos que minha mãe servia, do suco de laranja espremido na hora e dos brioches e frios e bolos de café. A refeição parecia ter ficado maior com o passar dos anos; agora havia quatro tipos de queijo, não apenas Liederkranz, e rosquinhas com geléia, salame, presunto da Westfália e *bacon* do Canadá. Havia até as caudas frias das lagostas da véspera.

— É um banquete! — disse Doug.

— Ah — disse papai, feliz —, Ruthie puxou a mãe. Miriam é ótima cozinheira.

Doug olhou para mim, um rápido olhar de compaixão que me comoveu até a ponta dos dedos dos pés. Estávamos juntos naquela empreitada. Mamãe estendeu a cada um de nós um copo de suco de laranja feito na hora e disse:

— Estávamos esperando por vocês.

— Isso eu conheço — disse Doug ao pegar o copo. Ele se inclinou para tocar o copo de papai com o seu. — Saúde — falou. — Tenham um bom dia. — Papai estava radiante.

De repente, lembrei-me de Wilbur Wright.

— Por que você não me contou? — gemi.

— Acho que esse assunto nunca veio à baila — disse papai com calma.

— Mas teria sido uma coisa tão boa para eu me gabar! — falei. — Meus amigos teriam achado o máximo.

— Nunca pensei nisso — admitiu papai, pousando sua fatia de pão. — Eu não sabia que você se interessaria. Desculpe-me. — Ele parecia realmente contrito. — Ele foi a Berlim em 1909 e todo mundo foi ver o americano demonstrar sua nova máquina de voar. Meus pais estavam sentados no palanque com os dignitários, mas eu tive de ficar atrás com minha governanta inglesa. Como eu a odiava! Quando o Sr. Wright chamou um voluntário para voar com ele, eu simplesmente fugi da senhorita. — Ele sorriu deliciado, recordando. — O avião era só uma coisinha frágil...

— Ernst — disse minha mãe de repente —, lembre-se que você prometeu consertar a porta do banheiro esta tarde.

— ... não havia bancos, era todo asas — continuou meu pai como se ela não houvesse dito nada. — Wilbur Wright ficava no meio, operando os comandos. Seu assistente olhou para mim, decidiu que eu era leve o suficiente, e prendeu-me com o cinto de segurança ao seu lado. Eu estava encantado. Voamos por cima da multidão, não muito alto, então ouvi minha mãe quando ela gritou. Imagine como ela deve ter se sentido ao olhar para cima e me ver voando sobre a sua cabeça!

— O que aconteceu depois?

— Ah — disse papai —, nós pousamos.

— Só isso?

— Bom, não exatamente. Meus pais me levaram para casa e, enquanto minha mãe demitia a governanta, meu pai me levou para o andar de cima e me deu a única surra que levei na vida.

Ele deu um grande gole de café e acrescentou:

— Valeu a pena. Infelizmente, eles contrataram outra governanta inglesa, e ela era pior do que a primeira! — Ele se virou para minha mãe. — Sim, querida — disse, paciente. — Vou consertar a porta do banheiro. — Ele deu um sorriso tímido em direção a Doug e acrescentou:

— Talvez Doug queira me ajudar.

Doug consertou a porta enquanto papai emitia sons admirativos. Eu me sentia inútil, inquieta, e inexplicavelmente irritadiça. Perambulava pela casa, pegando coisas e tornando a largá-las. Mamãe saíra para resolver coisas na rua e Doug e papai estavam no quartinho cheio de livros e revestido de pinho que mamãe gostava de chamar de biblioteca.

Ao olhar para eles, perguntei-me por que eu não havia percebido que Doug tinha exatamente o mesmo tipo físico de papai. Eram ambos magros e altos, e de longe não era possível distingui-los.

— Você deveria ter visto Doug consertar aquela porta! — disse papai. — Ele é tão rápido!

Ele segurava um livro, correndo as mãos amorosamente pelas páginas.

— Está vendo — disse ele —, esta é a fonte Janson em monotipo inglês. Dá para ver porque as hastes do *y* são diferentes. — Ele foi até a prateleira e tirou outro livro. — Olhe — disse ele, estendendo-o —, esta é a Janson em linotipo. Está vendo a diferença?

Doug correu as mãos pela página. Aquiesceu com solenidade.

— O senhor tem o primeiro livro que projetou? — perguntou ele. Papai inclinou a cabeça para um dos lados e pensou. Foi até as prateleiras e tirou um volume. Abriu-o, acariciou as páginas, e disse, como se pedisse desculpas:

— Não é muito bom. — Estendeu o livro para Doug ver. — É tão antiquado. Alguns anos depois, percebi que usar apenas a página da direita para o título era perder uma oportunidade, e comecei a usar a da esquerda também. — Ele agora estava embalado, falando de um assunto que dominava; de repente lembrei-me que ele lecionava *design* de livros na Universidade de Nova York havia anos.

Papai foi até as prateleiras e começou a tirar os livros dos quais tinha mais orgulho: o *Ulisses* com o enorme S, e o *Desencantado* com seu rio passando através do título. Ele mostrou a Doug a fotografia de Gertrude Stein na capa de *Retratos e preces*.

— Na época, era uma tecnologia nova — disse ele. — Fiquei tão animado por poder imprimir a foto dela bem na lombada do livro. Eu queria imprimir a parte de trás de sua cabeça na quarta capa, para que parecesse que o livro estava saindo dela. Mas o editor Bennett Cerf disse que ficaria caro demais.

Papai parecia outra pessoa, cheio de fogo e paixão. Eu nunca o vira assim antes. Doug não parava de fazer perguntas. Eu não conseguia me juntar a eles, mas sempre que passava pela biblioteca sentia-me mais excluída.

Eles conversaram a manhã inteira. Papai usou tantos livros para ilustrar o que estava dizendo que, quando mamãe chegou em casa, buzinando alto, a biblioteca parecia ter sido atingida por um ciclone.

Todos corremos para o lado de fora para ver por que mamãe estava fazendo tanto barulho.

— Olhem o que acabei de encontrar em uma venda de jardim — disse ela, apontando para um objeto desengonçado que saía pela mala do carro. Quando abrimos a mala, vimos uma mesa surrada coberta por muitas camadas de tinta descascada e sem uma das pernas. — Custou só cinco dólares. E você *realmente* precisa de uma mesa na biblioteca.

— Ela *realmente* precisa de uma reforma — disse papai, olhando para o móvel com desconfiança.

— Ah, tenho certeza de que Doug consegue consertá-la — disse mamãe, distraída. — Ruthie diz que ele é capaz de construir qualquer coisa.

— Ahn, eu vou tentar — disse Doug.

— Eu ajudo — disse papai. — Mas só depois de almoçarmos. Estou com fome. Por que não comemos fora? — Olhei para ele, espantada; na nossa família, era mamãe quem fazia planos.

— Querido, não seja bobo — disse ela. — Ainda temos sobras de lagosta.

— Não estou com *vontade* de comer lagosta fria — disse papai com veemência. — Quero ir àquele restaurante no cais e fazer uma refeição decente!

Mamãe pareceu ofendida. Começou a dizer alguma coisa, mudou de idéia e foi buscar a bolsa.

Fomos ao restaurante preferido de papai, um lugar antigo com pisos de madeira gastos de um cinza aveludado e telas nas janelas que, de tão velhas, estavam frouxas e pendiam em direção ao canal. Ele gostava de comer camarões recheados com caranguejo e torta de laranja-lima enquanto as garçonetes de sapatos de sola de crepe o provocavam e iates atracavam no cais para abastecer. Ao entrar, passamos pelo bar; ele era frio e escuro, cheio de homens de punhos grandes como presuntos segurando copos altos de cerveja gelada. Na televisão, passava um jogo de beisebol aos berros, e Doug e papai olharam para cima com uma indiferença idêntica.

— Pensei que todos os rapazes americanos gostassem de beisebol — disse papai.

— Eu não — disse Doug, e o rosto do meu pai se iluminou com um extraordinário brilho de prazer.

Durante todo o almoço, eles questionaram Doug sobre o seu trabalho. Ele lhes contou a história de como sua mãe lhe pagara um curso de desenho por correspondência quando ele tinha cinco anos, e lhes disse que tudo que ele jamais quisera fazer na vida era arte.

— Eu entendo isso — disse papai, aquiescendo suavemente. — Fiz meu primeiro livro aos seis anos.

— E vejam como é bom Ruthie ser mestre em história da arte agora — disse mamãe animada —, combina tanto com arte. — Percebi que ela considerava a pós-graduação só mais uma maneira de conhecer homens.

Separamo-nos depois do almoço: papai e Doug voltaram para casa para consertar a mesa. Mamãe e eu fomos fazer compras para o jantar. Quando voltamos com as compras, papai estava esperando na porta como uma criança de sete anos ansiosa que mal pode esperar para mostrar um projeto do colégio.

— Miriam — disse ele —, venha ver o que nós fizemos! Nós nos divertimos tanto consertando a mesa! — Ele se apoiou sobre ela para demonstrar sua solidez. Por um curto instante desejei que ela cedesse sob seu peso, mas isso não aconteceu. — E agora Doug vai me mostrar o seu *portfolio*.

O sotaque alemão do meu pai estava mais pronunciado do que na minha lembrança; o som de sua voz me irritava. Senti-me cerrar os dentes quando entrava na cozinha, mas mesmo de lá podia ouvi-lo fazer perguntas. Então, de repente, ele levantou a voz:

— Miriam — chamou —, venha aqui. Você precisa ver isto!

— Não cozinhe o milho por mais de dois minutos — disse mamãe ao sair. Pus a água para ferver, sentindo-me como Cinderela. Eu ainda estava resmungando sozinha, com raiva, quando Doug apareceu, oferecendo-se para ajudar.

— Seu pai vai mostrar meu trabalho para sua mãe — disse ele, tirando a palha de uma espiga de milho com um movimento fácil. — Ele provavelmente faz isso melhor do que eu.

— Hum — falei, sem me comprometer.

— Você tem tanta sorte — disse Doug.

Olhei para ele, surpresa. Doug jamais reclamara da falta de interesse de seus pais por sua arte. Ele era tão auto-suficiente que não me havia ocorrido que sua família o fazia se sentir solitário. Quando me aproximei para abraçá-lo, meu mau humor se evaporou.

Mamãe preparou os bifes à sua maneira habitual, que era pôr a carne sobre a grelha por cerca de um minuto, virá-la, e anunciar que o jantar estava pronto.

— Está *cru* — sussurrou Doug, engolindo. Ele comeu seis espigas de milho e ficou empurrando a carne de um lado para o outro do prato.

Papai comeu com seu apetite habitual. Ao terminar, virou-se para mamãe e disse:

— Que jantar maravilhoso, querida. Muito obrigado. — Em seguida, fez o que havia feito todas as noites da minha infância: beijou a mão dela.

Doug os encarou, deu-se conta de que o estava fazendo, parou e perguntou:

— O que o fez vir para os Estados Unidos?

— Ah — disse papai —, é uma história comprida. — Ele virou o corpo de modo a ficar bem de frente para Doug. — Minha família tinha dois negócios. Madeira e peles. Eu odiava os dois. Meus primos diziam que eu manuseava as raposas azuis como se fossem Picassos e qualquer um podia ver que eu não tinha tino para negócios. Então me deixaram ir para a universidade. Em seguida, eu me interessei por política.

Olhei para meu pai, espantada.

— Política?

— Eu nunca lhe falei sobre o Movimento Estudantil Pacifista na Alemanha de Weimar? — perguntou ele inocentemente. Aquele era outro pequeno detalhe que ele se esquecera de mencionar.

— *Você* sabia? — perguntei a mamãe.

— Acho que comeremos lá fora amanhã à noite — disse ela. — Lembre-me de comprar velas de citronela de manhã.

— Você era pacifista? — perguntou Doug.

— E também fugi do alistamento — disse meu pai.

Aquilo era demais; subi para o meu quarto pisando firme.

Os passos de Doug me seguiram, mas eu estava zangada demais para me virar.

— Ele sem dúvida gosta de você — disse eu com sarcasmo. Eu sabia que estava me comportando mal, mas não conseguia evitar.

— Sem dúvida. — A voz tinha um forte sotaque alemão. Virei-me, espantada.

— Pensei que você fosse Doug — falei.

— Eu quero lhe contar uma história — respondeu meu pai, seguindo-me até meu quarto. — Posso me sentar?

— Não seja tão educado — falei. — Esta casa é sua. — O quarto ainda estava pintado com a tinta vermelha que eu usara na época do colégio, e a luz era tão tênue que eu mal conseguia vê-lo quando ele se sentou sobre a cama. — Quando eu me casei com a sua mãe — começou ele —, fiquei muito feliz por ela já ter um filho. Eu estava na meia-idade e sempre quisera ter filhos. — Ele suspirou e passou as mãos pelos cabelos, como se estivesse tentando pensar na melhor maneira de dizer o que queria.

— No início Bobby me odiava. Era natural, eu entendia. Eu havia roubado sua mãe. Sabia que ele iria superar isso. Mas não percebi que sempre haveria um abismo entre nós.

— Por que você está me contando isso? — perguntei, brava. — O que isso tem a ver com você nunca ter me contado que fugiu do alistamento?

— Estávamos em guerra — continuou ele. — E ele era um menininho tão encantador que convenceu o dono da mercearia a lhe vender um pacote de chicletes por semana. Era um achado e tanto; chiclete era algo dificílimo de encontrar. Bobby ia lá toda semana com seus dez *cents*.

— Bem, certo dia eu descobri que ele não estava mascando os chicletes, ele os estava vendendo no colégio.

— Típico — falei. — Ele é um vendedor nato.

— É — disse papai —, é mesmo. Perguntei a quanto ele os estava vendendo e ele respondeu dez *cents* por chiclete. Havia seis chicletes por pacote, então ele estava tendo um lucro de 600 por cento. Tentei fazê-lo ver que aquilo era imoral, mas ele simplesmente olhou para mim e disse: "Mas papai, as crianças se estapeiam pelo chiclete!"

Papai tornou a passar os dedos pelos cabelos, deixando-os eriçados.

— Está entendendo — disse ele —, nós não conseguíamos conversar. Isso nunca mudou. Minha sensação é que falamos línguas diferentes. — Ele olhou para mim amorosamente e acrescentou:

— Então nós tivemos você.

Antes de conseguir me conter, exclamei:

— Que pena eu ser menina.

Meu pai pareceu magoado, mas não disse nada: ambos percebemos que eu acabara de dizer uma verdade que nenhum de nós dois havia notado até aquela manhã. Acho que já naquele momento eu percebia que, quando me casasse com Doug, estaria dando aos dois homens que amava o que eles realmente queriam: um pai para um, e para o outro um filho.

12

Visão para cegos

Depois de devolvermos todos os presentes de casamento, sobrou-nos dinheiro suficiente para um EurailPass, duas passagens em um cargueiro para a Grécia, e o equivalente a mil dólares em cheques de viagem. Pretendíamos ficar na Europa até nosso dinheiro acabar; em 1970, era possível viver com cinco dólares por dia, menos até, caso se fosse tão frugal quanto planejávamos ser.

Nosso destino era a Grécia, para onde nosso professor preferido havia se mudado recentemente. Ele disse que sua casa era uma construção de pedra do século XIV feita pelos venezianos, e que tinha vista para o porto. Em seguida, acrescentou impetuosamente que poderíamos ficar pelo tempo que quiséssemos.

Se tiverem muita sorte, quase todos os adultos terão um Milton em suas vidas. No meu caso, ele era um artista com o faro aguçado de um Borgia que o fazia percorrer as lojas de quinquilharia do mundo inteiro; sempre saía de lá com algo de estonteante beleza. Quando se estava conversando com ele, ele de repente dizia: "Olhe!", e via-se uma flor ou uma pedra ou uma maçaneta que não se vira antes, tão perfeita que o impulso era estender a mão e tocá-la.

"Por que ele é tão bom para nós?", Doug e eu não parávamos de nos perguntar. Em Ann Arbor, Milton acolheu-nos sob sua proteção, apresentando-nos a seus amigos. Todos eles pareciam ver mais e viver melhor, como se os seus sentidos fossem mais desenvolvidos do que os das pessoas normais. Eles vinham de todos os cantos do mundo, mulheres que haviam dançado com Henry Miller em Paris e homens que haviam visitado o sítio vulcânico de Black Mountain. Um deles estava recuperando um teatro de ópera em ruínas em uma cidade nas colinas da Toscana.

Mas a minha preferida entre os amigos de Milton era uma inglesa chamada Hilly, bonita, excêntrica e muito, muito engraçada. Ela administrava o único restaurante de *fish and chips* de Ann Arbor, o Lucky Jim's, batizado em homenagem a um livro de seu primeiro marido, Kingsley Amis. Contava histórias incríveis sobre seu segundo marido, o professor de latim, e histórias mais engraçadas ainda sobre si mesma.

"Conte aquela sobre o bebê e a maçã", pedia Milton, e ela embarcava em uma história sobre um jantar que dera quando seu filho tinha apenas um ano de idade. "Enfiei uma maçã na sua boca, depositei-o em cima de uma bandeja e carreguei-o para o jantar."

Milton dizia que Hilly era apenas uma amiga, mas eu estava convencida de que ele estava secretamente apaixonado por ela. Quem não estaria? Não havia escapado à minha observação que, logo depois de ela decidir deixar o professor de latim, Milton anunciou que estava desistindo de seu emprego na faculdade. Ela voltaria para a Europa; ele se mudaria para Creta.

Não estávamos muito atrás. Pegamos o *ferry* até Xania, subimos a colina que saía do porto, e empurramos o portão do pátio calçado de pedras que Milton havia descrito em suas cartas. Milton estava sentado em frente a uma porta verde-clara com uma pilha de limões na sua frente. A luz do sol batia delicadamente sobre seu rosto, filtrada pelas folhas de uma pequena árvore. Ele levantou uma panela de cobre com um dos lados preto e o outro cintilando.

— Bonito, não é? — perguntou, esticando os braços para a panela alcançar a luz. — Acabo de encontrá-la lá embaixo no mercado. A mulher disse que eu deveria lustrá-la com suco de limão e areia.

Ele se levantou num pulo para me abraçar e sua barba fez cócegas no meu rosto.

— Larguem suas malas — disse ele. — Não se incomodem em desfazê-las. — Ele tinha cheiro de lençóis limpos, suco de limão e do alecrim que, em Creta, está no ar onde quer que se vá. — Vamos sair para almoçar. Fui derrubar olivas da árvore e vou trocar um pouco do meu azeite por comida. Ephrosike é ótima cozinheira; esta vai ser a melhor refeição que vocês jamais provaram.

E foi. Mas, afinal, todas as melhores refeições da minha vida foram com Milton. E eu estava prestes a descobrir por quê.

Patê do Milton

Ingredientes

½ cebola pequena picada
½ dente de alho picado
2 colheres de sopa de azeite
3 anchovas picadas
225g de fígados de galinha limpos
¼ de xícara de vinho branco (ou qualquer sobra de vinho)
2 ramos de salsa lisa picada
1 pedaço pequeno de raspa de limão picada
1 colher de sopa de alcaparras picadas
sal
pimenta
1 colher de chá de suco de limão

Refogue a cebola e o alho no azeite em uma frigideira pequena até ficarem macios, por cerca de dez minutos. Acrescente as anchovas e mexa. Acrescente os fígados de galinha, amassando com um garfo, e cozinhe até perderem sua cor avermelhada. Acrescente o vinho, a salsa e a raspa de limão picadas, e continue mexendo e amassando até o líquido evaporar e os fígados adquirirem a consistência de um patê grosso.

Acrescente as alcaparras e cozinhe por mais um minuto. Acrescente sal e pimenta a gosto. Junte o suco de limão. Sirva sobre bolachas simples ou pão tostado coberto com azeite e esfregado com alho.

Rende de quatro a seis porções como aperitivo.

— Minha segunda mulher costumava amarrar um lenço em volta dos olhos e andar assim por dias a fio — disse Milton. Estávamos subindo uma montanha. Seu pequeno Fiat, que ele deixara lá embaixo, ia ficando cada vez menor à medida que subíamos. — Ela estava treinando para caso ficasse cega.

Do pé da colina, Milton apontara para uma pilha de pedras lá em cima, destacadas contra o vivo céu cor de safira. Ela não parecia diferente de qualquer outra pilha de pedras, e eu não tinha muita certeza de estar vendo o que ele queria que eu visse. Mas quando apertei os olhos pensei poder ver uma fina coluna de fumaça emergindo do que poderia ter sido uma chaminé. Em um dos nossos lados havia tojos e outros arbustos, e no outro, quando eu me atrevia a olhar, havia um desfiladeiro abrupto que ia até o mar. Pássaros voavam e trinavam, seu branco contrastando com o céu, e o barco abaixo de nós estava tão distante, que parecia um pato flutuando na água.

Eu jamais teria fingido ser cega, pensei, e em seguida perguntei-me se isso era prova de algum tipo de deficiência minha. Eu podia entender por que um homem como Milton se preocuparia em perder a visão.

— Estamos quase lá — disse ele, e eu agora conseguia ver a cabana lá no alto e sentir o cheiro do carvão e das cebolas fritas misturado ao aroma do alecrim. Ao lado da cabana de pedra havia uma pequena montanha de cebolas que a fazia parecer minúscula.

— O governo lhes disse para cultivar cebolas — sussurrou Milton enquanto uma mulher idosa saía voando da cabana, gritando:

— Milto! Milto!

Seus cabelos eram negros como as penas de um corvo, mas seu rosto tinha muitas rugas e era riscado por pequenos sulcos. Ela disse alguma coisa em um grego áspero e gutural e Milton tirou da sacola um litro de azeite dourado. Abraçando-o junto do corpo como se fosse uma criança preciosa, ela nos conduziu até um pequeno anexo ao lado da cabana. Logo abaixo de nós estava o mar.

Ela trouxe pequenos copos e uma garrafa de vinho que parecia quase preta com a luz. Pôs um enorme pão em cima da mesa. Cortou algumas cebolas e despejou um pouco de azeite em um prato. Então pegou um graveto e encaminhou-se para a encosta da colina.

— Para onde ela vai? — perguntei.

— Pescar — disse Milton, servindo o vinho. Com sua calça de veludo cor de musgo e sua camisa azul desbotada, ele parecia ter crescido naquele lugar. — Pode demorar um pouco.

Esperamos, comendo o pão elástico, muito saboroso, molhado em um azeite temperado que tinha exatamente o mesmo gosto de olivas frescas. Doug estendeu a mão e afagou meu joelho, e subitamente tive a noção consciente de que eu estava feliz.

Ephrosike voltou com uma linha cheia de pequenos peixes-papagaio. Atiçou o fogo e grelhou-os, preparando uma salada rápida com tomates, pepinos e cebolas enquanto as chamas lambiam e crepitavam. Colheu um pouco de orégano na encosta vizinha e espalhou-o sobre o peixe chamuscado, salpicou vinagre e azeite sobre os legumes, e pôs tudo na mesa. Ficou nos olhando comer, sem dizer palavra.

Depois, foram servidos figos secos e amêndoas e iogurte feito com o leite de suas próprias ovelhas, com mel por cima. E finalmente ela serviu biscoitos de amêndoas assados no fogão em uma frigideira tampada. Eles se desfaziam delicadamente em nossos dedos.

O sol estava se pondo. Milton deu um suspiro, começou a dizer alguma coisa, parou. Por fim, abriu os braços, incluindo a mesa, a cabana, as colinas à nossa volta, e disse com simplicidade:

— Ela é mesmo uma artista!

Quando estávamos indo embora, Ephrosike saiu de casa e me deu um novelo de linha. O fio era irregular, quase branco e muito macio.

— Ela fia a lã de suas próprias ovelhas — disse Milton. — Diz que é para você se lembrar dela. — Ephrosike olhou para mim e fez largos gestos com as mãos, como quem tricota. Em seguida, tornou a abraçar Milton e ficou olhando enquanto descíamos a montanha em ziguezague. Era tarde, mas ainda estava claro e pudemos vê-la por muito tempo, sempre acenando.

Milton disse com ar sonhador que Hilly havia se instalado na Espanha, mas planejava fazer uma visita. Doug e eu decidimos ficar até ela chegar. Passávamos nossos dias visitando as ruínas de Knossos e Heraklion, enquanto Milton trabalhava. Caminhávamos quilômetros em direção ao interior e nos sentávamos nos campos, conversando enquanto Doug desenhava e eu tentava tricotar um par de meias com o novelo dado por Ephrosike; não havia lã suficiente para um casaco.

À noite, eu cozinhava enquanto Doug e Milton ficavam sentados na cozinha conversando sobre arte. Eles eram um bom público; Doug me olhava com admiração depois de cada refeição e Milton dizia quase todas as noites: "Cozinhe assim quando Hilly chegar."

Eu aprendera grego suficiente para pechinchar no mercado, mas certo dia Milton decidiu ir comigo às compras. Quando passamos pelo Nylon, o restaurante perto do porto, o dono nos chamou. Pantelis acenou para entrarmos e, enquanto passávamos pela cozinha com suas panelas de ensopado de cordeiro e frigideiras de berinjela frita, Milton explicou o nome:

— Foi a palavra mais chique em que ele conseguiu pensar.

Pantelis queria nos contar o segredo de sua famosa *moussaka*. Não fiquei surpresa: as pessoas não paravam de oferecer receitas a Milton e ele as colecionava do mesmo modo que colecionava qualquer outro objeto belo. Ele não cozinhava, mas era um verdadeiro *connaisseur*.

Enquanto Pantelis explicava o segredo — fazer o molho branco com caldo de frango em vez de leite —, Milton aquiescia. Depois, perguntou onde Pantelis comprava seu cordeiro, que olival tinha o melhor azeite, e qual queijo ele preferia. Pantelis falou durante muito tempo, com grande animação. Fez alguns gestos rudes, desenhou um diagrama, e cutucou Milton nas costelas quando lhe entregou o papel.

— O que foi isso? — perguntei.

— Espere — disse Milton. Quando chegamos ao mercado, ele apontou para a queijeira, uma mulher bonita daquele jeito grego severo, vestida de preto dos pés à cabeça.

— Pantelis diz que o iogurte dela é o melhor porque ela põe o pote debaixo da cama à noite — disse ele. Pensei nos gestos rudes e comprei um pouco de iogurte.

Pantelis também havia recomendado o açougueiro caolho. O homem cobrava um preço único por sua carne argentina, independentemente de qual parte do novilho estivesse cortando, mas era muito criterioso com seu cordeiro. Antes de cortar, quis saber para que a carne seria usada.

Quando Milton disse as palavras mágicas "Pantelis" e "*moussaka*", o homem partiu a carne com a mão, com cuidado e concentração. Então fomos para casa e, enquanto eu montava o prato, Milton e Doug jogavam xadrez. Quando Doug demorava demais para fazer uma jogada, Milton se levantava para espiar as panelas ou mergulhar o dedo no molho.

— Eu não deveria ter me preocupado em fazer todos aqueles projetos para a sua aula — provoquei. — Deveria ter apenas cozinhado.

Ele não riu.

— Eu deveria tê-la incentivado a fazer isso — disse, sério.

— Ah, comida não pode ser arte — falei.

— Não? — perguntou Milton, lançando-me um olhar demorado.

No dia seguinte, recebemos uma carta de Hilly. Milton subiu com ela as escadas estreitas até seu quarto de dormir no terceiro andar. Ao descer, tinha uma expressão sombria no rosto.

— Ela não vem — disse ele. — Eu tinha medo de que não viesse. — Perguntei-me se talvez ela houvesse conhecido algum homem, mas ele não disse e eu não perguntei. — Diz que tentará ir a Roma no Natal — falou ele. — Por que não nos encontramos todos lá?

Estava claro que era hora de partir.

— Quando vocês chegarem a Roma — prometeu ele —, vou lhes convidar para tomar a melhor xícara de café do mundo.

Fez frio naquele ano, e íamos cada vez mais para o sul, tentando nos aquecer. Isso foi um erro; os quartos que alugamos na Espanha e em Portugal não tinham calefação, e certa manhã acordamos em Sevilha e vimos que a água na bacia ao lado da cama havia congelado.

"Quanto?", perguntávamos em cada pequena *pensione*, sacudindo a cabeça e tornando a sair para o frio, convencidos de que poderíamos encontrar algo mais barato. Precisávamos fazer nosso dinheiro durar até o Natal. Bebíamos muito vinho ralo, barato, conversávamos sobre arte, e nos aninhávamos na cama cedo, abraçando-nos para nos aquecer. Estávamos felizes. Certa vez, em Madri, entrei no escritório da American Express e encontrei uma carta que Doug havia me escrito de Portugal: "Oi, maravilhosa Ruth", dizia a carta, "deitada aqui ao meu lado adormecida."

Não tivemos notícias de Milton, mas ele estava sempre conosco. Enquanto viajávamos, colecionávamos coisas para ele. Doug tirava fotos de chafarizes e pias e fios de telefone, e eu escrevia pequenas histórias sobre as pessoas que encontrávamos e a comida que comíamos. Tentávamos ver tudo como ele teria visto, e quando chegamos em Roma já estávamos cheios de coisas para lhe contar.

Eu me perguntava se Hilly estaria lá, mas, quando chegamos ao apartamento no quinto andar onde Milton estava hospedado, ele estava sozinho. Quando ele me beijou, senti seu nariz frio na minha bochecha.

— A vista é maravilhosa — disse ele —, mas o apartamento não tem calefação. Vamos tomar café.

Tornamos a descer as escadas e dobramos a esquina. O cheiro de grãos de café era tão poderoso, que podíamos senti-lo a dois quarteirões de distância, e o aroma se intensificava à medida que nos aproximávamos do café. Era um cheiro forte e apetitoso, e nos impeliu para a frente e porta adentro. No interior, havia sacos de juta cheios de grãos de café empilhados por toda parte e o cheiro de café era tão intenso, que me fez ficar zonza. Homens magros apoiavam-se em um balcão comprido, bebendo pequenas xícaras de expresso. O café era sedoso e reconfortante, um gole único de cafeína pura que se demorava no palato e ecoava atrás dos olhos. Fiquei tonta.

— Tudo bem — falei —, você venceu. Esta é *mesmo* a melhor xícara de café do mundo.

Saímos do café e começamos a andar. Passamos dias andando. Milton conhecia cada centímetro de Roma e o oferecia a nós como se lhe pertencesse. "Vamos", dizia ele, conduzindo-nos até os fundos de uma pequena igreja escura. "Lá tem um Caravaggio..." E ali estava ela, a *Madona dos Peregrinos*, pendurada entre outros quadros, mal iluminada e escondida. Ele conhecia jardins e ruas sinuosas e velhas coleções de arte. Sabia a que horas tocavam os sinos de cada igreja e que cafés serviam os melhores *panini*.

"Se ao menos Milton não parecesse tão triste", dizia eu à noite para Doug uma vez de volta à nossa *pensione*. "Eu gostaria que pudéssemos fazê-lo feliz."

"É", dizia ele, "é, eu sei."

A mulher que administrava a nossa *pensione* adorava Milton. Na primeira manhã, ela lhe trouxe uma xícara de café quando ele veio nos buscar. Na manhã seguinte, trouxe café e bolo. Na manhã seguinte, havia brioche junto com o bolo, e um pouco de geléia caseira. As oferendas iam ficando mais elaboradas a cada dia; pensei que ela tivesse uma queda por ele, mas ele disse que ela apenas sentia pena porque ele não tinha mulher.

Ele não mencionara Hilly; perguntei-me se ela viria mais tarde, ou talvez nunca, mas não sabia muito bem como perguntar. Então, certo dia, no almoço, bebi tanto que finalmente abordei o assunto.

Foi em um restaurante chamado Marco's, no fundo de uma pequena praça. Descemos alguns degraus e encontramos *antipasti* cintilando e reluzindo em uma mesa na frente do salão, belos como jóias. Havia berinjelas da cor de ametistas e pratos de salame e *bresaola* fatiados que pareciam pilhas de pétalas de rosas deixadas a secar. Tomates assados se abriam convidativamente e os pimentões vermelhos eram polpudos e envoltos em azeite. Imensos cogumelos *porcini* de formato irregular dividiam o espaço com alcachofras e sobre um suporte havia um presunto inteiro, com o casco preto e o pêlo branco ainda presos à pata. O dono cozinhava sobre um fogareiro aberto, mas ao levantar os olhos e nos ver seu rosto se iluminou com um sorriso. Ele correu para dar um caloroso abraço em Milton e beijá-lo nas duas bochechas.

Bebemos infindáveis litros de vinho com os *antipasti*, e mais ainda com a comida que veio depois: pratos de pasta foram seguidos por frangos inteiros e travessas de peixe, camarão, mexilhões e caranguejos. Finalmente, enquanto comíamos pedaços de parmesão, respirei fundo e perguntei:

— Hilly vem?

Durante um minuto, Milton não disse nada. Então tirou do bolso uma carta e começou a ler. Era a história de uma louca viagem da Espanha à Inglaterra em um carro quebrado. Era hilária e, é claro, ela não estava sozinha.

— O homem parece bem maluco — disse Milton. Ele riu com tristeza, como se tal maluquice fosse uma coisa maravilhosa.

— Tenho uma idéia — disse Doug naquela noite. — Vamos encher uma meia de Natal para Milton e deixá-la na sua porta no meio da noite.

— Já é o meio da noite. E é véspera de Natal. Onde vamos encontrar alguma coisa? Não há nada aberto.

— Vamos encontrar alguma coisa — disse Doug com uma segurança enlouquecedora.

— Não temos uma meia.

— Não mesmo? — perguntou Doug. E fez largos gestos com os braços indicando o espaço à sua volta, como Ephrosike na colina.

A dona da pensão ficou radiante ao nos ver partir; acho que ela pensou que fôssemos à missa do galo. De certa maneira íamos, pensei.

— *Buon Natale* — gritou ela enquanto saíamos. A noite estava muito escura e cheia de estrelas, e o ar tão frio, que eu tinha a sensação de que ele poderia se partir em cacos de gelo à nossa volta. A rua estava deserta.

— Sinto-me como Maria e José andando pelas ruas de Belém — falei.

Doug segurou minha mão.

— Você viu arte religiosa demais. — Seguimos em frente, procurando alguma coisa para comprar. Não havia nada aberto.

— Você tinha razão, foi uma idéia estúpida — admitiu Doug por fim —, nunca vamos achar nada.

— Deve haver alguma coisa em algum lugar — disse eu. — Vamos tentar a estação de trem.

Mesmo na véspera do Natal, mesmo em Roma, a estação de trem estava em polvorosa. Na sala de espera havia uma menininha sentada no colo da mãe com uma enorme cesta de comida ao seu lado, gemendo:

— *Digestivo, mama, digestivo.* — Sua mãe entrou no quiosque e comprou uma garrafa de Cinar. Estávamos logo atrás dela; pusemos na bolsa uma garrafa do mesmo licor vermelho-escuro, junto com jornais em quatro línguas e algumas laranjas e barras de chocolate.

— Praticamente só tem comida — disse Doug, desanimado.

— Milton gosta de comida — falei.

Mas tínhamos certeza de que, se procurássemos o bastante, encontraríamos o presente perfeito. Percorremos a estação inteira. De repente, Doug parou, sem mexer um músculo, de olhos vidrados. Olhei para o que estava atraindo sua atenção: uma medalha de prata de São Cristóvão.

— É perfeito — concordei.

— É muito cara — disse Doug. Tirei da bolsa nossos dois últimos cheques de viagem.

— Quase tudo que nos resta — concordei.

— Não podemos ficar para sempre — disse Doug, e eu entreguei os cheques ao homem atrás do balcão.

Ele sorriu e seu grande bigode se mexeu.

— O presente perfeito — disse ele — para um viajante solitário.

Milton nos acordou cedo na manhã seguinte.

— Acordem, acordem — disse ele —, peguei um carro emprestado. Agora que estou sob a proteção de São Cristóvão, vou levá-los às montanhas para o Natal. — Ele vestia sua calça de veludo habitual, com uma jaqueta de lã e uma boina.

Não perguntamos aonde íamos, nem quanto tempo demoraria. Mas quando Milton disse:

— A Toscana é linda nesta época do ano —, ocorreu-me que não voltaríamos a tempo para jantar. Subimos para o norte durante muito tempo e em seguida entramos nas montanhas, parando para almoçar em uma casa na beira da estrada.

A sala de jantar era grande e quadrada, com paredes nuas e um chão de pedra que absorvia o frio. Éramos os únicos clientes. O dono entrou depressa para acender o fogo na enorme lareira e puxamos as cadeiras tão para perto que ficamos sentados quase dentro dele. A fumaça começou a encher a sala, queimando nossos olhos e atacando nossos pulmões.

— Vai melhorar — disse Milton, otimista. — A madeira está só um pouco úmida.

O homem voltou, dessa vez usando um avental, trazendo uma garrafa de vinho, alguns copos e um pão redondo. Começou a arrancar pedaços do pão e afugentou a fumaça até conseguir ver a grelha no meio do fogo. Pôs os pedaços de pão lá em cima e tornou a sair. Quando voltou, trazia um dente de alho, uma garrafa de azeite e uma grande vasilha rachada. Aproximou-se do fogo e tirou o pão do meio das chamas, virou o lado chamuscado para cima e deixou o pão sobre a grelha contando até dez. Então tirou as fatias do fogo, esfregou-as com o dente de alho, pincelou-as com azeite e cobriu-as com o conteúdo da vasilha.

Estendeu uma fatia a cada um de nós.

— *Bruschetta* com fígados de galinha — disse Milton, dando uma mordida. — Agora vocês vão ver por que eu lhes trouxe até aqui.

Era extraordinariamente bom, os fígados tinham um leve gosto de anchovas, alcaparras e limão, mas sobretudo de fígado mesmo. Comi uma segunda fatia, depois uma terceira. Estava me sentindo mais aquecida e a fumaça começava a clarear. Uma sensação de glamouroso bem-estar me submergiu.

Quando o dono voltou com vasilhas de pasta fumegante misturada apenas com alho, azeite e queijo, a fumaça havia clareado inteiramente. O dono disse alguma coisa para Milton e saiu.

— Ele disse — traduziu Milton — para comermos devagar. Foi pescar a truta e os peixes não estão mordendo bem.

— Você quer dizer que ele vai pescar nosso almoço agora? — perguntei. — Isso pode levar horas!

— Temos tempo — disse Milton, calmo. — Só somos esperados para jantar.

— Para onde nós vamos? — perguntei, comendo um pouco de pasta. Na minha boca, os fios de espaguete pareciam cheios de energia, quase vivos, e o azeite retinia de sabor. Era difícil imaginar que quatro ingredientes simples pudessem se misturar de forma tão perfeita.

— Visitar minha amiga Gillian — disse Milton. — Ela mora nas montanhas, na cidade mais bonita que conheço.

Fiquei feliz por haver uma mulher.

Quando saímos, não parecia mais fazer tanto frio. Percorremos alguns quilômetros e fizemos uma curva fechada. Enquanto os pneus cantavam, comecei a ver criaturas esculpidas nas pedras à nossa volta. Esfreguei os olhos e perguntei-me se havia bebido vinho demais no almoço. Olhei para Milton, mas seus olhos estavam concentrados na estrada. Seria minha imaginação?

Então olhei para Doug e percebi que não. Ambos olhávamos, fascinados, pela janela; era como se alguma força mágica houvesse tocado o campo com uma varinha de condão, libertando animais das pedras onde estavam presos.

Milton continuava a dirigir, sem prestar atenção. As criaturas iam ficando mais fantásticas. Nenhum de nós disse nada até passarmos por uma pequena casa. Um homem muito magro estava sentado em um banco na sua frente, tão imóvel que poderia ter passado por mais uma criatura de pedra. Então percebi que uma de suas mãos empunhava um cinzel e a outra, uma marreta, e que na sua frente havia uma pedra. O escultor não levantou os olhos quando passamos, mas Doug gritou:

— Pare! — com tanta força que Milton pisou no freio e derrapamos até o acostamento.

Doug simplesmente abriu a porta e saiu. Milton e eu saímos atrás. O escultor se levantou ao nos ver chegando; era baixo e tinha pele tão curtida, que era impossível adivinhar sua idade. Enquanto nos cumprimentava, o cinzel não parou de se mexer nem por um segundo contra a pedra. Então ele o largou e acenou para que nos aproximássemos. Nós o seguimos até o outro lado da colina e nos embrenhamos na mata.

Ele nos levou até uma mesa esculpida em uma árvore viva, cercada por bancos esculpidos. Sobre a mesa havia um punhado de nozes e, de vez em quando, um esquilo descia correndo da árvore, pegava uma noz e saía correndo para ir se sentar acima de nós, batendo os dentes.

Era como se o lugar todo estivesse encantado. Olhei para os coelhos de pedra que espiavam embaixo dos bancos e para os pássaros de pedra encarapitados nas árvores, e percebi que estava diante de um grande artista.

E então olhei para Milton. Ele parecia em paz, como se houvesse encontrado algo que havia perdido. Pela primeira vez desde que havia rido das piadas de Hilly, ele parecia realmente feliz. Eu própria senti uma grande onda de felicidade: ele havia me ensinado a ser generosa e nós, finalmente, havíamos lhe dado algo de valor.

— *Spumante* — exclamou o escultor, pulando de cima do banco e desaparecendo dentro de uma pequena caverna. Ele voltou trazendo uma garrafa grossa de vidro verde; era o seu próprio champanhe, feito com suas próprias uvas.

— *Auguri!* — disse ele enquanto tirava o arame em volta da rolha.

A rolha saltou da garrafa e foi arremessada no ar, catapultada pelas gotas de líquido. Este esguichou furiosamente e se derramou, dando-nos um banho de vinho.

Nesse exato instante, os sinos de todas as igrejas da montanha começaram a tocar loucamente no ar rarefeito do inverno. Era Natal na Itália; era hora de voltar para casa. Doug me abraçou e eu olhei para Milton, esperando que sua solidão estivesse perto do fim.

Milton levantou seu copo vazio e disse:

— Podemos beber a música.

13

Paradise Loft

Chegamos a Nova York com dez dólares e o endereço do *loft* que combináramos de dividir com Pat. Ela nos dissera que ele ficava em algum lugar perto de Chinatown, então pegamos o metrô do aeroporto até Canal Street, pusemos as mochilas nas costas e começamos a subir a Bowery. O dia estava frio e cinzento e não conversamos muito, mas à medida que as lojas chinesas começaram a se distanciar ambos fomos ficando cada vez mais deprimidos. Depois de atravessarmos a Delancey, as únicas outras pessoas na rua eram homens que saíam cambaleando de tabernas para desmaiarem na neve. Sempre que a porta de uma taberna se abria, ela arrotava para a rua o cheiro fétido de cerveja choca e corpos mal lavados. Não era animador.

— Esta é a Rivington? — perguntou Doug, entrando na rua mais imunda pela qual havíamos passado. Havia um homem encolhido na entrada do número 4, e tivemos de nos espremer para contorná-lo e tocar a campainha. Era ali mesmo: os longos cabelos louros de Pat esvoaçaram em uma janela enquanto uma chave envolta em uma luva despencava cinco andares.

Arrastamo-nos até lá em cima. Pat havia pintado a porta de vermelho e colado nela um cartaz do bairro. DROGA É PARA IDIOTAS, dizia o cartaz. NÃO SEJA UM IDIOTA. Embaixo estava escrito: BEM-VINDOS A PARADISE LOFT. Estávamos em casa.

Mendigos perambulavam pelas calçadas debaixo da nossa escada de incêndio; o que dormia na nossa entrada tinha uma perna artificial que tirava todas as noites antes de ir dormir. Algumas vezes nós descíamos de manhã e encontrávamos a perna, mas não o homem, e a levávamos cuidadosamente para dentro de casa para ninguém roubá-la. A bodega do outro lado da rua, que tinha cheiro de desinfetante e inseticida, tocava música alta dia e noite. No verão, quando abríamos as janelas para tentar arejar um pouco, o que conseguíamos era escutar "Me and Julio Down by the School Yard", de Simon & Garfunkel, tocando sem parar, e a canção se misturava aos nossos sonhos.

As pessoas que mais se via no nosso quarteirão eram mendigos, ladrões de carro e avós porto-riquenhas. As velhas senhoras ficavam sentadas nas janelas do segundo andar, de olho nas crianças que jogavam bola. Ignoravam os homens que tomavam absinto La Bohème, mas observavam enquanto os ladrões removiam lentamente as partes vendáveis dos veículos roubados que coalhavam o quarteirão. Os homens prosseguiam até os carros serem reduzidos a carcaças vazias que acumulavam lixo, ficando maiores e mais fétidas a cada semana que passava. Quando havia lixo suficiente a ponto de incomodar, alguém tocava fogo na carcaça, criando um incêndio que os bombeiros não podiam ignorar. Os caminhões chegavam com as sirenes aos berros e rebocavam os gigantes em chamas. Quando eles desapareciam dobrando a esquina, todos no quarteirão saíam para a calçada e davam vivas. Parecia uma festa.

Meus pais, é claro, ficaram horrorizados com a nossa escolha de endereço. Até tia Birdie protestava: "Mas Rivington Street era onde meus pais moravam antes de se mudarem para o campo, para o Harlem. Por que você iria querer morar lá?"

Para começar, era barato. Além disso, eu estava feliz em morar em um lugar que minha mãe considerava perigoso demais para visitar. Doug gostava do fato de estarmos perto de Canal Street, onde um escultor podia encontrar tudo de que precisava, e Pat gostava de estar perto de todas as lojas de tecidos de Orchard Street. Mas para mim a melhor coisa do bairro era a comida.

Em 1971, a parte sul de Manhattan era um paraíso para cozinheiros. As matronas da Máfia ainda moravam em Little Italy e, se eu subisse os cinco lances de escada e virasse à direita, podia ver a Bowery e encontrar lindas velhinhas de pé em pequenas lojas com vários salames pendurados. Se virasse à esquerda saindo da minha porta, entrava em um mundo de velhos falando iídiche e escolhendo galinhas *kosher* vivas. Ao sul, havia Chinatown. Naquela época, assim como hoje, o bairro era impenetrável, mas isso não me mantinha afastada.

Em certos dias, eu saía do *loft* para comprar um tablete de manteiga ou um pão e passava horas na rua, perambulando, entrando e saindo de mercearias, como em um sonho. O bairro estava em transição; conforme os habitantes mais antigos iam se mudando, estudantes e artistas chegavam. A maioria fazia suas compras no supermercado, deixando os vendedores das antigas lojas tão solitários que eles passavam meia hora respondendo a uma simples pergunta. E se você quisesse uma receita, tudo que precisava fazer era perguntar inocentemente: "O que o senhor acha que eu deveria fazer com este pedaço de vitela?"

Costela de vitela fatiada do Sr. Bergamini

INGREDIENTES

2 colheres de sopa de manteiga
2 colheres de sopa de azeite
2 cebolas picadas
4 dentes de alho picados
1,5 a 2kg de costela de vitela com os ossos
3 ou 4 ramos de tomilho
sal
pimenta
1 copo de vinho branco

Derreta a manteiga em uma panela baixa grande e tampada. Junte as cebolas e refogue por cerca de dez minutos, até ficar translúcido. Retire as cebolas com uma escumadeira e reserve.

Acrescente o alho e, quando ele começar a fritar, a carne, com a pele virada para baixo. Cozinhe até ficar bem dourado, vire e doure o outro lado. Acrescente o tomilho, o sal e a pimenta. Torne a virar. Acrescente o vinho e as cebolas refogadas, deixe levantar fervura, tampe parcialmente e abaixe o fogo.

Cozinhe por cerca de duas horas, virando a cada meia hora. Se a carne grudar ao virar, acrescente mais algumas colheres de sopa de vinho. Cozinhe até ficar bem macio.

Retire a carne da panela e ponha em cima de uma tábua de cortar com as costelas curvadas para cima. Com os dedos, desosse. Corte a carne em fatias finas na diagonal.

Faça o molho na panela com algumas colheres de água, raspando as crostas douradas do fundo. Despeje o molho sobre a vitela e sirva.

Rende quatro porções.

NOTA: Hoje em dia, costela de vitela com osso é um corte de carne raro; é possível que você tenha de pedir ao seu açougueiro para encomendá-lo.

Descendo Houston Street na escuridão de fevereiro, olhei para a Allen, uma das ruas mais pobres do bairro. Acima da fachada de uma das lojas, havia uma grande bandeira pendurada, o único toque de cor no quarteirão. Conforme eu me aproximava, percebi que aquilo não era uma bandeira, mas sim uma colcha de retalhos esfarrapada. Espiei pela janela abaixo dela, mas o vidro estava tão encardido que não consegui ver nada. Empurrei a porta e ela cedeu com um grunhido.

A sala estava cheia de peças de tecido, empilhadas até o teto; penas flutuavam por toda parte. Um homem baixo e curvado estava sentado na luz fraca, mastigando uma coxa de frango. Plumas rodopiavam no ar lentamente, aterrissando sobre o frango do homem, sobre sua barba por fazer, sobre sua calça rasgada. Ele largou a coxa de frango, olhando com indiferença enquanto ela aterrissava sobre uma peça de tecido e espalhava uma poça de gordura sobre sua superfície.

— Pois não? — perguntou ele.

— Estou só olhando — respondi. Ele se levantou e pegou uma colcha de retalhos feita de cetim vermelho. O trabalho era intrincado e ele passou a mão suja de comida pela superfície amorosamente.

— Boneca — disse ele —, eu faço boas colchas.

Eu sequer sabia que queria uma colcha, mas de repente queria, desesperadamente.

— Quanto custam? — perguntei.

— Ah — disse ele com tristeza. — Uma boa colcha não é barata. Trinta e cinco dólares; é o melhor que posso fazer. A não ser, é claro, que você queira pluma. O preço da pluma subiu.

Ele me mostrou tecidos e modelos, aproximando de vez em quando uma peça da porta para eu poder vê-la na luz tênue que se esgueirava pelo vidro sujo e riscado. Depois de algum tempo, pegou sua coxa de frango e começou a mordê-la, ignorando as eventuais penas. Estávamos justamente nos decidindo quanto à cor quando a porta se abriu de supetão e três ciganas gordas entraram. Elas ocuparam a loja com estardalhaço, pulseiras tilintando, parecendo ilustrações de um livro infantil.

O homem continuou a comer, atento para as ciganas que inspecionavam o tecido. Enquanto elas se moviam pela loja, de vez em quando uma peça se soltava e se desequilibrava, rolando até o chão; não demorou muito para as ciganas estarem imersas em um rio de tecidos coloridos.

— Pois não? — perguntou ele, de boca cheia.

— Quero uma colcha — disse a mulher mais gorda com desdém, subindo um corredor estreito e descendo outro, tocando as fazendas.

— Da última vez — disse ela — havia tecidos melhores. Onde estão?

— Vendi — disse ele simplesmente. Ela não acreditou.

— Leve-me até lá embaixo — ordenou ela.

Um olhar de puro pânico atravessou o rosto do homem. Ele olhou para mim.

— Você é judia, boneca? — perguntou ele. Sem esperar resposta, jogou as chaves para mim. — Cuida da loja? — perguntou. Não era exatamente uma pergunta. Ele conduziu as ciganas escada abaixo.

Demorou um pouco para voltarem, e mais um pouco para a negociação se concluir. Quando elas foram embora, o homem afastou uma pena insistente demais e virou-se para mim. Ele deu de ombros.

— Elas me trazem penas, eu lhes faço colchas. Uma troca justa não é roubo, mas...

Ele ainda falava sobre as ciganas quando a campainha tornou a tocar e a porta se abriu de leve. Penas voaram na corrente de ar frio e uma cabeça loura brilhante apareceu.

— Minha colcha está pronta? — perguntou a cabeça, esperançosa.

— Terça-feira que vem, boneca, prometo — disse o homem.

— O senhor está dizendo isso há um ano — falou a voz.

— Terça-feira que vem, boneca — repetiu ele. A porta se fechou com um baque eloqüente de raiva e decepção.

Eu aprenderia bem essa rotina: semanalmente, o Sr. Izzy T prometia que a colcha estaria pronta — tinha de estar pronta — na terça-feira seguinte. Um ano depois, eu já havia desistido da colcha, mas a essa altura minhas visitas ao Sr. Izzy T haviam se transformado em tantas outras coisas além de uma transação comercial que isso realmente não tinha importância.

Conheci a Superstar na mesma semana em que conheci o Sr. Izzy T, mas não foi nenhum acidente. Tínhamos amigos que tinham amigos que conheciam Andy Warhol e, quando eles perguntaram se queríamos ir a uma festa na Factory, ficamos em êxtase.

Doug ficou pronto para sair imediatamente, mas Pat e eu tivemos de nos arrumar. Pus um vestido vermelho curto e decotado, meias verdes e sapatos de salto alto; se meus longos cabelos escuros fossem verdes, eu teria ficado igualzinha a uma papoula. Mesmo assim, eu não era páreo para Pat, que conseguia parar o trânsito vestindo uma simples calça *jeans*. Ela media um metro e oitenta e três e tinha o rosto forte e o corpo sólido das deusas gregas da Acrópole. Era tão atraente e atlética que, quando ela passava, as pessoas sempre sussurravam "Isso é um homem ou uma mulher?". Ela gostava de usar roupas exageradas para confundi-las.

Para aquela noite, ela vestiu uma de suas roupas mais fantásticas; Andy Warhol era seu ídolo. Calçando as alpargatas que havia feito com latas de conserva, ela media quase dois metros e quinze, e usava uma parte das roupas da série "Mulher nova-iorquina" que estava criando para uma exposição no Museum of Contemporary Crafts. A roupa, uma paródia de um manequim, tinha bocas nos lugares dos seios e pulseiras feitas com notas de 100 dólares (de mentira). Seus brincos eram feitos de iscas de pesca e seus cílios postiços tinham 15 centímetros.

— Você está incrível! — exclamou a Superstar, que estava em pé ao lado da porta quando entramos. — Quem é você? — Ela carregou Pat para o outro lado da sala.

O imenso *loft* estava cheio de fumaça adocicada e de pessoas que não conhecíamos. Doug e eu estávamos pouco à vontade; aquilo era estranho e não muito divertido. Mas Andy Warhol era um Artista Importante e havia várias pessoas famosas no recinto. Estávamos orgulhosos por estarmos ali; era por isso que havíamos nos mudado para Nova York.

Eu poderia ter ficado a noite inteira, mas Doug tinha uma tolerância limitada a salas cheias de gente. Estávamos nos aprontando para ir embora quando Pat se aproximou de mim com o rosto corado e feliz.

— Você precisa convidar Jerry para jantar — suplicou ela. — Ela é uma Superstar. E você precisa preparar alguma coisa realmente incrível. Ela diz que Andy está procurando alguém para fazer o figurino de seu próximo filme. E diz que vai me apresentar!

Jerry adentrou o *loft* e examinou o espaço, curiosa. Investigou as prateleiras da cozinha, que não disfarçavam o fato de serem feitas da madeira de velhos estrados de carga industriais, e a imensa mesa de piquenique. Examinou o sofá improvisado. Passou as mãos pelos decalques que havíamos colado na geladeira e na maior parte das superfícies da cozinha. Espiou dentro das panelas que eu estava mexendo.

— Vocês são todos TÃO criativos — gemeu ela, inclinando a cabeça sobre a boca do fogão até eu temer que seus cachos pretos fossem se incendiar.

Eu estava preparando a *gougère* que aprendera com a Sra. Peavey. A torta de queijo emergiu do forno com uma aparência gorda e inchada, e a Superstar levou um pedaço para o fundo do *loft* onde Pat estava sentada diante de sua máquina de costura. Examinou as roupas de Pat.

— Adorei! — exclamou ela. — Sei que Andy também vai adorar! — Ela então voltou para a cozinha para se servir de mais um pedaço de *gougère*. No caminho, espichou os olhos para a escultura de Doug.

Formas abstratas não a interessavam, mas homens sim. Ela olhou com admiração para as costas de Doug e perguntou:

— Ele se casou com você porque você cozinhava tão bem assim?

Eu não soube o que responder.

— Aposto que você cozinhou e cozinhou para ele até ele finalmente a pedir em casamento — sugeriu ela. — Homens gostam mesmo de mulheres que sabem cozinhar — continuou ela, sonhadora. — Eu gostaria de saber cozinhar.

Ela ficou me olhando lavar a alface, um pouco próxima demais para o meu gosto. Quando eu recuava, ela recuava junto.

— Aposto que meu namorado Rick ficaria impressionado se eu soubesse cozinhar — disse ela. Eu não disse nada. Ela não foi embora. Ouvi a máquina de costura de Pat começar a funcionar. Doug ligou a serra de fita. Abaixei-me para tirar a torta do forno. A Superstar examinou a cobertura alta e branca como se aquilo fosse um alienígena e exclamou:

— Aaahhh, o que é isto? — tão alto que quase deixei cair a torta.

— Merengue de limão — falei.

— Que lindo! — disse ela, sem fôlego. — Você me ensina a fazer? Rick adora torta merengue de limão.

Olhei para ela desconfiada.

— Talvez devêssemos começar com alguma coisa mais fácil — falei.

— Tudo bem — disse ela. Percebi, para meu horror, que havia acabado de aceitar dar-lhe aulas de culinária.

— O senhor acredita? — perguntei ao Sr. Izzy T na minha visita seguinte. — Não sei o que fazer.

— Não se preocupe, boneca, você consegue — disse ele. — Mas vou lhe dizer uma coisa. Por que não vai até Ludlow Street e pede uma receita ao peixeiro? Toda moça deveria saber fazer *gefilte fish*. Você deveria ver as mulheres chiques que vão lá às sextas-feiras!

Era verdade; nas manhãs de sexta-feira, a rua na frente da mal-ajambrada peixaria no subsolo ficava cheia de limusines.

— Entre — insistiu o Sr. Izzy T. — Você poderia aprender alguma coisa.

Naquela sexta, segui um esguio casaco de *mink* porta adentro. E quase tive uma golfada: aquilo era um horror. Os mercados de peixe que eu conhecia eram lugares imaculados com ladrilhos brancos limpos e bonitas pilhas de limões. Aquilo era um buraco mal arejado onde os peixeiros usavam aventais incrustados de sangue. Para mim, mais pareciam açougueiros — quem teria pensado que peixes sangrassem tanto? Os homens ficavam ali em pé, decepando os peixes enquanto mulheres de casacos de pele pechinchavam horrivelmente, como se fosse uma desonra pagar sequer um *cent* a mais do que o necessário. Era totalmente medieval.

Fiquei parada durante algum tempo, só olhando. Quando chegou a minha vez, pedi mais ou menos um quilo de peixes misturados. O homem coçou o queixo mal barbeado, pesou a mistura em uma balança de contrapeso enferrujada, enrolou-o em papel branco e me estendeu o pacote.

— O que faço com ele? — perguntei.

Ele se virou para um dos casacos de pele.

— Ei, Essie — disse ele —, esta *madel* quer uma receita. Você pode ajudá-la?

Essie era uma mulher baixa e rechonchuda com cabelos brilhantes cor de laranja e muito corada. Ela me cutucou com o cotovelo e disse:

— Um *gefilte fish* nunca estragou um relacionamento. — Em seguida, literalmente piscou o olho. — Vou à fábrica de *matzos* Streit — disse ela. — Venha no carro comigo e lhe darei a receita. Você tem um lápis?

Eu tinha. O motorista abriu a porta.

— Que bairro — disse Essie enquanto o carro rumava para o leste. Ela apontou para a loja do Sr. Izzy T. — Um grande artista — disse ela. — Se você precisar de uma colcha de retalhos, não há coisa melhor. Mas ele é tão lento! Para conseguir uma colcha para o aniversário da minha filha, precisei gritar tanto que quase tive um ataque cardíaco. E ele tem tantas opiniões! Eu queria uma colcha azul para a minha Rachel; é uma boa cor iídiche. Ele disse que a colcha deveria ser verde. Que discussões! — Ela deu um suspiro feliz ao se lembrar.

— Então — disse ela —, a receita. Lembre-se, o peixe é só o começo, você também precisa do *matzo*. — Ela terminou de ditar no exato instante em que o Cadillac parou na frente da fábrica.

O prédio pequeno e quente estava cheio de homens usando casacos pretos compridos e solidéus enquanto tiravam os quadrados chatos de pão ázimo da esteira rolante.

— Um quilo — disse Essie, tirando as luvas. — E que estejam quentinhos. Não vim até aqui para comprar comida velha! — Ela esticou o queixo na minha direção e disse:

— Para ela também. Ela quer o equivalente a 50 *cents*. — Então ela estendeu a mão e tocou meus *matzos*, só para se certificar de que eu não estava sendo enganada.

Fiz o *gefilte fish* na segunda vez em que a Superstar foi jantar lá em casa; achei que isso iria impressioná-la. Ela achou nojento. Doug e Pat também acharam. Para ser honesta, eu própria nunca fui muito fã de *gefilte fish*.

— Então talvez você possa tentar comida italiana — sugeriu o Sr. Izzy T na vez seguinte em que o vi. — Tem aquele açougueiro italiano em Mott Street. A carne dele não é *kosher*, mas isso não vai matá-la. Talvez ele pudesse lhe dar alguma coisa para ensinar à sua amiga.

— Ela não é minha amiga — insisti. — Eu sequer gosto dela.

Ele apenas deu de ombros.

Depois da derrocada do *gefilte fish*, eu não estava preparada para aceitar os conselhos do Sr. Izzy T sobre os fornecedores do bairro. Mesmo assim, certo dia, ao passar, olhei pela porta. A loja era limpa e clara e o açougueiro vestia um avental imaculado. A vitrine de carnes estava cheia de grandes tiras de salsichas salpicadas de ervas e as costeletas de cordeiro estavam arrumadas naqueles papeizinhos de babados. Era irresistível.

— Sente-se, sente-se — disse o açougueiro. — Joseph Bergamini. Em que posso ajudá-la?

— Preciso de um pouco de quarto de cordeiro — falei. Ele escolheu cuidadosamente um pedaço de carne e o suspendeu.

— Isto serve? — perguntou.

Aquiesci.

— Quanto?

— Um quilo — falei. — E o senhor poderia cortá-lo em cubos?

— Ensopado? — perguntou ele.

Aquiesci.

— Você não precisa de quarto para fazer um ensopado — zombou ele. Tornou a pôr a carne na vitrine e tirou alguns pescoços de cordeiro. Pesou-os, escreveu o preço em um pedaço de papel e começou a separar meticulosamente a carne dos ossos.

— É muito mais barato assim — disse ele.

— Mas dá tanto trabalho — protestei.

— Para que você acha que eu estou aqui? — perguntou ele. E então começou a desenvolver suas teorias políticas. — Você sabia — perguntou, apontando para mim a fina faca de desossar — que se cada dono de fábrica instalasse uma peça de 15 dólares em suas chaminés o ar ficaria limpo? Poderíamos eliminar a poluição. Estão nos matando por 15 dólares! Pilantras avarentos!

Nas visitas subseqüentes, ele desfiou suas teorias e percorreu a vitrine de carnes, oferecendo-me sugestões para consertar o mundo e preparar refeições baratas.

— Você já tentou preparar costela de vitela? — perguntou ele. Eu não havia tentado. — Tem um lápis?

Fiz a costela de vitela na noite em que a Superstar veio ter sua primeira aula. Enquanto a carne cozinhava, enchendo o *loft* com o delicioso cheiro de ervas, cebolas e alho, ela e eu nos pusemos ao trabalho.

Não foi fácil.

— O senhor não iria acreditar! — reclamei com o Sr. Izzy T. — Ela queria saber o que eram as bolhas quando a água começou a ferver.

Ele riu baixinho e eu continuei.

— Ficou ali parada olhando durante o tempo que sua maquiagem começou a derreter! Depois de eu lhe ensinar a cozinhar a massa, escorrê-la em um escorredor e preparar um molho simples com tomates, manjericão e cebolas, seus cachos estavam lisos e o rímel escorria-lhe pelas bochechas.

— Olhe, boneca — disse ele —, se você conseguir ensinar essa menina a cozinhar, deveria escrever um livro.

— É — falei, com sarcasmo.

— É sim — disse ele. — Pense nisso.

Rick gostou do espaguete. Na semana seguinte, tentamos fazer *brownies.*

— Derreta estes dois quadrados de chocolate em cima de água fervente — instruí, estendendo a panela de banho-maria para a Superstar. Ela pareceu intrigada.

— Ponha água na panela de baixo e o chocolate na de cima — disse eu, com irritação. — Ponha a panela de cima dentro da de baixo e ponha no fogo.

Eu deveria ter sido mais prudente; é claro que ela pôs a água e o chocolate dentro da mesma panela. Tentamos de novo.

— Está vendo — disse eu, fazendo a água ferver na panela de baixo e derretendo o chocolate na de cima —, isso impede que o chocolate grude.

— Impede o quê?

— Que o chocolate queime e fique com um cheiro muito, muito ruim. — Tirei o chocolate derretido do fogo.

— Agora vamos bater a manteiga em creme.

— Eu não sabia que era possível fazer creme com manteiga — disse ela.

Dei um suspiro.

— É só uma expressão que quer dizer bater a manteiga até ela ficar macia.

— Por que então se diz em creme?

— Ela deve estar fingindo — disse Doug. — Faz parte do personagem da Superstar. Ou então alguém lhe disse que os homens gostam de mulheres burras.

Eu nunca havia medido os ingredientes de uma massa antes, mas agora o fazia, anotando meticulosamente a quantidade de farinha, manteiga, margarina e água gelada que estava usando. Não adiantou; a primeira massa que a Superstar fez ficou tão dura que ela gemeu:

— Não posso dar isto para Rick comer. — Lembrei-me de repente que a avó de Doug me dera uma receita antiga que, segundo ela, qualquer pessoa conseguia fazer. Joguei a massa de chumbo no lixo e peguei uma vasilha limpa.

— Ponha quatro xícaras de farinha, uma colher de sopa de açúcar e duas colheres de chá de sal nessa tigela — disse eu à Superstar. Ela trabalhava devagar, com a língua entre os dentes, nivelando a quantidade de cada ingrediente com uma faca.

— Agora mexa com um garfo — ordenei. Ela o fez, laboriosamente.

Estendi-lhe a margarina e outra xícara para medir.

— Meça três quartos dessa coisa branca.

— Eca — disse ela —, que nojo. — Mostrei-lhe mais uma vez como cortar a margarina por cima da farinha com um cortador de massa até ela ficar do tamanho de ervilhas.

Estendi-lhe outra xícara para medir e disse-lhe para pôr água até a metade.

— Agora acrescente uma colher de sopa de vinagre branco — falei, estendendo-lhe a garrafa — e um ovo. — Ela quebrou o ovo lá dentro. — Mexa tudo e acrescente à mistura de farinha e margarina. Agora mexa tudo com um garfo para unir.

— Olhe! — exclamou ela. — Tudo está se juntando!

— É isso que se *espera* que aconteça — falei, rasgando um pedaço de papel-manteiga e estendendo-o sobre a bancada. — Divida em cinco bolas e envolva cada uma delas com este papel.

Até ali tudo bem. Pus as bolas de massa na geladeira para descansar durante meia hora enquanto ela discorria sobre o amante maravilhoso que Rick era.

Qualquer um conseguia mesmo fazer aquela massa. A Superstar bateu demais nela enquanto a estendia, mas a massa ficou crocante e fina.

— Na semana que vem — prometi —, torta merengue de limão.

— Na semana que vem — prometeu ela —, tentarei fazer Andy vir ver as roupas de Pat.

Nenhum de nós estava otimista, mas fizemos uma faxina no *loft*. Pat virou a noite tentando terminar um conjunto de roupas enquanto eu me preocupava com o que preparar para o Grande Homem. O Sr. Bergamini sugeriu um leitão.

— Não se pode errar com um leitão — disse ele, pondo uma maçã na própria boca para demonstrar.

— É caro demais — falei. — Além disso, e se ele for vegetariano?

— Ah — disse ele, enojado —, você não vai querer lhe servir um monte de salada.

No final das contas, escolhi um prato de massa complicado envolto em uma crosta que levava dois dias para preparar. Eu ainda estava enrolando as minúsculas almôndegas que faziam parte da receita quando a campainha tocou. Todos acorremos à janela, esperançosos, mas a Superstar estava próxima demais do prédio e não conseguíamos ver se havia mais alguém com ela.

Escutamos os passos nas escadas.

— Parece ser só uma pessoa — falei.

— Talvez Andy tenha o passo leve — disse Pat. A porta se abriu com força. A Superstar entrou fagueira, tirou o casaco de cetim prateado e retirou a primeira de suas 25 pulseiras de plástico.

— Pronta para o merengue de limão — cantarolou ela, feliz. Estava sozinha.

— Andy não vem? — perguntei.

— Ah, não — disse ela alegremente —, ele está viajando. Por onde eu começo?

Pat recolheu-se ao seu canto do *loft*. A 20 metros de distância, eu podia ouvir seus dentes rangendo. A Superstar não percebeu a atmosfera pesada; estava muito ocupada separando os ovos.

As aulas correram surpreendentemente bem.

Para todos nós.

— Então, diga-me, o que o namorado achou da torta? — perguntou o Sr. Izzy T no dia seguinte. Ele pôs uma chaleira sobre a placa do fogão para preparar um chá. Despejou cerejas em conserva dentro de dois copos altos, serviu o chá e estendeu-me um dos copos. Em seguida, sentou-se entre as peças de tecido e ficou olhando para mim com expectativa.

— A torta ficou perfeita — falei. — Mas não funcionou exatamente como ela queria.

Ele aquiesceu, incentivando-me a continuar.

— Acho que ela pensou que lhe entregaria a torta e ele a pediria em casamento.

— Mas não pediu — disse o Sr. Izzy T como se já conhecesse o final.

— Quando ela foi ao seu *loft* e tocou a campainha, ele olhou para fora, viu-a e lhe disse para voltar mais tarde. Ela lhe disse que tinha um presente para ele, então ele desceu um cesto com uma corda. Ela pôs a torta dentro do cesto, ele a suspendeu, inclinou-se pela janela, disse que a torta estava linda, mas que mesmo assim ela não podia subir. Ele estava acompanhado.

— Tudo que vem tem volta — disse o Sr. Izzy T com o teor adequado de indignação. — Ela não cumpriu a sua parte do combinado.

Então, com a timidez de uma criança, ele pôs a mão debaixo do balcão. Extraiu lá de baixo um quadrado fofo de veludo vermelho amarrado com uma fita e estendeu-o para mim.

— Tome, boneca — disse ele. — Eu cumpro.

14

Berkeley

A vida em Nova York teria sido boa. Não fosse por mamãe.

"Sei que não é da minha conta", dizia ela sem parar, "mas acho que você deveria reconsiderar o fato de morar com Pat." No início, achei que ela estivesse preocupada com o que seus amigos pensavam de nosso arranjo de moradia, e isso eu podia entender. Já era ruim o suficiente estarmos morando na Bowery, mas um casal recém-casado dividindo um *loft* com outra mulher era ainda pior. O que as pessoas iriam pensar?

Mais tarde dei-me conta de que não era o arranjo que a incomodava; ela só estava com ciúmes. Preferiria estar ela própria morando conosco. Meu irmão e sua mulher estavam vivendo no exterior, mas eu estava em Nova York e ela queria minha total atenção.

Assim, ela se insinuou para dentro de nossas vidas. Ligava sem parar. Sua voz me seguia por toda parte: quando eu estava trabalhando, quando estava de férias, quando estava em casa. Ela insistia para passar os aniversários e feriados conosco e, se viajávamos sem ela, fazia uma cena. Mesmo quando a idéia era sua.

No Natal de 1972, ela chegou a sugerir que fôssemos visitar Milton na Itália.

— As tarifas aéreas estão tão baixas — disse — que seria um crime não aproveitá-las. — Mas, uma vez tudo combinado, ela caiu de cama, reclamando que estava sendo abandonada. "De que serve ter uma família", reclamava, "se tudo que eles fazem é ir embora?" Papai veio ao *loft* e implorou para não irmos. Eu me sentia sufocada.

Comecei literalmente a entrar em pânico no metrô. Quando os trens entravam zunindo na estação, eu me segurava nas pilastras para me impedir de me atirar sobre os trilhos. Ficava aliviada quando as portas estavam fechadas com segurança, mas só por um instante; então começava a ficar com medo de começar a gritar e ser incapaz de parar. Não suportava pontes nem túneis e comecei a ter dores de cabeça tão fortes, que não conseguia sair de casa. Era insuportável.

— É sua mãe — disse Pat —, ela a está enlouquecendo.

Doug concordou.

— Precisamos sair de Nova York — disse ele. — Precisamos ir para o mais longe possível.

— Mudem-se depressa — disse Pat. — Não gosto dessa idéia, mas vocês realmente precisam ir. Antes que seja tarde demais.

Eu sabia que eles tinham razão. Virei-me para Doug e disse:

— Você vai ter de contar para o meu pai.

— Eu sei — respondeu ele.

Papai fez uma cara insuportavelmente triste. Deu um suspiro profundo e respirou fundo. Finalmente, disse:

— Vocês têm razão. Mas nem posso lhes dizer como isto aqui vai ficar solitário quando vocês forem embora.

Imaginei como seria a vida dele sem nós; mamãe ficaria furiosa e descontaria nele.

— Ela sempre foi assim? — perguntei.

Papai estudou os próprios sapatos.

— Sabe — disse ele —, eu não me lembro muito bem. Não pode ter sido, pode?

Arrumamos tudo que tínhamos dentro da caminhonete: as ferramentas de Doug, minha colcha de retalhos e mil dólares. Nosso destino era a Califórnia e eu cantei durante todo o trajeto.

Chegamos a Berkeley no início da primavera, e quando saí da caminhonete fui rodeada pelo cheiro de jasmim-da-noite. Nunca sentira aquele cheiro antes, e o aroma era tão poderoso, que fiquei tonta. Mesmo hoje, depois de todos esses anos, o cheiro de jasmim me lembra como eu me sentia livre.

Armamos nossa barraca no quintal de um amigo e começamos a procurar um lugar para morar. Não tentamos com muito afinco; Nick fazia parte da animada e eterna festa do início dos anos 1970 e ficar hospedado na sua casa era divertido. As pessoas começavam a aparecer por volta das nove e muitas vezes passavam a noite lá, bebendo, debatendo sobre arte e conversando sobre política. Em algumas manhãs, quando eu entrava na casa para assistir à CPI de Watergate às seis da manhã, encontrava Nick e sua namorada Martha ainda bebendo vinho barato, comendo queijo e falando diante de uma eclética platéia de convidados.

Geralmente eles passavam direto do vinho ao café. Eu fazia torradas e todos nos aglomerávamos na sala de estar para assistir à pequena televisão cinza de imagem granulada que Doug havia comprado por três dólares no mercado de pulgas. As imagens na tela eram tão vagas que eu mal conseguia distinguir os assessores de Nixon, Gordon Liddy e John Dean, sombras que tentavam roubar o governo.

Quando começamos a falar em morar juntos? De quem terá sido a idéia? Não me lembro. Mas fazia pouquíssimo tempo que estávamos em Berkeley quando decidimos juntar nossos recursos.

Logo descobrimos que ninguém alugaria uma casa para um grupo — era assim que nos chamavam —, então decidimos comprar. Entramos pisando firme em uma filial da imobiliária Mason-McDuffie, e éramos candidatos tão ruins a um empréstimo que o simpático velhinho que nos atendeu teve um calafrio visível. Eu podia ver meu próprio reflexo em seus grandes óculos redondos, uma cigana com cachos negros abundantes jogados por cima dos ombros e uma saia multicolorida arrastando no chão. Ao meu lado, Nick tinha uma barba tão hirsuta que parecia o profeta Isaías. Martha era pálida, com longos cabelos louros e um rosto em formato de lua; com as roupas listradas que havia costurado com materiais naturais, parecia ter mais ou menos 12 anos. Até o arrumado Doug usava os cabelos abaixo dos ombros e tinha um pino de metal entre os dentes da frente, onde lhe faltava uma obturação.

O velhinho disse para nos sentarmos e pediu-nos para preencher papéis. Ficamos ultrajados. Qual era o seu interesse em saber quanto dinheiro tínhamos?, perguntamos. Reviramos os olhos e suspiramos e reclamamos da burocracia. Com gentileza, ele explicou que precisava conhecer nossas finanças antes de poder nos ajudar a comprar uma casa.

Contamos as mentiras habituais. Eu disse que era escritora; na verdade, estava vivendo de escrever trabalhos finais universitários, alguma vezes três ou quatro por dia. Era um desafio e pagava bem se você prometesse boas notas. Doug disse que era carpinteiro; ele havia espalhado cartazes pela cidade inteira oferecendo seus serviços. Martha se disse estudante. Isso era mais desejo do que realidade. Ela saíra da faculdade para ir morar com Nick e de vez em quando falava em voltar. Nick era o único que tinha um emprego de verdade e mesmo aquilo não parecia muito vistoso quando posto no papel: ele montava componentes eletrônicos para músicos de vanguarda.

O velhinho suspirou e levou-nos para ver algumas casas. A primeira era um lugar legal onde a janela na curva da escada tinha vista para a baía de São Francisco. Eu adorei, mas Nick fez objeções ao bairro.

— Eu não vou morar em uma rua metida a chique onde as pessoas têm empregadas e dirigem Mercedes — disse ele. — Ficaria com vergonha de dar meu endereço aos outros.

Doug vetou a casa seguinte porque ela não tinha garagem.

— Nick e eu vamos juntar nossas ferramentas e montar uma oficina — disse ele. — Senão, de que adianta comprar uma casa juntos? — Martha rejeitou as três casas seguintes porque elas não tinham lugar para a pilha de adubo que ela estava planejando levar consigo.

A casa de Channing Way tinha tudo: uma garagem, um porão e um grande quintal nos fundos. Nem mesmo Nick poderia chamar de burguês aquele bairro despretensioso na baixada de Berkeley. O melhor de tudo era que o estranho chalé em estilo Queen Anne, com seus 17 quartos todos pintados de cores diferentes, custava 29 mil dólares; dividindo por quatro, a hipoteca e as taxas custariam 45 dólares por mês.

— Nunca mais precisaremos ter empregos de verdade — exultou Doug. — Nunca mais!

O plano era cultivar nossa própria comida; sairia barato e não dependeríamos da malvada agroindústria. Enquanto isso, Martha e eu assávamos pão todos os dias e aprendemos a fazer um único frango render o suficiente para alimentar 15 pessoas. Descobrimos as alegrias de diversos cortes baratos de carne e experimentamos pratos à base de língua, lula e coração.

Então todos em Berkeley começaram a ler *Dieta para um planeta pequeno* e aprenderam que comer no alto da cadeira alimentar era moralmente indefensável. A carne desapareceu completamente de nossas vidas.

Martha e eu percorremos obedientemente as receitas do livro do início ao fim, de patê de ervilhas (11 gramas de proteína utilizável) a supremo de pão de amendoim e gergelim (12 gramas). As receitas eram nutritivas, politicamente corretas... e péssimas. Começamos a fazer modificações secretas, mudando as receitas para torná-las mais apetitosas.

Nosso maior sucesso era Arroz Con Queso; usando duas vezes a quantidade de queijo e três vezes a quantidade de alho da receita impressa, conseguimos criar um prato delicioso.

Arroz Con Queso (com desculpas para Frances Moore Lappé)

INGREDIENTES

1 xícara de feijão-preto

1 ½ xícara de arroz branco cru

1 colher de chá de sal

3 dentes de alho descascados e cortados em cubinhos

2 cebolas pequenas picadas

1 lata de 115g de pimentas-verdes tipo chile picadas
1 pimenta jalapeño *fresca picada*
½kg de queijo prato ralado
½kg de queijo cottage

Deixe o feijão de molho em água de um dia para o outro.

Pela manhã, coe e cozinhe o feijão em quatro xícaras de água por cerca de uma hora, ou até amolecer. Deixe esfriar.

Enquanto isso, cozinhe o arroz: ferva três xícaras de água, acrescente o arroz e o sal, tampe e abaixe o fogo. Cozinhe por cerca de 20 minutos ou até a água evaporar. Deixe esfriar um pouco.

Misture o arroz, o feijão coado, o alho, a cebola e as pimentas em uma vasilha grande.

Preaqueça o forno a 175°C.

Unte uma panela grande. Cubra o fundo com uma camada da mistura de arroz e feijão. Cubra com uma camada de queijo prato e cottage. *Ponha outra camada de arroz e feijão, e continue até usar todos os ingredientes, exceto a última meia xícara de queijo. Termine com uma camada de arroz.*

Asse por meia hora.

Salpique com o resto do queijo e asse por mais cinco minutos.

Rende seis porções.

A palavra "quebrado" não constava do vocabulário de Nick. Ele conseguia consertar qualquer coisa; era encanador, carpinteiro, eletricista. Era capaz de instalar a rede elétrica de uma casa e de consertar carros, relógios e equipamentos de vídeo. Quando passava pela cidade, estava sempre resgatando coisas do lixo e trazendo-as para casa, triunfante.

Isso era muito bom para seus amigos, que podiam contar com ele para lhes emprestar qualquer tipo de equipamento. E certamente era o posicionamento moralmente correto caso se acreditasse em proteger a terra. Mas, para aqueles dentre nós que moravam com ele, cercados por pilhas cada vez maiores de sucata, sem dúvida tinha suas desvantagens. Em um ano, nossa casa já transbordava com os tesouros de Nick, e ele continuava a colecioná-los. Isso eu podia agüentar, mas quando suas missões de resgate chegaram à cozinha, finalmente entramos em guerra.

A primeira escaramuça se deu em torno da pia da cozinha. Certo dia, Nick entrou em casa rebocando uma pia de metal de quase dois metros de comprimento que havia encontrado em um restaurante em demolição. Enquanto a tirava da traseira de seu caminhão, ele disse, radiante:

— Puro aço inox, e foi de graça.

Saí para ver. A velha senhora que morava no antigo chalé ao lado do nosso estava encarapitada nos galhos da macieira que margeava a cerca. Aos 93 anos de idade, ela ainda podava suas próprias árvores, usando um vestido preto na altura dos tornozelos. Acenei para ela. Ela não acenou de volta.

— A pia não tem pernas — comentei.

— Encontrei as pernas também — disse ele, extraindo do caminhão um par de intrincadas pernas de mesa feitas de mogno. — Não são umas belezas? Vêm de uma antiga mesa de biblioteca. Basta pormos a pia em cima.

— Ela não vai precisar de quatro pernas? — perguntei.

— Ah, nós podemos fazer as outras com toras de madeira — disse ele, evasivo.

— Vai ficar estranho — protestei.

— Eu não acho — disse ele. — Além disso, tive uma grande idéia. — Ele se sentou diante da mesa da cozinha construída por Doug e começou a desenhar sua combinação de prateleira e escorredor de louça. — Está vendo — disse ele, rabiscando depressa —, construímos as prateleiras bem em cima da pia com as bordas enviesadas. Daí você só precisa lavar e empilhar. — Ele olhou orgulhoso para o papel e então acrescentou:

— Eles pingam e você não precisa guardar. Já estão guardados!

— Ocupa tanto espaço! — falei.

— O que você quer — perguntou ele com desprezo —, um lava-louças?

Nós éramos contra lava-louças, é claro (burguês e ineficiente do ponto de vista da eletricidade), mas no fundo do meu coração eu ansiava por ter um. A cada noite, alimentávamos mais gente. Nick considerava todas as pessoas que conhecia um amigo em potencial, e estava sempre gritando: "Venham jantar lá em casa!" Martha e eu contávamos as cabeças enquanto púnhamos a mesa e jogávamos mais água na sopa.

Não era nossa intenção ser uma comunidade. Mas a casa era tão grande, que parecia egoísta não usar o espaço. Tanto Martha quanto eu gostávamos de cozinhar, e que diferença fariam algumas bocas a mais? Amigos nova-iorquinos vinham nos visitar por uma semana e ficavam alguns meses. Jules veio na noite em que rompeu com a namorada; ficou um ano antes de entendermos que ele na verdade estava morando conosco. Então Bob, nosso vizinho aluno de pós-graduação, começou a aparecer todas as noites no exato instante em que nos sentávamos para jantar. Doug construiu uma mesa maior.

Certo dia, Nick encontrou Francesco e Elena, dois venezianos bolsistas da fundação Fulbright, perambulando pelo *campus*, e ofereceu-lhes um lugar para ficar enquanto eles procuravam um apartamento.

— Morar aqui é tão intenso, tão cheio de vida — disse Elena com aprovação enquanto eles também se mudavam para a nossa casa. Por mim tudo bem: todos eles me davam apoio na minha guerra cada vez mais acirrada contra Nick.

— Você acha mesmo que precisamos de oito sacos para reciclar? — perguntou Jules certo dia, olhando para os sacos alinhados debaixo da pia de Nick. Havia um para vidro transparente, três para diferentes tipos de metal, um para plástico, um para adubo, e um saco bem pequeno para as coisas que resistiam a nossos incansáveis esforços de reciclagem.

— Não fale comigo — suspirei —, fale com Nick. Eu acho esses sacos horríveis e adoraria que eles saíssem da cozinha.

Mas era impossível demover Nick. Os sacos eram feios e reciclar era chato e demorado, mas era a coisa certa a se fazer. Nós resmungávamos, nós reciclávamos. Também podíamos concordar que Nick tivesse razão ao nos pedir para não comprar produtos da Nestlé, embora eu não me lembre mais por quê. Concordamos em banir os sucos de uva e outros produtos da marca Welch (eles supostamente apoiavam a organização de extrema-direita John Birch Society) e a cerveja da marca Coors (que se opunha aos sindicatos). Uvas, é claro, eram completamente proibidas, mas isso era irrelevante: os trabalhadores agrícolas tinham tanto apoio em Berkeley que uvas eram simplesmente impossíveis de se encontrar. Mas no dia em que Nick chegou em casa dizendo que café não era saudável e que, portanto, deveríamos todos tomar chá, nossa revolta tornou-se explícita.

— Nós somos italianos — disseram Francesco e Elena —, precisamos de café.

— Eu sou americano — disse Doug —, e eu também preciso. Jules também foi categórico quanto ao fato de o café ser uma necessidade vital. Todos os quatro foram imediatamente à loja de eletrodomésticos Whole Earth e compraram um novo moedor de café.

Nick retaliou enchendo a cozinha de saquinhos marrons de matos e ervas variados para fazer chá. Estes logo se tornaram tão prolíficos que era impossível abrir um armário sem que flores de camomila chovessem sobre a sua cabeça.

Em seguida, Nick descobriu os biorritmos. Fez gráficos para todos os moradores da casa e pregou-os no quadro de avisos da cozinha. Se alguém estivesse de mau humor, ele lançava um olhar eloqüente para o gráfico e dizia: "Está vendo?" Aquilo foi ficando chato. Mas não tão chato quanto as enormes gororobas de painço e cevada que agora ocupavam a maior parte do espaço da cozinha.

Nick havia descoberto os cereais. Ele descia de manhã, servia-se de uma tigela de painço, cobria-o com o Caldo Mineral Balanceado do Dr. Bronner (a etiqueta nos instava a mineralizar todos os alimentos) e dizia que aquilo era uma delícia. "Prove só", insistia ele, lendo os alertas da garrafa: "O eternamente grande Deus-fé-todo-um da astronomia une a raça humana! Pois na nave espacial terra de Deus, com bombas & armas, somos todo-um ou nenhum!"

Na verdade, com manteiga suficiente derretida por cima, eu bem que achava o painço apetitoso.

Eu podia suportar os cereais. Não me importei quando Nick começou a acrescentar em surdina à nossa comida pólen de abelhas e fermento nutritivo. Achava tudo bem quando se tratava de cultivar brotos de feijão, muito embora eles ocupassem todo o espaço da bancada ainda não ocupado por vasilhas de leite cobertas com toalhas sendo transformadas em iogurte. Eu podia até agüentar seu interesse por um novo livro chamado *O cólon preguiçoso*. Mas quando ele começou a falar sobre açúcar, eu disse basta.

Certo dia, ele chegou resmungando:

— Morte branca! — e jogou o açúcar todo no lixo.

— Eu preciso disso para as tortas e bolos — gritei.

— Mas olhe — disse ele orgulhoso —, eu trouxe coisa melhor. — E levantou três potes de mel. — Este é de cravo, este é de alfafa e este é de trigo-sarraceno — disse ele, feliz.

— Eu ODEIO mel — gritei, agarrando um dos potes e jogando-o no chão. Nick bateu depressa em retirada.

Naquela tarde, ele apareceu com uma oferenda de paz.

— Você falou que queria um rádio na cozinha — disse ele, pondo em cima da bancada um aparelho que parecia ter sido fabricado pelo Professor Pardal. — Funciona perfeitamente! — gabou-se ele. Não havia botão de estação e molas saltavam da parte de trás. A antena era um pedaço de cabide que ele havia pregado em uma tomada velha. Ele ligou aquele troço na tomada e o som conhecido da KPFA, a estação de esquerda da região, encheu a cozinha. — Melhor ainda — disse ele com orgulho —, só pega uma estação!

— E se eu quiser ouvir música enquanto estiver cozinhando? — perguntei, irritada.

— Não dá — respondeu Nick. Ele parecia considerar isso uma vantagem.

Então chegou o Dia de Ação de Graças, e a consciência de Channing Way fez do feriado nacional seu projeto pessoal. Nós não estávamos planejando comer peru, estávamos? Como podíamos sequer cogitar tal coisa? Perus não apenas estavam no alto da cadeia alimentar, mas eram um dos exemplos mais flagrantes de integração vertical da agroindústria.

— Mas este é o primeiro Dia de Ação de Graças de Elena e Francesco — protestei. — Nós temos de fazer um peru para eles.

— Por quê? — perguntou Nick inocentemente. — Eu tive uma idéia ótima.

— Sua última idéia ótima foi o projeto de reciclagem de urina!

— Isso *teria* funcionado caso eu não houvesse usado barris de metal — disse ele. — De todo modo, é uma idéia *realmente* boa. — Todos reviramos os olhos, mas ele nos ignorou. — Vocês sabem quanta comida os supermercados jogam fora todos os dias? E se fizéssemos um jantar de Ação de Graças vegetariano e preparássemos a refeição toda com ingredientes vindos do aterro sanitário?

— Lixo? — perguntou Doug. — Você espera que nós comamos lixo?

— Estou fora — falou Jules. Martha também não ficou encantada com a idéia. Mas era difícil para qualquer um de nós defender nossa posição; diante da retidão moral de Nick, nós sempre parecíamos, bem, burgueses. Como poderíamos recusar quando ele nos instava a tentar apenas uma vez, para ver o que conseguiríamos encontrar no lixo?

Era extraordinário tudo que estava sendo jogado fora! Caixas de ovos perfeitamente bons haviam sido descartadas apenas porque um ou dois estavam rachados. Encontramos sacos de farinha rasgados e caixas de *cookies* amassadas. As bananas podiam estar um pouco marrons, mas deram um maravilhoso pão de banana, e as maçãs estavam perfeitas para o molho de maçã.

Começamos a ir ao aterro diariamente; eu jamais teria admitido isso para Nick, mas as idas ao lixo eram divertidas. Chegávamos em casa com todo tipo de ingredientes que eu normalmente não teria comprado, e eu gostava do desafio de descobrir maneiras de prepará-los. Em semanas, já havia descoberto dúzias de utilizações para o pão branco.

E então certo dia encontrei um bife, cuidadosamente embalado e perfeitamente utilizável. Suspendendo o embrulho, pensei em Rolf no L'Escargot. E em seguida, é claro, em mamãe.

— Você acha que seria melhor usar esta carne ou deixar que vá para o lixo? — perguntei a Doug.

— Ir para o lixo não pode ser bom — disse ele.

— *Você* acha que deveríamos comer isto? — perguntei a Nick.

— Claro — disse ele.

Sem qualquer discussão, a moralidade do lixo mudou nossas vidas. Logo estávamos arrastando para casa sacos rasgados de *marshmallows*, latas amassadas de refrigerante e comidas igualmente proibidas. Talvez o dia de Ação de Graças não fosse ser tão ruim.

A seca havia devastado os eucaliptos de Tilden Park, e os habitantes próximos estavam sendo incentivados a cortar as árvores mortas para usar como lenha. Na véspera do Dia de Ação de Graças, Doug e Nick subiram a montanha com a motosserra. Quando voltaram, todos saímos para ajudar a empilhar a lenha na lateral da casa. A velha senhora nossa vizinha observava em silêncio por cima da cerca, e sem dizer palavra Nick foi empilhar um pouco de lenha na lateral de sua casa também. Ela aquiesceu solenemente e entrou. Nick ficou olhando-a sair. Então, num impulso, ele a seguiu.

Nós o vimos bater em sua porta e entrar. Ele ficou lá dentro por muito tempo.

— Ela é bem surda — disse ele quando finalmente voltou. — Levei algum tempo para fazê-la entender que eu a estava convidando para vir comer conosco no jantar de Ação de Graças.

— Ela vem? — perguntei.

— Claro — disse ele —, por que não viria?

— Aposto que você não lhe disse que não comeríamos peru — retruquei enquanto nos espremíamos dentro da caminhonete para uma última ida ao aterro.

Dentro das lojas, as pessoas faziam fila para pagar por seus perus e batatas-doces; do lado de fora, não havia espera. Nick desencavou um saco de batatas de cinco quilos e meio quilo de manteiga. Eu encontrei aipo e maçãs. Doug achou até algumas latas amassadas de molho de *cranberry*.

— Olhem! — disse Jules, segurando um pacote de queijo. — Aposto que, se voltarmos à meia-noite, poderemos até encontrar um peru.

— Pode sonhar — falei.

Quando chegamos em casa, Doug acendeu a lareira, e o cheiro fresco de eucalipto encheu a casa. Martha saiu para o jardim para desenterrar beterrabas e cenouras e colher as últimas alfaces. Enquanto ela grelhava os legumes e fazia uma salada, eu preparava o arroz Con Queso.

— Vai ser estranho comemorar Ação de Graças sem peru — disse Martha com melancolia enquanto comíamos.

— Nós teremos quase todo o resto — falei. — Recheio, batatas-doces, purê de batatas, molho de *cranberry*, torta. Teremos até cebolas ao creme.

— Eu sei — disse ela —, mas sem peru não vai ser a mesma coisa.

— Você liga mesmo para isso? — perguntou Nick.

— Na verdade não — disse ela. E então, com uma voz mais baixa: — Bem, só um pouquinho.

Depois do jantar, tomamos vinho quente com cravo, canela e raspas de laranja. Jules lavou a louça enquanto o restante de nós começava a descascar maçãs para a torta.

— Onde está Nick? — perguntei de repente.

— Ah, provavelmente está lá fora na oficina inventando um garfo mais eficiente — disse Martha, e todos nós rimos.

Estava agradável ali; a cozinha estava cheia de amigos e mais pessoas iam chegando a cada minuto que passava. O ar estava pesado com o cheiro de especiarias e vinho quente, e vibrava com a música *cajun*. Doug me abraçou.

— Não está contente por termos vindo para a Califórnia? — sussurrou ele.

Quando ele disse isso, pensei nos meus pais. Meu pobre pai, sozinho em casa com mamãe. Ela estava deprimida e o lugar devia estar mergulhado em um silêncio sinistro. Será que ela ao menos havia preparado um jantar?

— Eu deveria tê-los convidado para vir — suspirei.

Enquanto eu falava, uma lufada de ar frio varreu a cozinha. Nick entrou carregando uma grande caixa. Ele a pôs no chão, inclinou-se e tirou lá de dentro um pacote volumoso envolto em plástico rasgado. Entregando-o a Martha, disse, triunfante:

— Peru!

Ficamos todos encarando a ave. Nessa hora, éramos 12 pessoas na cozinha, e todos tivemos o bom senso de não perguntar de onde vinha aquilo.

15

The Swallow

— Se só o que você vai fazer é cozinhar, deveria arrumar um emprego em um restaurante. Pelo menos ganharia algum dinheiro.

Mamãe estava sentada na beirada do banco inclinado que Doug havia construído com pedaços de compensado, comendo framboesas dos arbustos que ameaçavam soterrar nosso gramado. Roupas lavadas batiam no varal acima de sua cabeça. Meu pai, esticado em uma das precárias espreguiçadeiras de plástico que Nick resgatara do lixo, roncava baixinho debaixo do jornal que protegia seu rosto do sol da Califórnia.

Minha mãe fitava com olhos críticos o jardim malcuidado, e seu olhar percorreu a entrada da garagem cheia de automóveis em variados estágios de conserto. Eu tentava inventar um milhão de motivos para adiar as visitas dos meus pais, mas quando minha mãe estava em suas fases maníacas eles sempre apareciam.

— Vocês não têm privacidade! — gemeu minha mãe.

— A privacidade é supervalorizada — retruquei.

— Isto não é uma vida normal — disse ela. — Você não trabalha. Mora neste zoológico e tudo que faz é cozinhar para pessoas que não reconhecem o seu valor. Você não tem nenhuma ambição?

— Não — retruquei, orgulhosa. — Não tenho. — Embarquei no sermão habitual de Berkeley sobre o fato de a ambição ser o problema dos Estados Unidos. Disse-lhes que eu estava tentando não usar mais do que o meu quinhão dos recursos mundiais, e falei sobre andar com leveza sobre a terra. Eu havia cortado os cabelos, comprado sandálias Birkenstock e não usava nada além de vestidos disformes comprados em brechós. Trocara as lentes de contato (artificiais demais) por óculos de armação de metal.

— Você parece uma freira *new age* — disse meu pai.

— Você nunca *faz* nada — disse mamãe, acusadora. — Tudo que faz é cozinhar. Isto não é vida.

— É — disse eu com sarcasmo —, não há muito do que se gabar com seus amigos nova-iorquinos.

Ela me ignorou.

— É só que eu odeio ver você desperdiçando o seu potencial. Você não gostaria de ir à França ter aulas de culinária? Papai e eu pagamos. Você pode polir o seu francês.

— Ele já está no ponto — provoquei. Eu sabia que ela havia acabado de me transformar em Audrey Hepburn. Imaginava que eu fosse voltar para casa com roupas melhores e uma atitude melhor. Talvez até com um *poodle*.

Incentivada, mamãe deu um salto.

— Já que você vai a Paris — disse ela —, não há por que perder tempo com culinária. Por que não ir para a Sorbonne?

Estava claro que era hora de mudar de assunto.

— Na verdade — falei —, eu tenho *mesmo* pensado em arrumar um emprego. Tem um restaurante aqui em Berkeley onde eu gostaria de trabalhar. É um restaurante muito bom, mamãe. Chama-se The Swallow.

Houve um longo silêncio e então minha mãe disse, com a voz muito baixa:

— Bom, pelo menos isso vai tirá-la desta casa.

Ensopado de porco e tomates verdes do The Swallow

INGREDIENTES

¼ de xícara de óleo vegetal
8 dentes de alho grandes descascados
1kg de carne de porco magra cortada em cubos
sal
pimenta
1 garrafa de cerveja preta
350ml de suco de laranja
½kg de tomates verdes cortados em quatro
½kg de tomates sem pele cortados
2 cebolas grandes cortadas em pedaços grandes
1 ramo de coentro picado
2 pimentas tipo jalapeño *picadas*
1 lata de 400g de feijão-preto
suco de 1 laranja-lima
1 xícara de creme de leite azedo

Aqueça o óleo em uma panela grande. Acrescente os dentes de alho. Acrescente a carne de porco aos poucos, para não amontoar, e doure de todos os lados. Retire o porco conforme os pedaços forem dourando e acrescente sal e pimenta.

Enquanto isso, ponha a cerveja e o suco de laranja em outra panela. Juntes os dois tipos de tomate, deixe levantar fervura, abaixe o fogo e cozinhe por cerca de 20 minutos, ou até os tomates verdes ficarem macios. Reserve.

Quando todo o porco estiver dourado, despeje todo o óleo na panela, menos uma colher de sopa. Junte as cebolas picadas em pedaços grandes e cozinhe por cerca de oito minutos, ou até ficarem macias. Mexa, raspando os pedaços de carne do fundo. Acrescente o coentro picado e sal e pimenta a gosto.

Torne a pôr o porco na panela. Acrescente a mistura de tomates verdes e os jalapeños *picados. Deixe levantar fervura, abaixe o fogo, tampe parcialmente e cozinhe por cerca de duas horas.*

Prove o tempero. Acrescente o feijão-preto e cozinhe por mais dez minutos.

Junte o suco de lima ao creme de leite.

Sirva o ensopado picante com arroz e com a mistura de suco de lima e creme de leite como molho.

Rende seis porções.

No The Swallow, todo funcionário era gerente e todo gerente tinha uma opinião. O restaurante era uma propriedade coletiva e o grupo era incapaz de concordar ou discordar de qualquer coisa. E agora estavam discutindo a meu respeito.

— Ela parece uma prima-dona — disse uma mulher alta de cabelos louros curtos. — Por que deveríamos convidá-la para se juntar à coletividade? — Ela me lançou um olhar hostil, alisou a saia *jeans* comprida e tornou a se sentar.

— Olhe quem fala — disse um homem muito magro, pulando da cadeira com tanta força que seus cachos louros revoltos tremeram loucamente. Ele tirou os óculos de aro de metal e disse com muita paixão: — Você é tão rica que nem desconta o cheque do seu pagamento.

— Bom — disse Helen —, pelo menos *eu* não faço 60 litros de sopa de bolinhos de peixe da Indonésia com um cheiro tão nojento que quase perdemos o contrato de locação!

Outra mulher se levantou com um pulo. Pequena e atarracada, ela falava com um sotaque obviamente francês.

— Você não faz absolutamente nada — disse ela com desdém. — Pelo menos Peter tenta. Você fica só no balcão da frente bancando a *grande dame*!

— Quem passou pano no chão ontem à noite? — perguntou Helen, com os olhos faiscando.

— Olhem — disse um homem de peito largo e cabelos pretos grossos. Ele era alto, com um nariz achatado que o fazia parecer mais um boxeador do que um *chef*. — Se vocês querem brigar por causa do turno de quarta à noite, bacana. Mas façam isso em outra hora. Preciso ler meus poemas na livraria Cody's em menos de uma hora. — Ele tornou a mergulhar em sua cadeira. As duas mulheres também se sentaram.

Então uma mulher rechonchuda e bonita usando um vestido estampado com decote empurrou sua cadeira para trás e apontou um dedo acusador para mim. Seus cabelos eram de um castanho-avermelhado e ela usava uma quantidade surpreendente de maquiagem.

— Helen tem razão — disse ela. — Não precisamos de mais gente feito ela. Ontem, por exemplo. — Ela juntou as mãos com recato na frente do corpo e falou com uma voz aguda e afetada. — Judith levou três horas para fazer a *quiche* porque ela simplesmente precisava ficar perfeita. Antoinette estava criando uma salada de beterrabas grelhadas e laranjas, e Bob de repente resolveu preparar uma nova panela de sopa. Eu e Linda não conseguimos que nenhum deles nos ajudasse durante o pico do horário do almoço. Pior ainda, Rudy estava no caixa e vocês sabem que ele não consegue somar. — Chrissy irrompeu em prantos. — Estou tão cansada dos seus doutorados e diplomas de médicos e bacharelados. Por favor, por favor, será que não podemos incluir algumas pessoas normais nesta coletividade?

— Olhem o que vocês fizeram! — disse Helen, dando a volta na mesa para abraçar Chrissy. Ela me lançou um olhar de fúria por cima do ombro. — Ah, por que você não vai trabalhar no Chez Panisse?

Depois do pequeno discurso de Helen, não parecia que a comunidade iria me oferecer sequer um período de experiência. Os membros hesitavam por eu ser de Nova York (agressiva demais) e casada (algo altamente suspeito em Berkeley). Ter um mestrado piorava tudo; havia vários médicos e advogados não-praticantes no grupo, mas eles não eram considerados os melhores trabalhadores.

Enquanto Helen e Chrissy continuavam a conversar sobre o quanto não me queriam, olhei em volta pela sala e perguntei-me como eu havia me transformado no inimigo. Eu queria desesperadamente entrar para aquele estranho grupo. De repente, tive uma idéia.

— Eu trabalho por um mês e, se vocês não me quiserem na coletividade, não precisam me pagar — falei. — Vocês não têm nada a perder.

— De jeito nenhum — disse Chrissy —, ela deve ser rica. Quem mais trabalharia de graça? Não precisamos de mais gente rica.

— Eu não sou rica — insisti. — Vivo com muito pouco dinheiro. No ano passado, me virei com menos de 1.500 dólares. Na minha casa, moram oito pessoas e nós plantamos a maior parte da nossa comida.

— Você mora em uma comunidade? — perguntou Chrissy. — Isso é outra história.

— Uma comunidade? — perguntou Michael. — Por que não disse isso logo no começo? Preciso estar na Cody's daqui a 20 minutos. Podemos votar?

Adorei trabalhar no restaurante com uma intensidade que me surpreendeu. Não havia hierarquia: todo mundo fazia tudo, de preparar a comida a passar pano no chão, e não havia tarefa de que eu não gostasse, de tirar sacos de farinha de 20 quilos do caminhão de entrega a queimar as mãos nos pratos quentes que pegava no lava-louças. Eu adorava a calma da cozinha limpa de manhã cedo, e a agitação barulhenta do pico do almoço. Mas aquilo de que mais gostava era da maneira como trabalhar no restaurante usava cada fibra do meu ser. Quando eu estava ali, sentia-me enraizada, totalmente presente. Enquanto meus músculos doíam por causa do árduo esforço físico, minha mente lutava para prever problemas. Quando meu turno terminava, muitas vezes eu estava tão cansada que não conseguia andar os seis quarteirões até em casa. No primeiro dia, precisei ligar para Doug e pedir-lhe para ir me buscar.

— Espero que eu entre — disse eu com fervor enquanto ele me levava para casa.

Comecei a estudar os outros membros, tentando descobrir como convencê-los a votar a meu favor. Chrissy e Linda eram as mais fáceis; elas eram a espinha dorsal do restaurante, moças de classe operária que faziam o seu trabalho e queriam que você fizesse o seu. Elas paqueravam os universitários, dando-lhes fatias gratuitas da nossa saborosa *quiche*. Faziam-lhes sanduíches de salada de ovo com nozes tão cheios de recheio que os caras não conseguiam mordê-los, e passavam-lhes *brownies* em segredo. Caso o turno fosse noturno, elas aumentavam o volume do rádio enquanto faziam a faxina. Tudo que tive de fazer foi me oferecer para ficar até mais tarde para elas poderem continuar dançando.

— Legal — disseram elas, e começaram a ser simpáticas comigo.

Peter e Michael também eram fáceis: eles queriam ajuda para fazer a sopa. Havia muita competição em torno da panela de sopa, e os clientes regulares sempre perguntavam quem a havia preparado antes de pedir. As sopas de Michael eram versões simples das receitas que tínhamos em arquivo, nutritivas sopas de legumes ou de favas, coisas que ele conseguia preparar com um mínimo de esforço. Eu lhe dei um pequeno conselho sobre temperos e suas sopas melhoraram de forma colossal. Foi comovente o quanto ele ficou agradecido. Peter, por sua vez, não conseguia resistir a tentar misturas exóticas.

— Eu poderia ter dito que bolinhos de peixe da Indonésia seriam um desastre — falei. — De agora em diante, vamos conversar antes de você começar.

Os cozinheiros, porém, seriam obviamente um problema. Antoinette, que era francesa e talentosa, achava a minha culinária reles demais para melhorar o restaurante. Ela nunca pensava em custos, trazendo ossos de seu próprio açougueiro para fazer o caldo da sopa de cebola e insistindo para que assássemos nosso próprio pão, mesmo que isso custasse mais. Certa vez, usou litros de creme de leite para fazer uma *bisque* de camarão tão extraordinária, que anos depois as pessoas ainda perguntavam: "*Bisque* de camarão?"

Judith, a mulher do professor universitário, tampouco se deixava impressionar por mim. Ela era a arma secreta do The Swallow, uma mulher que ia à Europa todo verão para ter aulas de culinária com *chefs* famosos. Voltava com ovas de tainha secas da Sardenha e açafrão da Espanha. No verão que passou na Itália, trouxe de volta o verdadeiro vinagre balsâmico de Modena, e as famosas saladas do The Swallow ficaram ainda mais famosas. Por volta do final do meu mês de experiência, entrei na cozinha bem na hora em que Judith estava provando o ensopado picante de carne de porco e tomates verdes.

— Você usou feijão enlatado! — disse ela, fazendo uma careta. — O que se pode esperar de alguém que mora em uma comunidade?

Bob, o outro *maestro*, considerava-me insuficientemente temperamental para ser uma grande cozinheira. Seu talento era imenso, mas ele só cozinhava por desespero e decepção; sempre que rompia com a namorada, afogava as mágoas na criação de uma obra-prima. Felizmente seu relacionamento era tempestuoso, mas mesmo em um dia calmo ele era capaz de fazer algo tão espetacular quanto as pimentas recheadas com manteiga de amendoim que inventou para um trabalho de bufê. Quando eu lhe disse que as achava fantásticas, demonstrou seu desdém com um gesto da mão e disse:

— Você está só me tentando fazer votar a seu favor.

Eles me mandaram sair da sala enquanto votavam. Esperei dez minutos, 15 minutos, 20. Quanto tempo poderia levar uma simples votação? Depois de meia hora, não consegui agüentar mais e voltei. Ninguém sequer levantou os olhos: estavam discutindo sobre um pedido de receita de uma revista.

— É uma publicação elitista! — gritou Michael. — Não podemos lhes mandar uma receita.

— Deveríamos ficar lisonjeados por termos sido convidados — disse Antoinette.

— Vai ser boa publicidade — concordou Judith.

Será que eu havia sido aceita na coletividade? Ninguém disse nada, então simplesmente me sentei.

— Publicidade não é a questão — disse Peter. — Será que realmente queremos sustentar a grande imprensa?

— Queremos — disse Judith. — Precisamos de mais clientes.

— Por favor! — disse Linda. — Mal conseguimos administrar o restaurante agora.

— É — contribuiu Chrissy, pessimista —, e quem vai datilografar? Melhor que não seja ninguém do meu turno!

— Eu entrei? — perguntei. — Se eu houver entrado, posso datilografar em casa.

— É claro que você entrou — disse Antoinette com impaciência. — Mas não se incomode com a receita. Eu já mandei.

Michael e Peter grunhiram em uníssono.

Eu estava muito orgulhosa por fazer parte do The Swallow. Gostava particularmente do turno da manhã de sábado; depois de alguns meses, estávamos funcionando como uma máquina bem azeitada. Eu adorava a velocidade e a pressão, o sentimento de que estávamos operando com eficiência máxima. Toda semana tentávamos produzir mais comida em menos tempo, fazer uma torta a mais ou uma salada de arroz especial. Éramos duas vezes mais produtivos do que os outros turnos, e era emocionante. Cansativo também: quando chegava o meio-dia e era hora do meu intervalo, eu mal tinha energia para levar um pedaço de *quiche* para o jardim.

Certo sábado, eu estava sentada no chão, bebericando limonada e recostada em uma grande escultura de bronze. Meu prato intocado de *quiche* estava ao meu lado.

— Você não vai comer isso? — perguntou uma voz. Uma mulher obesa de meia-idade estava em pé acima de mim, olhando desejosa para o prato de porcelana branca.

— Pode ficar — falei —, estou cansada demais para comer. — Sua mão partiu como um raio, como se ela temesse que eu mudasse de idéia. Ela pôs no chão a cesta de palha cheia de jornais que carregava e se acomodou ao meu lado com suas muitas saias. Deu uma mordida.

— Você faz a melhor *quiche* do The Swallow — disse ela. Aproximou o rosto corado um pouco demais do meu, de modo que pude ver as rugas em volta de seus olhos azuis brilhantes e os cabelos grisalhos curtos aparecendo por baixo do lenço estampado que os cobria.

— Obrigada — respondi, desejando que ela se afastasse um pouco.

— Sou Rachel Rubenstein — disse ela, chegando ainda mais perto. — Estou escrevendo uma tese sobre cinema.

— Ahn — retruquei da maneira mais vaga de que fui capaz. Recuei, esperando que, se eu não dissesse nada, ela fosse embora. Eu já ouvira falar em Rachel, que parecia passar todo seu tempo no Arquivo de Cinema vizinho ao restaurante, fazendo perguntas impossíveis para os diretores que iam lá fazer projeções especiais de seus filmes. Ela assistia aos filmes antiqüíssimos que não pareciam interessar a mais ninguém, esgueirando-se para fora da sala entre as sessões para tomar café e comer sanduíches.

— Eu nunca fui à universidade — continuou ela. — Tive filhos cedo demais. Não cometa esse erro.

Sacudi a cabeça sem dizer nada.

— Quantos anos você tem? — perguntou ela.

— Vinte e seis — respondi. — Droga! — Ela havia me fisgado.

— Perdão? — disse ela.

— Nada — retruquei. E então ela já estava me contando sobre o filho ingrato que nunca vinha visitá-la e sobre seus gatos e sobre por que ela gostava tanto de cinema.

Depois disso, ela virou minha cliente, do mesmo modo que os rapazes bonitos pertenciam a Chrissy e a Linda. Aquilo não me parecia muito justo, mas eu não sabia como fazê-la ir embora.

Rachel estudava a coletividade. Ela o fazia abertamente, sentando-se na mesa do canto e observando sua vítima da vez como um gato observa um rato. Mais tarde, dizia-me o que achava.

— Conheço o tipo dela — disse Rachel, apontando para uma unha quebrada de Helen. — Pessoas como ela não compreendem a verdadeira dor. Ela recebeu tudo de bandeja. Seu marido a sustenta?

Ela chamava Chrissy e Linda de "as trabalhadoras" e as respeitava, muito embora elas a tratassem com total desprezo. Serviam-na com razoável educação, mas, quando ela tentava puxar conversa, elas se recusavam a responder. Eu gostaria de ter sido capaz de ser tão rude assim.

Michael era "aquele grande brutamontes". Ela não o deixava servi-la.

— Ele se diz marxista e poeta — dizia ela com desprezo —, mas um dia fui escutar uma de suas leituras. Puro lixo. — Ela aprovava Peter porque ele era gentil e ela gostava de suas opiniões políticas. Mudou de idéia abruptamente quando o viu no cinema com uma moça alta de longos cabelos louros. — Eu nunca teria pensado que ele fosse um homem que se deixaria seduzir por uma deusa gói — disse ela com um muxoxo.

Rachel também tinha seus problemas com as pessoas que administravam os arquivos, sobretudo depois de dizer a um diretor iugoslavo de vanguarda que ele era um "fascista sem talento" em um debate depois da projeção. Ela estava tão histérica, que era possível ouvir suas exclamações através das portas fechadas da sala de cinema.

Ela ainda estava gritando quando Steve, o bilheteiro de modos gentis, expulsou-a.

— Seu imprestável fascista — gritou ela, sacudindo o punho enquanto saía do cinema. Prendi a respiração, esperando que ela passasse pelo restaurante e fosse embora. Mas não, ela estava entrando. Corri até a sala de pastelaria, esperando que ela não houvesse me visto.

Mesmo lá de trás eu podia ouvir sua voz ameaçadora.

— Preciso de um café neste instante! — gritou ela. Depois exigiu um biscoito *shortbread*. — Isto está pequeno demais — vociferou ela —, traga-me um pedaço maior.

Não ouvi a resposta de Peter, mas ela obviamente não foi satisfatória. Ouviu-se um estrondo e uma exclamação audível das pessoas em volta. Então Peter começou a gritar:

— Fora, fora, fora — a plenos pulmões.

Não pude me conter; eu precisava descobrir o que estava acontecendo. Entrei no salão e vi Rachel atirando pedaços de *shortbread* pelo recinto.

— Imprestável fascista, imprestável fascista, imprestável fascista — repetia ela a cada vez que lançava outro quadradinho de biscoito claro na cara de Peter.

— Faça alguma coisa — gritou Peter quando me viu. Corri até lá e segurei Rachel. Ela irradiava eletricidade, como se fosse uma torradeira em curto-circuito. Quando eu a toquei, ela pôs os braços ao lado do corpo e começou a chorar.

— Eles me obrigaram a fazer isso — disse ela.

— Eles quem? — perguntei.

— Eles — disse ela. — Aqueles que puseram as placas na minha cabeça.

— Shh, shh — disse eu, acalmando-a. Levei-a até o jardim e a fiz sentar-se em um banco. — Shh, shh — repetia eu, afagando seu braço grande e flácido —, está tudo bem.

— Um dia você vai saber o que é isso — disse ela, pressionando as bochechas molengas nas minhas. — Vai saber o que é colocarem placas na sua cabeça e controlarem tudo.

— Shh, shh — falei, o mais apaziguadora possível.

— Você vai saber quando a sua hora chegar — repetiu ela. Eu não disse nada, então ela fixou seus olhos azuis loucos em mim e sibilou:

— Vai acontecer com você.

Olhando para ela, de repente senti medo. Tentei desviar os olhos, mas seu rosto estava encostado no meu, com os dentes cerrados. Fiquei aliviada quando Antoinette saiu com seu avental roxo e disse, como se aquele fosse um dia normal:

— Ruth, você pode entrar? A sessão de cinema terminou.

— Eu já estava indo embora — disse Rachel, juntando as saias com dignidade. — Não suportaria ver aquele porco iugoslavo de novo. — Ela se levantou e me lançou um olhar significativo. — Pense no que eu lhe disse — falou ela, e saiu pisando firme. Pude sentir seus passos reverberando pelo chão enquanto entrava no restaurante.

Na noite seguinte, convocamos uma reunião de emergência sobre Rachel Rubenstein. Tomamos nossos lugares em torno da grande mesa de carvalho e Antoinette distribuiu pedaços de bolo de chocolate com abóbora.

— Provem — instou ela. — Deveríamos fazer isso todos os dias.

— Antoinette! — disse Linda, batendo o pé. — Não estamos aqui para comer bolo. Estamos aqui para resolver o que fazer quanto àquela mulher louca.

— Por favor — disse Antoinette, com o sotaque francês muito carregado. — Provar não dói. Poderíamos ganhar 60 dólares a mais por dia.

— Está uma delícia — disse Judith.

— Judith! — disse Linda.

Judith jogou as mãos para cima.

— Tudo bem, tudo bem, vamos falar sobre Rachel — concordou ela. — Mas nós bem que precisamos do dinheiro. Não nos damos um aumento há quase um ano.

— Ela deveria ser banida — disse Chrissy, direta. — É simples. Ela afugenta os clientes e a única pessoa que gosta dela aqui é Ruth.

— Eu não gosto dela — falei —, eu sinto pena dela. Gostaria de nunca tê-la conhecido. Mas o que nós vamos fazer, pregar um cartaz dizendo AFASTE-SE, RACHEL RUBENSTEIN?

— O arquivo não vai mais deixá-la entrar de graça — disse Chrissy. — Então ela não tem por que vir aqui.

Michael se levantou. Estava agitado.

— Não acredito que eu esteja ouvindo isso, cara — disse ele. — O que é isto, um Estado policial? Estamos falando seriamente em banir alguém?

— Eu não vejo você conversando com ela — assinalei.

— Ei, eu não suporto aquela velha louca — disse ele —, mas apóio seu direito de comer onde quiser e dizer o que pensa. Mesmo que eu não goste.

— Você certamente não gostaria de ouvir o que ela diz sobre a sua poesia — disse-lhe eu. Ele não se abalou.

— Pelo menos ela foi a uma leitura — disse ele —, o que é mais do que se pode dizer de qualquer um de vocês.

Judith se levantou.

— Será que podemos por favor ater-nos ao assunto? — implorou ela.

Foi uma reunião típica do The Swallow; todos tinham uma opinião, ninguém tinha uma solução. Conversamos durante horas e não fizemos nada. A única decisão que tomamos foi acrescentar o novo bolo de chocolate e abóbora de Antoinette ao nosso repertório.

Rachel começou a ir ao restaurante todos os dias, sentando-se em sua mesa do canto e me seguindo com os olhos. Ela não deixava mais ninguém servi-la; disse que tinha medo de que a envenenassem. Passava a tarde inteira sentada ali, mordiscando devagar um pedaço de *quiche*, comendo pedaços infinitesimais para fazê-la durar. Algumas vezes, quando eu estava lavando a louça, sentia seus olhos pregados em mim até me virar e vê-la, de pé junto à porta da cozinha, ainda a me encarar.

As coisas foram ficando cada vez mais sinistras. Rachel Rubenstein estava por toda parte. Quando eu me embrenhava entre as prateleiras da Biblioteca Pública de Berkeley, encontrava-a lá, à minha espera. Se ia à feira de Monterey, ela também estava lá, encolhida junto aos pêssegos. Mudei meus turnos no restaurante para evitá-la, mas não sei como, quando eu estava trabalhando, ela me encontrava.

— Espere só — dizia ela, sempre com um tom de ameaça —, as vozes vão chegar para você também. — Era assustador.

Abri mão da maior parte dos meus turnos no restaurante e os substituí pelos serviços de bufê; o restaurante tinha um próspero negócio de festas particulares, e eu me especializei em bolos de casamento. Os horários eram irregulares e Rachel Rubenstein nunca sabia onde poderia me encontrar. Mas certa noite, quando eu estava tirando do forno a última camada de um bolo, Rachel Rubenstein se materializou. Ela estava do lado de fora, batendo na grande porta envidraçada. Fiquei na cozinha, fingindo não ouvir, mas as batidas foram se tornando mais insistentes.

Finalmente, Michael foi investigar. Ele abriu a porta e ouvi o murmúrio de vozes. Então ele entrou na cozinha.

— Rachel diz que não vai embora até você falar com ela — disse ele.

— Não a deixe entrar! — falei. — Por favor!

— Bom, vá pelo menos falar com ela — disse ele. — Eu vou com você. — Nós dois fomos até a porta e abrimos uma fresta.

Era uma noite clara. A lua estava cheia. Rachel estava em pé no jardim, orgulhosa. Quando abri a porta, ela aproximou o rosto bem perto e disse:

— Você não pode fugir de mim. Nós somos a mesma pessoa. Eu sou você e você é eu. — Ela então se virou e foi embora.

— Assustador, cara — disse Michael.

— É — falei. — O que você acha que eu devo fazer?

Michael olhou para mim durante muito tempo, passando o peso do corpo de um pé para o outro como se estivesse discutindo consigo mesmo. Suas mãos tremiam de agitação. Ele finalmente havia entendido que ela poderia ser perigosa. E odiava a implicação que isso continha.

— Bom — disse ele devagar. — Talvez você devesse simplesmente arrumar outro emprego.

16

Outra festa

No verão de 1977, a cidade de Nova York foi engolfada pela escuridão no pior blecaute da história do país.

Tia Birdie completou 100 anos.

E Doug teve sua primeira grande chance profissional.

Ele foi convidado a fazer parte do Artpark, antigo aterro sanitário perto de Buffalo, hoje transformado em museu ao ar livre. Aquilo era uma grande honra: a cada ano, uns poucos artistas eram convidados para criar obras temporárias. Para manter o público entretido, havia também um teatro, uma sala de ópera e oficinas de artes e ofícios em todos os assuntos, de cerâmica a culinária. Fui convidada para participar também de forma casual, como a mulher de um artista; tornei-me a *chef* residente.

Enquanto eu fuçava na cozinha mal equipada, Doug percorria o parque à procura do local perfeito para sua escultura. Enquanto eu lavava panelas e frigideiras enferrujadas, ele escolheu o caminho íngreme e sinuoso que margeava o desfiladeiro do rio. Eu escrevia receitas e vasculhava as feiras ao mesmo tempo em que ele construía um arco de madeira que se curvava graciosamente em direção ao rio Niágara. A peça ficou linda. E engenhosa: Doug cobriu o arco com fios para capturar o vento que passava correndo em direção à água, extraindo música do ar. Escutava-se o som antes de se ver a escultura, e o efeito era mágico, como se o vento estivesse sussurrando em seu ouvido, atraindo-o para o rio.

Minhas aulas de culinária começaram na mesma hora em que Doug terminou de construir a primeira escultura e começou a trabalhar em uma peça adjacente, uma série de canos enfiados livremente pelo chão. Quando o vento estava forte o suficiente, eu podia ouvir os canos soprando alegremente, mesmo da cozinha. Era um bom contraponto para o som etéreo dos fios, e a trilha musical de Doug tornou-se o local mais popular do Artpark.

ESCULTOR ENCONTRA MÚSICA NO VENTO, elogiava o *Courier-Express* de Buffalo. A harpa de vento foi um sucesso tão grande que donos de galerias de arte que antes se recusavam a olhar os *slides* de Doug começaram a lhe implorar para ir visitá-los em Nova York.

"E o que *você* faz, querida?", perguntavam os donos das galerias com educação enquanto cortejavam meu marido. Artes e ofícios não tinham uma pontuação muito alta na escala do Artpark. Comecei a fechar a cara. Detestava meu próprio comportamento, mas, quanto mais atenção Doug recebia, mais eu ficava mal-humorada. Não conseguia evitar. Então, certo dia, uma jornalista do *Courier-Express* veio me procurar.

Deve ter sido um dia com poucas notícias, porque eles deram uma chamada da matéria na primeira página. *CHEF* CIGANA É BARONESA PARA O PÚBLICO DO ARTPARK, dizia o título. "Ela parece uma bela cigana exótica", começava a jornalista, "com seus longos cabelos pretos ondulando ao vento." Li a matéria vezes sem conta, guardando a palavra "bela" como se fosse uma jóia. Olhei-me no espelho. Mas a verdade era que a jornalista havia exagerado tudo. Ela falava dos meus "braços fortes, acostumados a trabalhar a massa" e mencionava que, embora Doug e eu estivéssemos acampados na caminhonete, eu fora criada levando uma vida diferente. Meu "francês impecável", dizia ela, devia-se ao fato do meu pai ser diplomata. Bom, isso eu podia entender; por que deixar a verdade estragar uma boa história?

A jornalista disse que minha comida era excelente e que eu fazia os melhores *brownies* que ela jamais havia provado. As pessoas, segundo ela, clamavam pelas minhas receitas. Essa parte também era inventada, mas depois disso tornou-se verdade: as pessoas acorriam aos montes para assistir às minhas demonstrações. Eu estava no meu elemento: a Superstar me havia ensinado a ensinar a cozinhar, e agora eu estava me divertindo a valer.

Ou eu teria me divertido a valer, não fosse pelos meus pais. Mas eu estava na Costa Oeste, desprotegida pela grande extensão de território dos Estados Unidos. E minha mãe havia decidido comemorar o 100º aniversário de tia Birdie.

Brownies do Artpark

INGREDIENTES

2/3 de xícara de manteiga
150g de chocolate meio amargo de boa qualidade
2 colheres de café de baunilha
4 ovos
½ colher de chá de sal
2 xícaras de açúcar
1 xícara de farinha peneirada

Preaqueça o forno a 200ºC.

Unte e enfarinhe uma assadeira quadrada de 23cm.

Derreta a manteiga e o chocolate em banho-maria sobre água fervente. Quando estiver derretido, acrescente a baunilha e reserve.

Bata os ovos e o sal na batedeira. Acrescente o açúcar e bata em alta velocidade por cerca de dez minutos, ou até a mistura estar bem clara.

Acrescente a mistura de chocolate e manteiga e bata em velocidade baixa, só até misturar. Junte a farinha e misture rapidamente até não haver mais partes brancas.

Despeje a massa na assadeira e ponha no forno. Abaixe imediatamente o forno para 175ºC e asse por 40 minutos. (O teste normal do palito não funciona com estes brownies, *mas se quiser tentar furá-los com um palito, este deverá sair não totalmente limpo.) Não asse demais; os* brownies *devem ficar molhadinhos.*

Rende 12 brownies.

— Você não pode imaginar como está isto aqui — disse meu pai.

Ah, podia sim. Eu estava em pé ao lado do telefone público do Artpark pensando no caos que minha mãe era capaz de criar. Lembrei-me de como nossa antiga casa havia ficado duas semanas antes da festa de noivado de Bob, e tentei imaginar como estaria a nova casa.

— Ela já começou a limpar os armários? — perguntei.

Papai grunhiu.

— É pior do que isso — disse ele. — Sua mãe decidiu dar a festa na garagem, então a esvaziou. A entrada da garagem está cheia de lixo: móveis quebrados, ferramentas velhas, estepes. A aparência, é claro, é horrível, e os vizinhos estão começando a reclamar. Em seguida, ela resolveu que precisamos de um novo gramado, então contratou uns homens para virem cavar o jardim todo.

— Vocês precisam mesmo de um novo gramado — falei.

— Pode ser. Mas os jardineiros furaram um dos canos e as duas banheiras entupiram. Eu já lhe contei que o lava-louças está cheio de esgoto?

— Mamãe tem tomado o lítio? — perguntei.

— Tem, tem sim — disse ele impaciente. No fundo, meu pai nunca havia acreditado em soluções químicas, e tratava a doença da minha mãe como se fosse uma cruz que ele devesse carregar. — Sua mãe só fica dizendo que está tudo bem e que eu não deveria me preocupar. Mas não está tudo bem. Eu não sei o que fazer! Faltam só 12 dias para a festa. Você não poderia vir mais cedo?

— Não — falei. — Eu tenho obrigações aqui. Estou dando aulas de culinária.

Papai deu um risinho de impaciência.

— Aulas de culinária... — disse ele. — Isto aqui é importante. Você deveria ver a comida que sua mãe tem juntado. — Conhecendo meu ponto fraco, papai fez um apelo à guardiã dos convidados. E ela caiu direitinho na armadilha.

— Não poderia ser da Horn & Hardart — falei —, eles fecharam.

— Ela encontrou algum lugar em Bridgeport que vende comida no atacado — disse ele. — Vai lá de carro todos os dias. Comprou tanta comida, que começarmos a empilhar as caixas na entrada da garagem junto com o lixo.

— Achei que essa festa fosse ser pequena — disse eu.

Papai suspirou.

— Ela vem crescendo.

— Mas quem mamãe poderia convidar? Tia Birdie tem 100 anos. Todos os seus amigos já morreram.

— Ah, ela fez novos amigos. Você conhece Birdie. E depois sua mãe começou a pensar em pessoas que poderiam gostar de ser amigas dela.

— Jornais? — perguntei, hesitante.

— Não preciso nem dizer — falou papai. — Uma mulher de 100 anos que mora sozinha dá uma boa matéria.

— Eu chego aí na véspera da festa — prometi. — Assim terei um dia inteiro para ajeitar as coisas.

— Não é tempo suficiente — disse papai. Ele parecia desesperado.

— É só uma festa — falei.

— Eu sei — respondeu ele baixinho. Imaginei-o, agora ligeiramente corcunda, com os cabelos mais ralos, fitando o lago lá fora com pessimismo. Senti-me egoísta e culpada, mas eu queria ser deixada em paz.

Não houve jeito. Minha mãe começou a ligar. Com freqüência. A secretária do diretor sempre tinha de me procurar pela imensidão do parque, e cada telefonema a deixava mais irritada.

— Este é o 12º telefonema em três dias — disse ela certo dia, enquanto me conduzia até o pequeno *trailer* abarrotado que abrigava seu escritório. — Nem tem mais graça escutar atrás da porta.

— Tia Birdie não é da *minha* família — começou minha mãe. — Ela é sua avó, e você nem sequer se importa o suficiente para vir me ajudar com a festa dela.

— Mamãe — falei —, a festa não foi idéia minha. Tia Birdie provavelmente nem quer dar uma festa. Eu não entendo por que isso de repente virou minha responsabilidade.

— Porque eu preciso de você — disse minha mãe. — Não lhe peço para fazer muitas coisas por mim. Você sequer fica satisfeita por poder me ajudar muito de vez em quando. Não sei o que fiz para criar uma filha tão egoísta, uma filha que só pensa em si. Eu não peço muito! — E mamãe bateu o telefone.

— Já vai tarde — falei, mas eu estava tremendo.

— Você sabe que ela vai ligar de novo — disse a secretária. — Será que não poderia simplesmente ficar por perto para eu não precisar ir procurá-la quando ela ligar?

— Tenho trabalho a fazer — falei, saindo.

Quando ela tornou a ligar, foi o próprio diretor quem saiu à minha procura. Ele ficou escutando eu discutir com minha mãe. Quando finalmente desliguei, ele disse:

— Você está fazendo um trabalho maravilhoso aqui e eu não poderia estar mais feliz. Mas se tiver de sair uma semana antes, tudo bem. — A intenção era boa. — Parece que sua mãe precisa mesmo de você.

— Ela NÃO PRECISA — berrei para ele. Desejei estar de volta à Califórnia.

— Por favor — pediu papai.

— Você me deve isso — disse mamãe.

— Seu pai está com uma voz horrível — intrometeu-se Doug. — Ela deve estar transformando a vida dele em um inferno. Talvez você devesse ir.

— Ah, que ótimo — falei. Mas a essa altura eu já havia aceitado o inevitável. Lancei-me de cabeça nas últimas aulas de culinária, saboreando o fim da minha liberdade.

Na manhã em que fui embora do Artpark, olhei no espelho. Na luz débil do banheiro público, descobri meu primeiro cabelo branco. "É culpa dela", falei para mim mesma; aos 30 anos, mamãe já estava completamente grisalha.

Para mim, faltava um ano.

Fiquei chocada com a aparência do meu pai. Em pé na plataforma da estação de trem, ele estava hesitante, examinando todas as pessoas que passavam. Havia perdido muito peso e agora estava tão alto e magro que os cabelos brancos que brotavam de seu couro cabeludo lhe davam a aparência de uma garça aflita. Pela primeira vez na minha memória, ele realmente aparentava sua idade. Era fácil calcular; papai nascera na virada do século.

— Você está bem? — perguntei, passando o braço no dele.

— Ah, estou sim — disse ele —, não há nada de muito errado comigo. Além disso, sua mãe fica tão brava quando eu digo que não estou me sentindo bem. Diz que quem é doente é ela. — Ele me levou até o carro, abriu a porta para mim, fechou-a com cuidado e em seguida deu a volta e sentou-se ao volante. — Ela brigou de novo com Bob — disse ele ao dar a partida.

— Ela o está deserdando de novo? — perguntei. Em suas fases maníacas, minha mãe reescrevia seu testamento regularmente. Isso a fazia sentir-se rica.

Papai suspirou.

— Deserdou — disse ele, recitando-me a lista atual de assuntos proibidos. Não era seguro mencionar a saúde do meu pai, meu irmão, a amiga de minha mãe Estelle ou a bagunça na casa. Assenti, sabendo que o que eu dissesse não teria muita importância; quando minha mãe estava maníaca, a paz era uma impossibilidade.

Durante o trajeto, perguntei-me sobre o que papai e eu conversaríamos se mamãe fosse uma pessoa normal. Se ela fosse normal, é claro, eu não existiria, para começo de conversa: à sua própria estranha maneira, ela era a liga que nos mantinha unidos. Ser uma família significava lidar com mamãe.

A entrada da garagem estava ainda pior do que a descrição de papai. Já que não havia lugar para o carro, ele simplesmente me fez descer na frente da garagem, deu meia-volta e foi pegar seu trem. Ia trabalhar. Eu não o culpava. Abri caminho entre as caixas e cadeiras quebradas e cheguei até a porta. Através do vidro, podia ver que a sala de estar estava bem parecida com o gramado.

Empurrei a porta para abri-la e hesitei, temendo o instante em que perderia o controle. Ao cruzar o patamar, tive uma sensação de queda, como se estivesse voltando no tempo. Tentei desesperadamente me prender à imagem da *chef* cigana, mas ela havia sumido, junto com a dona de restaurante e a esposa. Tudo que restava era uma menininha.

— Gatinha! — gritou mamãe, abraçando-me. — Você chegou! Vamos tomar uma xícara de chá.

Ela empurrou algumas coisas para abrir um caminho em meio à bagunça e me conduziu até a sala de estar. Toda a prataria estava fora dos armários.

— Precisamos polir isso tudo — murmurou mamãe, empurrando os objetos para o canto da mesa. Ela entrou na cozinha e voltou trazendo uma bandeja coberta de coisas em estágios variados de decomposição.

— O que é isso? — perguntei.

— Ah, só algumas sobras que pensei que poderíamos terminar como café da manhã — disse mamãe, servindo-se de alguma coisa cremosa com uma suspeita cor azul na parte de cima. — Isto é pudim de arroz. Coma um pouco, está muito bom.

— Comi no trem — falei apressada. — Acho que vou só tomar um pouco de chá. Você já decidiu o que vai servir na festa?

— Ah, temos muito tempo para pensar nisso depois — disse mamãe. — Pensei que hoje eu poderia levá-la para fazer compras. Tenho certeza de que você precisa de roupas novas.

— Mamãe — falei —, a festa é daqui a uma semana. Eu não vim até aqui para ir fazer compras. Precisamos limpar a casa.

— Eu não *quero* pensar nisso agora — disse minha mãe com petulância. — Vamos nos divertir um pouco! Passamos o dia fazendo compras e quando papai chegar saímos para jantar. Amanhã haverá muito tempo para pensar na festa.

A idéia era que eu assumisse as rédeas, mas ela era forte demais para mim. Eu não tinha energia para resistir. Segui minha mãe até o carro e passei o dia encarando espelhos, experimentando roupas das quais não gostava nem precisava.

— É tão divertido comprar roupas para você agora que está magra! — exclamou mamãe saindo da loja, carregada de caixas. — Estou me divertindo tanto!

Quando entramos cambaleando pela porta da frente, cheias de compras nos braços, papai estava em casa. Ele olhou para mim e fez uma cara de arrasado. Eu sabia que o havia desapontado, mas tudo que ele disse foi:

— Vou só lavar as mãos e podemos sair para jantar.

— Leve Ruthie você — disse minha mãe —, eu acho que vou ficar aqui e começar a faxina. Não estou com muita fome.

— Ah, querida — disse meu pai, entregando-se ao antigo ritual —, não vai ter a menor graça sem você.

— Não, amor, vá sem mim. Vocês vão se divertir mais — retrucou ela.

— Por favor, minha querida, venha — começou papai. Seriam dez minutos disso. De repente, não pude suportar. Pus a mão no braço do meu pai e me virei para minha mãe.

— É claro que nós entendemos se você não quiser vir — falei. — O dia hoje foi longo. — E, sacudindo as chaves do carro, conduzi meu pai espantado pelo caminho que minha mãe abrira na sala de estar, por entre a bagunça da entrada da garagem, e até o carro.

Ele parou, hesitante, com a mão na maçaneta da porta, relutando em entrar. Parecia muito infeliz.

— Você acha mesmo que nós... — começou, e então parou no meio da frase. Emoldurada pelo vão da porta, lá estava minha mãe, vestindo apressadamente um suéter.

— Acho que pensando bem eu vou — disse ela alegremente, abrindo caminho entre a mobília quebrada.

Naquela noite, eu tive um sonho. Eu era uma menininha com longos cachos louros usando um vestido branco com um cinto azul. O sol brilhava e estávamos dando uma festa no jardim. Onde estávamos? Atrás de nós havia uma imensa mansão e o gramado descia suavemente até um rio. Uma pequena orquestra vestida inteiramente de branco tocava uma linda música. O céu era azul, a grama era verde, e as pessoas não paravam de chegar em carruagens puxadas por cavalos.

Eu estava cozinhando em um belvedere, em pé em cima de uma cadeira na frente do fogão. Mas não estava sozinha: a Sra. Peavey e Alice também estavam lá. Alice mergulhava ostras em uma tigela de ovos e as entregava à Sra. Peavey, que as passava na farinha de rosca e as entregava a mim. Eu as punha dentro da gordura quente e esperava que subissem à tona borbulhando. Quando o faziam, eu as tirava da gordura e as entregava aos garçons alinhados atrás de mim com bandejas vazias.

Havia uma mulher escondida atrás do fogão, encarando cada movimento meu. Ela me deixava nervosa. Então se levantou e pude ver que era Rachel Rubenstein. Ou seria minha mãe? Alice olhou para ela com desdém e então, como se ela fosse um cachorrinho inoportuno, disse: "Agora suma. Xô. Vá embora." E a mulher simplesmente desapareceu.

Eu estendia a mão para a próxima leva de ostras fritas. Mas elas flutuavam para longe de mim e, uma por uma, levantavam-se do óleo e subiam pelo ar. Voavam na direção de um homem ao longe vestindo um *smoking*. Os bocados dourados davam a volta nele uma vez e em seguida pousavam suavemente sobre a bandeja de prata que ele segurava com as mãos de luvas brancas.

Era Henry. Ele se virou e entregou a bandeja ao garçom atrás de si, que vestia um *smoking* tristemente amarrotado. "O Sr. Izzy T fica ridículo de *black tie*", pensei enquanto Henry vinha em nossa direção. Ele fez uma mesura solene e então, segurando Alice em um braço e a Sra. Peavey no outro, levou-as embora devagar.

Quando acordei, o sol se derramava sobre o meu rosto como uma carícia. Ele irradiava atrás das minhas pálpebras, todo brilhante e dourado. Espreguicei-me com volúpia enquanto uma sensação de bem-estar me invadia. Joguei água fria no rosto, vesti uma roupa qualquer e desci.

A bagunça na casa parecia ter se multiplicado enquanto eu dormia.

— Ela passou a noite acordada — disse papai com tristeza. — Esvaziou todos os armários. Agora saiu para mandar transformarem o outro samovar em luminária. — Ele sacudiu a cabeça, vagaroso.

— Sente-se — falei. — Não se preocupe. — Fiz café e suco de laranja e servi os brioches para o café da manhã. — A festa vai ser ótima. — Levantei o copo e brindei com o dele. — Saúde — falei. — Tenha um bom dia. Vou levá-lo até a estação.

Voltei, lavei a louça e sentei-me para pensar sobre a comida. Tentei me lembrar do cardápio do casamento de tia Birdie, pensar nos pratos de que ela mais gostava. Para começar, é claro, ostras fritas. E uma salada. E depois? No casamento, houvera salmão com molho de lagosta, mas mamãe não tinha escaldador de peixe. Tive uma súbita inspiração e liguei para o mercado de peixe. É claro, disseram eles, poderiam escaldar salmão para mim sem problema nenhum. A quantidade que eu quisesse. Eu poderia ir escolhê-los logo antes da festa. Se eu fizesse o bolo com antecedência e preparasse o molho da salada, tudo que teria de fazer no dia da festa seria lavar alface, fazer um molho para o salmão e fritar as ostras. Ficaria tudo bem: mamãe podia convidar mil pessoas.

Sentindo-me totalmente calma e controlada, voltei-me para os problemas mais urgentes. Chamei bombeiros para consertar o lava-louças e jardineiros para consertar o estrago feito no gramado. Aluguei mesas e cadeiras. Encomendei champanhe. Em seguida, passei ao problema da entrada da garagem.

Na verdade, eu estava me divertindo. E, se mamãe não estragasse tudo, teríamos uma boa festa.

Mamãe me deserdou cinco vezes nos sete dias seguintes. Na maior parte do tempo, não liguei. Inspirada pelo sonho, eu trabalhava de forma constante e meticulosa, limpando a casa cômodo por cômodo, gostando de pôr ordem em toda aquela bagunça. Minha mãe ficou furiosa.

— Você não pode dar isso! — gritou ela certo dia, seguindo-me até a entrada da garagem, onde eu estava fazendo uma pilha para doar a uma instituição beneficente. — É a mesa da minha mãe.

— Tudo bem — falei —, onde você gostaria de colocá-la? — Ela ficou parada, sem palavras, olhando para mim com desconfiança.

— Você tem três escolhas — falei. — Pode encontrar um lugar para ela dentro de casa. Pode doá-la para uma instituição beneficente. Ou pode alugar um guarda-móveis para tudo que quiser guardar.

— Você é tão, tão, tão... — gaguejou ela.

— Tão o quê? — perguntei.

— Tão fria! — conseguiu dizer ela por fim. — Nada a abala. Você não tem coração. Você adorava azeitonas quando era pequena. Sabia disso? Limões também. Quando era bebê, nós entrávamos no quarto e a encontrávamos no berço, chupando limões. Se eu soubesse naquela época que você ficaria tão amarga, teria ido embora.

— Tenho certeza de que teria — falei. — Você me ajuda a limpar a prataria? Eu gostaria de guardá-la.

— Limpe você — disse ela. — Tenho coisas importantes a fazer. — E saiu com uma rabanada para dar telefonemas. — Espere só — disse ela por cima do ombro —, você vai ver o que é isso. Psicose maníaco-depressiva é uma doença hereditária, sabia? Eu não era assim quando tinha a sua idade. Você provavelmente vai terminar igualzinha a mim.

"Esta não é a minha vida real", repetia eu para mim mesma incontáveis vezes, como um mantra. "Só mais quatro dias. Eu agüento." Minha mãe fez de tudo para criar um caos, mas pela primeira vez na minha vida eu me recusei a acompanhá-la. Quando ela ligou para a peixaria e cancelou o salmão ("Que despesa ridícula!"), não discuti. Simplesmente levei um cheque à loja e paguei adiantado.

— Pensei que você fosse uma ótima cozinheira — gritou mamãe quando descobriu o que eu havia feito. — Imagino que você vá me dizer que vai encomendar o bolo também!

— É mais barato do que comprar assadeiras novas — retruquei. Estupidamente. Isso deu a mamãe uma oportunidade de discutir o desperdício chocante do meu comportamento ao doar tudo para uma instituição beneficente.

— Tenho certeza de que havia assadeiras naquelas caixas — disse ela.

Mas o humor de mamãe estava mudando. O caos a fazia vicejar, e à medida que a casa foi ficando mais arrumada ela começou a murchar como um balão, tornando-se mais dócil a cada dia que passava. Três dias antes da festa, chegou a perguntar o que poderia fazer para ajudar. Limpamos a prataria e lavamos pratos. Planejamos arranjos de flores. Pensei que estivéssemos tendo uma tarde agradável, mas no dia seguinte ela se recusou a sair da cama.

— Você fez um ótimo trabalho — disse papai, passando as mãos pela mesa recém-encerada. — É muito eficiente. Mas não poderia fazer sua mãe se sentir mais parte da festa? — Agora que eu o havia resgatado, ele não estava totalmente satisfeito; não acho que ele soubesse o quanto gostava do tumulto que mamãe criava.

Na manhã da festa, mamãe disse que não estava se sentindo bem o suficiente para participar. Ela só seria um transtorno. Perambulou com morosidade entre as mesas do gramado e olhou para as verduras recém-lavadas. Estendeu a mão para tocar as ostras empanadas esperando para serem fritas. Quando papai voltou da peixaria, ela comentou que o salmão estava lindamente decorado. Em seguida, voltou para a cama. Deveríamos nos divertir sem ela, falou. Puxou as cobertas por cima da cabeça e acrescentou, desolada:

— Ninguém sentirá a minha falta.

Papai e eu conseguimos convencê-la a sair de debaixo das cobertas. Depois de eu fechar o zíper de seu bonito vestido de festa roxo e de papai escovar-lhe os cabelos, ela ficou realmente encantadora. Mas mesmo assim permaneceu sentada diante de sua penteadeira dizendo que preferiria estar morta.

Então tia Birdie chegou e papai saiu e pregou um raminho de flores no peito de seu vestido. Os convidados começaram a chegar e os meninos que eu havia contratado para cuidar do bar começaram a servir champanhe. Comecei a fritar ostras e, quando a primeira bandeja saiu para a sala de estar, ouvi um murmúrio baixo de aprovação. Seguido pela risada da minha mãe. Aliviada por ela ter se recuperado, concentrei-me em tirar cada ostra do óleo no instante exato. Misturei a salada e tirei o salmão da geladeira; tudo estava saindo às mil maravilhas.

Quando saí para a sala de estar, tia Birdie estava no meio de sua história preferida, cercada de admiradores.

— Então o motorista do ônibus me fez mostrar minha identidade para provar que eu tinha direito à tarifa de idosos. E depois de vê-la ele se virou para todo mundo dentro do ônibus e disse: "Vocês acreditam? Esta senhora tem quase 100 anos de idade!" E o ônibus inteiro começou a aplaudir.

Ela sorriu, deliciada com a situação toda. Então levantou os olhos, me viu e disse:

— As ostras estavam perfeitas. Alice com certeza teria ficado orgulhosa.

Enquanto ela falava, tive uma rápida imagem mental de nós três — eu, tia Birdie e Alice — dançando em seu apartamento quente e abarrotado. Lembrei-me de como havíamos parado, de repente, e ouvi a voz do meu pai dizendo: "Elas certamente não a prepararam muito bem para o mundo real."

Então ouvi a voz de Alice dizendo: "Ele se casou com duas", e olhei para minha mãe e entendi. Fui até tia Birdie e curvei-me para beijar sua bochecha. Ela cheirava a lilases.

— Obrigada — murmurei.

Tia Birdie pareceu surpresa.

— Por quê? — quis saber.

— Por tudo — falei. Porque havia acabado de perceber que, o que quer que houvessem feito com Hortense, Alice e tia Birdie haviam feito um ótimo trabalho comigo. Elas haviam me preparado para o meu mundo.

No dia seguinte, meus pais me levaram de carro até o trem.

— Obrigada por ter vindo, gatinha — disse minha mãe. — Você foi mesmo uma grande ajuda. Não tenho certeza de que teria conseguido dar a festa sem você. — Ela sorriu, feliz. Então, como se aquilo houvesse acabado de lhe ocorrer, acrescentou: — Acho que foi quase tão boa quanto a festa de noivado que dei para Bob.

17

Seguir provando

Naquele outono, decidi trabalhar com bufê. Mas o destino interveio. Quando voltei para Berkeley, recebi uma oferta de trabalho.

Um dos clientes regulares do The Swallow havia virado editor de uma nova revista de São Francisco. Ele me ligou e perguntou:

— Você sabe escrever tão bem quanto cozinha? — Eu disse que não tinha certeza, mas que sempre gostara de escrever. — Ótimo — disse ele —, o que você acha de tentar ser nossa crítica de restaurantes?

Eu não tinha certeza de ser capaz de fazê-lo, mas estava disposta a tentar. Para minha surpresa, tive muita ajuda. Quando entrei no La Colombe Bleu, havia um garçom diante de uma mesa tirando espinhas de um peixe, e sem nenhum aviso Marielle se materializou ao seu lado, acompanhando cada um de seus movimentos com um olhar crítico. Maurice estava logo atrás dela, avaliando a decoração. *Monsieur* du Croix apareceu com a sopa; ao levar a colher à boca, ouvi sua voz no meu ouvido. A espera pelas *entrées* foi longa — longa demais —, e de repente lembrei-me daquele café em Indiana onde Mac e eu não conseguimos ser servidos. Então pensei na guerra do restaurante de Henry, e perguntei-me se haveria um Rolf na cozinha que simplesmente nos odiava por princípio. Meus amigos do Swallow também estavam lá, Antoinette cheirando o pão comprado fora e Judith lamentando a má qualidade do vinagre. Para não falar em Nick, que estava lá em carne e osso, lançando olhares alterados para os preços. Com esse coro de vozes, a crítica praticamente se escreveu sozinha.

— Você nasceu para fazer isso — disse o editor quando entreguei o texto.

— Não — disse eu baixinho —, mas eu fui muito bem treinada.

De repente, eu estava ganhando dinheiro de verdade, mais do que jamais imaginara. Para comemorar, Doug e eu nos candidatamos a nosso primeiro cartão de crédito. Ser crítica de restaurantes vai ser divertido, pensei.

Só havia uma sombra sobre esse projeto: sempre que eu levantava uma lista de vinhos, sentia-me uma fraude. Uma crítica de restaurante deveria conhecer mais do que borgonhas fortes.

Então, certo dia, em busca de um restaurante chinês, dei de cara com a loja de Kermit Lynch. Abri a porta; lá dentro estava fresco e escuro, com cheiro de vinho derramado. Havia caixas de papelão empilhadas pelo chão, centenas delas, e bem lá no fundo um homem franzino de cabelos castanhos encaracolados e barba malcuidada estava sentado diante de uma escrivaninha improvisada, olhando para mim. Eu podia sentir seus olhos em minhas costas enquanto subia e descia os corredores da loja olhando para o vinho das caixas e repetindo os nomes para mim mesma. As palavras eram lindas. Estendi a mão, peguei uma garrafa e alisei a etiqueta.

— Isso não é uma fruta — disse o homem. — Não adianta nada apertar.

Corei, tentando desesperadamente recordar meu limitado vocabulário enológico. Comecei a tirar palavras não sei de onde, ouvindo-me perguntar:

— Em que ponto da escala Brix estavam estas uvas quando foram colhidas? — Continuei a tagarelar sobre pernas e narizes. Kermit respondia com gravidade a todas as minhas perguntas, mas eu não quis abusar da sorte. Comprei uma ou duas garrafas de dois dólares e saí correndo.

Em casa, descobri que o vinho tinha um sabor muito melhor do que os que vínhamos comprando. E, com aqueles preços, nem mesmo Nick se atreveu a fazer comentários sarcásticos. Voltei no dia seguinte, e no outro.

Depois de algum tempo, Kermit ficou mais caloroso, conduzindo-me em direção aos vinhos de que achava que eu pudesse gostar. Ele não parecia se importar com o fato de eu só comprar as garrafas mais baratas, e me dava descontos misteriosos que eu jamais questionava. Ele era apaixonado por vinho, e queria que os outros também tivessem essa paixão.

— Como você decide que vinhos comprar? — perguntei-lhe certa vez.

— Tenho meus métodos — disse Kermit. — Vou a cidades pequenas na França, sento-me nos bistrôs e pergunto: "Quem faz vinho bom por aqui?" Meu francês não é lá muito bom e é um trabalho difícil. Sem falar nas longas viagens de carro. Mas eu encontro bons vinhos que ninguém mais está importando.

Eu nunca havia conhecido ninguém que literalmente comesse seu dinheiro, apostando no próprio bom gosto. Eu queria vê-lo trabalhar. Certa noite, convidei-o para jantar lá em casa, fiz um *boeuf à la bourguignonne* com uma garrafa de Volnay comprada na sua loja, e perguntei se poderia acompanhá-lo em sua próxima viagem à França.

Kermit pareceu surpreso. Então deu de ombros e disse:

— Por que não?

Boeuf à la bourguignonne

Ingredientes

3 copos de borgonha tinto (uma garrafa de 750ml)
2 colheres de sopa de conhaque
2 cebolas em rodelas
2 cenouras em rodelas
1 ramo de salsa
1 folha de louro
1 dente de alho descascado
10 grãos de pimenta-do-reino
1 colher de chá de sal
1kg de alcatra cortada em cubos de 5cm
4 colheres de sopa de azeite
sal
pimenta

1 fatia grossa de bacon *de 115g cortada em cubos*
2 cebolas picadas em pedaços grandes
3 colheres de sopa de farinha
1 xícara de caldo de carne
1 colher de sopa de extrato de tomate
3 dentes de alho socados
¼ de xícara de manteiga
½kg de cogumelos fatiados
salsa

Faça uma salmoura com os primeiros nove ingredientes. Acrescente a carne e deixe na geladeira por dois dias. Quando estiver pronta para o preparo, preaqueça o forno a 150ºC.

Coe a carne e os legumes da salmoura, reservando-a. Seque a carne com papel-toalha.

Aqueça duas colheres de sopa do azeite em uma frigideira grande e doure a carne, poucos pedaços de cada vez, retirando-a com a escumadeira quando estiver dourada por igual. Tempere com sal e pimenta.

Frite o bacon *até dourar ligeiramente. Retire com a escumadeira e junte à carne reservada. Doure ligeiramente as cebolas na gordura do* bacon, *mas não deixe fritar. Retire e acrescente à carne reservada.*

Retire a gordura restante na frigideira. Acrescente ½ xícara da salmoura à frigideira e deixe levantar fervura, mexendo para raspar os pedaços grudados no fundo da panela. Junte com o resto da salmoura separada.

Aqueça as outras duas colheres de sopa de azeite em uma panela funda com tampa e acrescente as cebolas e cenouras da salmoura, mexendo até ficarem macias. Acrescente a farinha e cozinhe, mexendo sempre, até ficar corado. Continue mexendo enquanto acrescenta a salmoura separada e o caldo de carne. Torne a pôr na panela a carne e os vegetais, acrescente o molho de tomate, o alho socado, sal e pimenta e deixe levantar fervura. Tampe bem e ponha no forno a 150ºC por três horas. Mexa de vez em quando, acrescentando água se necessário.

Enquanto isso, derreta a manteiga na frigideira e cozinhe os cogumelos até ficarem ligeiramente dourados.

Quando a carne estiver cozida, junte os cogumelos e deixe ferver na boca do fogão por 15 minutos. Prove o tempero. Salpique de salsa picada e sirva com batatas cozidas.

Rende quatro porções.

Troquei de trens em Dijon, deixando para trás o expresso de Paris e subindo em um vagão de trem muito antigo com bancos de madeira dura. Enquanto ele percorria devagar a bonita paisagem, olhei pela janela e vi cidades cujos nomes lera apenas em livros: Vougeot, Nuits-Saint-Georges, Beaune.

Desci do trem e tive um instante de pânico: Kermit não estava lá. Então vi um homem grande e rotundo com uma enorme barba preta segurando um cartaz com meu nome escrito de forma desajeitada.

— *C'est moi* — falei, aliviada.

— Você fala francês! — disse ele, feliz. Tinha uma voz grave e um magnífico sotaque cadenciado. Conduziu-me até um *deux-chevaux* tão surrado quanto o meu Volvo; os bancos estavam rasgados e o carro parecia ter sido mergulhado em vinho, tão forte era o cheiro. Garrafas tilintavam no chão, batendo umas nas outras sempre que ele pisava no acelerador.

Percorremos as ruas estreitas, sacudindo-nos sobre as pedras do calçamento e passando por casas antigas com Mercedes tinindo de novas estacionadas na frente.

"Regardez-moi ça!", dizia ele, grunhindo desapontado ao ver os ofensivos carros novos. Apontava um dedo rechonchudo. "Os vinhos dobram de preço todo ano. Isso não pode continuar." Sempre que passávamos por um carro novo, ele apontava e fazia cara de emburrado.

— Para onde estamos indo? — perguntei. — Onde está Kermit?

— Está esperando por você com o *duc* de Magenta. Você sabe, hoje em dia só existem 14 duques na França.

— É mesmo? — perguntei, impressionada. Ele assentiu, examinou-me com atenção e perguntou:

— Você sabe comer?

Respondi que achava que sim.

— Que bom — retrucou ele —, vai precisar.

O duque foi uma decepção, um personagem amarfanhado com um casaco rasgado de gola rulê. Seus cabelos estavam arrepiados em um topete que me fez pensar no personagem de desenho animado Pimentinha. Kermit estava com ele; ambos apertaram minha mão com gravidade, e então descemos para a adega escura e úmida. O lugar cheirava a mofo.

Um homem baixo e quadrado usando o tradicional guarda-pó azul do camponês francês estava à nossa espera, com os pés plantados entre garrafas de vinho cuja etiqueta dizia simplesmente "Puligny 78" ou "Montrachet 78". Sob a luz tênue e dourada, ele parecia recém-saído de um quadro de Breughel.

— Dê-lhes um pouco de Puligny — disse o duque.

Kermit girou o vinho no copo, cheirou-o, e em seguida deu um gole e gargarejou com o líquido entre os dentes. Fiz o que pude para imitá-lo.

— Eu acredito em vinhos com baixo teor alcoólico — disse o duque —, para que se possa sentir o vinho. — Ele deu um gole apreciativo em seu próprio vinho e então, um de cada vez, cada um de nós foi até um canto diferente da adega cuspir o vinho no chão. Quando terminamos, despejamos o que sobrara em nossos copos de volta para dentro do barril e Monsieur Blanc recolheu cuidadosamente cada gota restante com a tampa.

O duque nos levou mais para dentro da adega, e descemos outra caverna onde antigos aquecedores elétricos descansavam sobre o chão sujo, mantendo os vinhos tintos em uma temperatura confortável.

— Em geral — disse o duque, solene — eu acho os brancos melhores do que os tintos. — Eu não tinha a menor idéia do que ele estava querendo dizer, mas aquiesci. Para mim, o Chassagne-Montrachets parecia intenso e o Auxey-Duresses voluptuoso, mas o vinho de que eu mais gostava era um fragrante Volnay com aroma de framboesas.

Então terminamos de provar e simplesmente apertamos as mãos uns dos outros e saímos. Seria assim que se fazia, perguntei-me? Era tudo tão educado. Quando será que eles passam aos negócios?

— Os vinhos estavam bons? — perguntei a Kermit enquanto descíamos os vinhedos sob a luz outonal cada vez mais fraca.

— Muito bons — disse ele. — O duque os respeita e os deixa em paz. O problema com os americanos é que eles ficam dizendo que os borgonhas são fracos demais. Eles gostam de vinhos fortes. Para agradá-los, os vinicultores simplesmente põem mais açúcar. Isso se chama chaptalização e torna os vinhos mais alcoólicos.

Ele apontou em direção às vinhas baixas e robustas que subiam pelas encostas de colinas suavemente inclinadas.

— Olhe — disse —, você pode ver a diferença entre os vinhedos de *grand cru* e o resto. — Ele estava indicando o ponto onde as montanhas começam a subir, o ponto bem no meio. — Aquelas são as grandes uvas — disse ele. Era tudo muito menor do que eu esperava.

Enquanto seguíamos no carro, a noite desceu, negra e límpida. Quando paramos para jantar, o ar estava tão limpo que cintilava. Desci do carro e respirei fundo; eu podia sentir o cheiro do frio. Ouvi o murmúrio de um riacho ali perto. Demos três passos pelo caminho de cascalho e, atrás de nós, o carro desapareceu na escuridão. Kermit segurou minha mão enquanto andávamos às cegas em direção ao restaurante. Então a porta se abriu e o som de risos correu ao nosso encontro. Lá dentro estava quente, e um fogo ardia na lareira. Estávamos no meio do nada; o salão estava lotado.

Pedimos uma terrina de pato morna e uma musse de peixe, e Kermit estudou a carta de vinhos durante um bom tempo. Por fim, largou a lista e disse alguma coisa ao garçom.

— Pedi um Crépy que nunca provei antes — disse ele.

— Sempre trabalhando — provoquei. Ele não sorriu.

— Meu Deus, como isto está bom — disse ele ao provar o vinho. Eu também gostei; era forte, com um leve sabor amargo. Kermit começou a murmurar consigo mesmo e pude ver que ele estava fazendo cálculos rápidos. Olhando-o, pensei no quão pouco ele se parecia com um negociante de vinhos, com seus cabelos encaracolados e sua barba malcuidada. Mas ele era muito profissional.

— O restaurante vende isto por 34 francos — ponderou ele. — Isso significa que eles pagam mais ou menos oito. — Ele parou por um minuto, tornou a calcular e disse: — Ótimo! Eu poderia vender por oito dólares a garrafa. Isto quase salva o dia.

— Mas, e os vinhos do duque? — perguntei.

— Ah — disse ele, brusco —, eu não vou comprá-los este ano.

— Eu pensava que você os adorasse — exclamei.

— E adoro mesmo — devolveu ele —, mas sabe quanto ele quer cobrar? Treze dólares por uma garrafa de Puligny. Isso antes do frete, do seguro, das taxas, dos impostos. Eu gosto de vender vinhos a preços razoáveis. Como este. — Ele tomou outro gole do Crépy, satisfeito.

Então acalmou-se e acrescentou:

— Além disso, descobri um negócio melhor ontem. Você vai ver: vou levar uma garrafa do vinho de Ampeau para o homem que vamos visitar amanhã, *monsieur* de Montille. Eu tirei o rótulo. Quero saber o que ele *realmente* pensa.

Monsieur de Montille girou o vinho no copo e observou como este se movia. Levantou-o contra a luz. Enfiou o nariz avantajado dentro do copo e inalou a fragrância. Deu um gole. Pensou. Um homem sólido de crânio liso e careca e com a expressão implacável do advogado que era, ele jogou a cabeça para trás enquanto provava o vinho, deixando-o repousar em sua garganta. Das paredes de sua sala de jantar, que parecia ser a mesma havia séculos, seus ancestrais o observavam com indulgência.

— Há luz do sol dentro do copo — disse ele por fim —, muita luz do sol. Este vinho é de um ano muito bom. — Ele deu outro gole, assentiu, virou-se para a mulher. Eles trocaram algumas palavras. Não era um 69, sem dúvida, não era tão velho assim. Um 71 então, concordaram. — Tanta glicerina — disse *monsieur* —, o que poderia ser?

Quando Kermit lhe disse o que era, de Montille exclamou:

— Mas eu tenho este vinho na minha adega! — Ele se virou para Kermit animado e perguntou: — Ampeau lhe vendeu isto?

Kermit assentiu, cheio de si.

— Considere-se honrado — disse ele —, e não pense que isso vai acontecer de novo. Ele é caprichoso.

Kermit fez cara de emburrado.

— Não leve a mal — interveio madame de Montille com delicadeza. — Ele é um homem muito estranho. Dizem até que, quando ele vai à missa, chega correndo vestindo a roupa. E quando sai da igreja já está se despindo para não perder tempo. Ele vive para suas vinhas.

Kermit estava ansioso para passar aos negócios, mas na Borgonha a refeição sempre vem em primeiro lugar. Aquela havia sido criada para realçar os vinhos. Começou de modo nada excepcional com um modesto Passetoutgrains e uma salada com ervas e muito alho.

Em seguida veio um *civet de lièvre*.

— A especialidade da região — disse madame orgulhosa enquanto seu marido dava a volta na mesa servindo um Rugiens 64. Ele provou o vinho e assentiu com satisfação.

O menos encorpado Rugiens 66 foi servido com queijo feito por vizinhos. Então, finalmente, *monsieur* de Montille trouxe uma garrafa coberta de mofo de Volnay 57 para servir com a torta de maçã. Dei um gole e o vinho dançou dentro da minha boca. Parecia vivo de tanto sabor, diferente de qualquer vinho que eu jamais houvesse provado. Olhei em volta para ver se todos estavam gostando tanto quanto eu. *Monsieur* de Montille parecia feliz, até Kermit parecia impressionado. Então *monsieur* de Montille deu um segundo gole e seu sorriso desapareceu.

— Que pena — disse ele baixinho.

Dei outro gole. Não havia mais dança.

— *C'est mort* — disse Monsieur de Montille, categórico.

Terminado o almoço, descemos à adega. Era um cômodo de teto baixo cheio de barris; as lâmpadas nuas emitiam uma tênue luz dourada. Provamos o Passetoutgrains, o Volnay, os borgonhas simples. Monsieur de Montille sacudiu a cabeça.

— Cometemos um erro este ano — disse ele com tristeza. — Fizemos vinho demais. Foi uma colheita muito grande. O vinho está bom, será muito correto, muito *comme il faut*, mas... — Quando passamos para os 78, ele aquiesceu com apreciação e disse, quase para si mesmo:

— Este é um vinho de personalidade. Os 79 nunca serão iguais aos 78.

— Eu gostaria que houvesse mais gente como de Montille — disse Kermit a caminho do encontro seguinte —, é tão difícil encontrar vinhos honestos hoje em dia. Mas eu continuo tentando. — Passamos por vinhedos que se esticavam até onde começavam velhos vilarejos de pedra. Luxuosos carros novos corriam loucamente por ruas estreitas demais para contê-los. Era a mesma coisa um vilarejo após outro, e então chegamos a Rully, seguimos as placas que conduziam à igreja, girando e dobrando até o topo da cidade. Os sinos tocavam e, quando chegamos lá, o som reverberava de um lado para o outro entre as velhas construções de pedra.

— Tenho uma combinação com o padre — disse o educado senhor que veio nos receber. Suas bochechas eram rosadas e seus cabelos cor de prata. — Algumas vezes, quando tenho convidados, eu lhe peço para não tocar os sinos. Eu nasci aqui e o som me agrada. Mas algumas pessoas não gostam. Venham, vamos provar o vinho.

Monsieur Monassier falava enquanto caminhava, conduzindo-nos até sua casa, atravessando um pátio e para baixo, e entrando na colina onde estavam escavadas suas adegas.

— Os 79 não estão muito agradáveis neste momento. Alguns deles estão passando pela fermentação maloláctica. — Ele retirou a tampa de um dos barris e mergulhou um longo tubo de vidro no vinho. O tubo ficou embaçado, e até eu pude ver que o gosto estaria terrível. Cheiramos, giramos, gargarejamos com o ar entre os dentes e cuspimos o vinho sobre o chão de cimento. Então devolvemos ao barril o que restava em nossos copos e passamos ao seguinte. Este era um vinho leve, frutado, delicioso. *Monsieur* Monassier sacudiu a cabeça.

— É o mesmo vinhedo — disse ele. — Eu gostaria de saber por que isso aconteceu.

Percorremos toda a limpa adega de cimento, provando o vinho de cada vinhedo.

— Agora vamos subir para provar alguns vinhos mais velhos — disse ele, conduzindo-nos para o calor de um cômodo antigo, cheio de pesados móveis de madeira. No centro, havia uma mesa esculpida com relevos profundos contendo uma garrafa e copos, acompanhados de uma bandeja cheia de queijos, salsichas fatiadas e grandes pedaços de pão fresco.

Os negócios começaram devagar. Quando chegamos aos 71, o balde de cuspir já não estava sendo usado e *monsieur* Monassier dizia com tristeza que era uma pena o vinho ter de ser vendido antes da hora.

— A maioria dos vinicultores — disse ele — não pode se dar ao luxo de manter o vinho até ele estar pronto para o consumo. O meu problema é outro. Eu posso me permitir não vender o vinho até ele estar pronto, mas tenho coração mole. Quando alguém de quem gosto me pede o vinho, não consigo dizer não.

Kermit se permitiu pensar que *monsieur* gostava suficientemente dele, talvez o bastante para lhe vender um pouco de vinho. Que pena! *Monsieur* teve a infelicidade de lhe informar que todo o seu vinho estava engarrafado em 730ml.

— A nova lei americana não exige 750?

Exige.

— Eu sinto muito, mas vocês não podem esperar que a França inteira mude suas garrafas por causa de um capricho do governo americano.

— Droga! — disse Kermit enquanto descíamos a colina.

— Foi uma tarde perdida? — perguntei sonolenta, sentindo-me cheia de vinho, luz do sol e salsicha.

— Ah, não — disse Kermit. — Eu estabeleci contato e voltarei no ano que vem, quando ele houver esgotado seu estoque de garrafas e comprado outras que eu possa importar. Mas eu me sentiria melhor se pudesse comprar agora. — Ele pareceu mais alegre ao acrescentar: — Pelo menos sei que isso não vai acontecer no lugar seguinte. Vamos a St. Valerin visitar *monsieur* Vachet. Eu já compro o seu Montagny há muito tempo. Acho que você vai gostar dele. Por aqui dizem que Vachet é igual a seus vinhos: austero, mas amigável no final.

Estávamos em terreno plano, então pudemos ver a casa no meio dos vinhedos muito antes de chegarmos a ela. E eles puderam nos ver chegando. Quando chegamos, *monsieur* Vachet, um homem baixo e franzino com dedos curvados como vinhas, estava em pé na frente da casa à nossa espera.

Não houve gentilezas.

— Vamos provar o vinho agora — disse ele, conduzindo-nos até uma pequena adega velha cheia de enormes tanques de concreto.

— Onde estão os barris? — perguntei.

— Não tenho barris — respondeu ele, subindo uma escada apoiada em um tonel de cimento. — Na minha opinião, vinho deve ter gosto de vinho, não de madeira. — Descemos a fileira de tonéis provando cada vinho, aproximando-nos lentamente da porta. — Isto vai ficar bom — disse ele, mais para si do que para nós.

— Quer provar como está agora o vinho que comprou da última vez? — perguntou ele a Kermit, apontando para uma grande pilha de garrafas verdes que reluziam debilmente na frente de uma das paredes. Kermit assentiu. *Monsieur* Vachet estendeu-lhe um copo. — Este foi o que o senhor comprou — disse ele. Estendeu-lhe outro copo. — Eu gosto mais do primeiro.

Para mim, os dois vinhos tinham exatamente o mesmo gosto. Mas os especialistas não concordaram. Kermit girou e cheirou e aquiesceu para si mesmo.

— Eu tinha razão — disse ele com firmeza. — Este tem mais profundidade. Quanto o senhor ainda tem deste lote?

— Umas 100 caixas.

— Vou levar — disse Kermit.

No dia seguinte, a neblina baixou, uma bruma suave que obscurecia tudo. Kermit praguejou baixinho; nós íamos para o Beaujolais e o caminho era longo.

Monsieur e madame Trenel estavam à nossa espera, com grandes sorrisos pintados no rosto.

— Você deve ter comprado muito no ano passado — disse eu enquanto descíamos do carro.

— Comprei sim — disse Kermit.

— Vai comprar muito este ano?

— Depende do vinho. — Não houve formalidades; o Beaujolais *nouveau* estava esperando e Kermit deu um gole. Sua boca se curvou para baixo. Madame Trenel torcia as mãos, ansiosa, enquanto *monsieur* Trenel saía para buscar outra garrafa. Ele a abriu, serviu, e ambos encararam o rosto de Kermit. Sua expressão foi eloqüente: ele parecia ter provado algo repugnante.

— Está redondo demais — disse ele por fim. Em seguida pediu para usar o banheiro.

Fiquei sentada com os Trenel, profundamente incomodada; não sabia para que lado olhar.

— Ele não gostou — sibilou madame Trenel para o marido. — Disse que 12,8 graus de teor alcoólico era demais. Não acho que ele vá comprar.

— Vai, vai sim — tranqüilizou ele. — Comprou algumas centenas de caixas no ano passado. Onde ele iria encontrar coisa melhor?

Madame Trenel virou-se para mim.

— Nós já não somos jovens — disse ela. — É um negócio difícil. Estamos nesse ramo há 30 anos.

Quando Kermit voltou, ela esquadrinhou sua expressão, mas os sinais não eram otimistas. Kermit parecia decididamente infeliz.

— Vou levar 20 caixas — disse ele por fim. Um silêncio triste apoderou-se da sala.

Lá fora, estava ainda mais brumoso do que antes e, enquanto descíamos as estreitas estradas sinuosas, Kermit pôs um *blues* no toca-fitas e praguejou contra o tempo.

— Eles ficaram chateados — arrisquei.

— Que bom! — disse ele com veemência. — Doze vírgula oito graus! É um desplante. O Beaujolais *nouveau* deve ter baixo teor alcoólico. Eles estão pondo açúcar demais; não precisam fazer isso.

— Mas você não conseguiria vendê-lo?

— É claro que conseguiria — disse ele. — Esse é o melhor Beaujolais que já encontrei. Mas se eu marcar uma posição este ano, talvez no ano que vem eles não chaptalizem tanto. — Ele parecia realmente bravo. — Você acha que eu estou *tentando* não achar vinhos? Eu contava com esse. Mas não posso partir do princípio de que os vinhos vão ser iguais de um ano para o outro. E, se eu começar a importar vinhos que não respeito, é melhor mudar de ramo.

Kermit desacelerou o carro e virou-se até ficar de frente para mim.

— Você não entendeu? — perguntou ele, como se eu não houvesse compreendido nada. — É por isso que eu tenho de continuar fazendo estas malditas viagens. Tenho de seguir provando.

18

A ponte

— Quando é que você vai fazer alguma coisa que preste da vida?

Eu tinha um emprego respeitável. Estava ganhando dinheiro de verdade. Todo mês meu nome aparecia na imprensa. Eu estava até começando a escrever artigos sobre gastronomia para revistas nova-iorquinas. Isso impressionava meus pais? Nem um pouco. "Comida!", dizia minha mãe com desdém. "Tudo que você faz é escrever sobre comida."

Eu tentava fazer sua voz sair da minha cabeça, mas ela estava sempre lá. Quanto mais as outras pessoas apreciavam o meu trabalho, mais alta se tornava a voz da minha mãe. "Você está jogando sua vida fora", zombava ela.

Então os ataques de pânico voltaram. Certo dia, indo almoçar de carro, de repente parei de respirar no meio da Bay Bridge. Fiquei com tanta vergonha, que não contei a ninguém, nem mesmo a Doug. Mas comecei a encontrar desculpas para usar o transporte público ou para convencer os outros a dirigirem.

"Por que isso?", perguntava eu a mim mesma. "Por que agora?" Eu não tinha nenhuma resposta.

Meu medo de dirigir tornou-se tão intenso que, quando fui convidada para uma festa em homenagem ao gastrônomo James Beard, quase não fui: a festa era em São Francisco e Doug não fora convidado. Acabei decidindo que seria estúpido não ir; a festa era em Russian Hill, uma viagem de ônibus fácil.

Mas quando cheguei lá, me arrependi. Fiquei encolhida no canto de uma magnífica casa com vista para Lombard Street, totalmente pouco à vontade, e achando que estava vestindo as roupas erradas. Eu era de longe a pessoa mais jovem da festa. Por puro nervosismo, comi canapés de ovos demais e fiquei me perguntando em quanto tempo poderia me retirar educadamente.

Todo mundo ali conhecia "Jim" e rodeava obsequiosamente sua figura imponente. Eu observava de longe, e me entretinha escrevendo mentalmente um textinho amargo sobre a festa. Então um homem baixo de óculos estendeu a mão pela minha frente para pegar um canapé de ovo, virou-se e disse:

— Oi.

Ele era muito baixo, com óculos grossos e um ar intelectual. Sua brusca voz britânica o fazia soar como um americano pretensioso que um dia fora a Oxford. Pensei que ele provavelmente era um professor universitário, embora não conseguisse imaginar o que estaria fazendo naquela reunião de gastrônomos. Quando ele se apresentou, eu estava tão ocupada pensando tudo isso, que não captei seu nome. Envergonhada demais para lhe pedir que o repetisse, fiz a pergunta óbvia:

— E o que o senhor faz?

— Trabalho para uma empresa de leite — respondeu ele.

Primeiro, fiquei surpresa, e em seguida contente. Ele certamente não era um dos amigos famosos do grande homem. Relaxei e fiquei conversando com ele, feliz por não estar mais deslocada. Quando ele disse:

— Deixe-me buscar um copo de vinho para você —, revisei o textinho desagradável. Talvez a máfia da comida não fosse tão ruim quanto todos diziam.

Ele voltou com dois copos de vinho e uma mulher altíssima; eles pareciam personagens de uma história em quadrinhos. Com seus olhos cor de turquesa e seus cabelos louro-acinzentados presos em um rabo-de-cavalo na nuca, ela era simplesmente a pessoa mais velha mais bonita que eu já vira na vida. Avaliei que tivesse cerca de 60 anos.

— Oi, docinho — disse ela, apertando minha mão com firmeza.

— Esta é Marion Cunningham — disse o homem. — Achei que vocês deveriam se conhecer. — Ele me entregou o copo e se afastou.

A loura alta começou a fazer perguntas de um modo tão natural e interessado, que levei algum tempo para perceber que ela havia descoberto tudo sobre mim em dez intensos minutos. Por fim, ela disse:

— Você precisa conhecer James. — Segurando minha mão, começou a andar, decidida. A multidão abriu caminho e de repente ele estava sentado na minha frente em toda sua glória. Tentei desesperadamente pensar em alguma coisa para dizer àquela pessoa famosa. Tentei lembrar-me do título de livros que ele havia escrito ou de alguma receita conhecida que criara. De repente, as palavras "torta de tomate" surgiram na minha cabeça.

— Meu marido simplesmente adora a torta de tomate e maionese do seu livro de culinária americana — arrisquei. — Nós comemos isso o tempo todo.

Ele me avaliou com um olhar de desprezo.

— É mesmo? — perguntou. Parecia totalmente entediado. Vasculhei meu cérebro à cata de alguma outra coisa para dizer. Ele não parecia ter a mesma necessidade de continuar a conversa, e tive a sensação de ser uma mosca esvoaçando em torno de um Buda gordo. Ele fez um gesto irritado com a mão e eu desanimei. Ele se sentou. Eu fiquei em pé. Finalmente consegui perguntar:

— Posso pegar alguma coisa para o senhor comer? — e ele respondeu que gostaria de alguns canapés de ovo. Quando voltei com o prato, uma nova multidão havia se formado, de modo que lhe entreguei os canapés e tornei a me misturar aos outros convivas.

— Ele é muito mais gentil com os rapazes — disse Marion quando me encontrou, empática. — Eu deveria ter ficado com você.

— É — falei —, eu preferia o leiteiro.

Marion fez uma expressão intrigada.

— Leiteiro? — perguntou ela.

— A senhora sabe — disse eu —, o homem que nos apresentou. — Marion jogou a cabeça para trás e riu, um som grave de pura alegria. Fiquei olhando, pensando que jamais ouvira alguém rir com menos malícia; sua risada não me deixou desconfortável ou envergonhada, e fiquei esperando ela compartilhar a piada comigo. — Ele deve ter lhe dito isso para fazê-la se sentir à vontade. Aquele é Gerald Asher.

— O que escreve sobre vinhos? A senhora também é alguém importante? — perguntei, ligeiramente encabulada.

— Ah, não, querida — disse ela com simplicidade —, eu sou a última pessoa no mundo que faz comida caseira. Acabo de revisar a 12ª edição do clássico de culinária americana de Fannie Farmer. — Ela estendeu o braço, interceptou um homem que passava, e disse:

— Deixe-me apresentá-la ao nosso anfitrião.

De repente, havia várias pessoas à minha volta falando animadamente sobre um artigo que eu escrevera, e comecei a pensar que aquele povo gastrônomo era na verdade muito simpático. O textinho desagradável desapareceu para sempre.

Marion levou-me de carro até em casa. Almoçamos juntas uma semana depois. E em seguida outra vez, na semana seguinte. Pouco tempo depois, estávamos nos falando com tanta freqüência que, quando ela atendia ao telefone, eu não precisava dizer quem estava falando.

Ela conhecia todo mundo no universo da comida, e contou-me ótimas histórias sobre Julia, James e Craig. E Gerald. Todas essas pessoas me interessavam. Mas nenhuma delas me interessava tanto quanto a própria Marion, que havia reinventado a si própria na meia-idade e não parecia achar que houvesse nada de extraordinário nisso.

Canapés de ovo de Marion

Ingredientes

4 ovos cozidos

¼ de xícara de maionese

1 colher de café de vinagre de cidra

1 colher de café de mostarda branca
sal e pimenta

Descasque os ovos, corte-os cuidadosamente no sentido longitudinal e ponha as gemas em uma tigela. Amasse as gemas com um garfo até ficarem macias.

Acrescente os outros ingredientes e misture bem. A mistura deve ficar espessa e cremosa.

Encha cada metade de clara com a mistura de gemas. Moa um pouco de pimenta por cima. Ponha na geladeira até a hora de usar.

Rende oito canapés, ou cerca de seis porções.

— Em determinado momento, tive medo de que as pessoas que fabricavam gim parassem de fazê-lo, e eu ficaria sem nada para beber. Para evitar isso, escondi gim pela casa toda. O simples fato de saber que ele estava ali me fazia me sentir um pouco melhor.

Quando ela jogou essa pequena bomba, fazia pouco mais de uma semana que eu conhecia Marion. Estávamos indo encontrar sua amiga Cecília em São Francisco, e ela disse isso com tanta naturalidade quanto poderia ter usado para comentar o tempo. Fiquei estupefata: era impossível imaginar aquela mulher imponente como uma alcoólatra incurável.

— Ah, foi bem ruim — disse ela —, eu sequer conseguia sair de casa sem levar uma garrafa na bolsa.

— Como a senhora parou? — perguntei. — AA?

— Não, simplesmente decidi parar. A pior parte depois que parei não foi abrir mão da bebida. Foi abrir mão de tudo que vinha junto. Meu marido Robert disse que eu não tinha mais graça.

Tentei escutar, mas eu estava entrando na auto-estrada e a Bay Bridge pairava ameaçadora à minha frente. "Fique calma", disse eu para mim mesma, mas podia sentir o pânico subindo pelo meu peito. A ponte era tão comprida.

"Você ainda pode descer", disse a voz na minha cabeça, "há mais uma saída antes do pedágio." Então a placa de saída para Powell Street passou e eu me vi presa. Não havia sequer um acostamento para parar caso eu ficasse realmente mal. Senti minha garganta se fechar; eu estava engasgada de medo.

A voz de Marion chegava aos meus ouvidos vinda de muito longe.

— Antes, a nossa vida girava em torno da bebida — disse ela. Eu fazia muita força para prestar atenção. — Quando parei, tudo mudou. Robert ficou zangado.

— Deve ter sido difícil — ouvi-me dizer enquanto estava ocupada rezando: "Não permita que seja hoje que eu desmaie." Desejei ter trazido alguma coisa para comer. Qualquer coisa para me distrair do pânico crescente.

Remexi a bolsa à procura de dinheiro para o pedágio.

— Recibo, por favor — falei. Minha voz soou surpreendentemente natural. Então passamos pelo pedágio e subimos a rampa e o sangue bombeava em meus ouvidos e comecei a sentir que estava me esquecendo de como se respirava. O carro estava muito quente; eu podia sentir o suor escorrendo pelas minhas axilas. Você pode sair em Treasure Island se ficar ruim demais, disse eu para mim mesma, estendendo a mão para o botão do rádio. Eu precisava fazer alguma coisa com as mãos. Imaginei-me virando o volante com força em direção à grade, imaginei o carro rodopiando loucamente. Tirei as mãos do volante para deter o impulso, e o carro se desviou um pouco para a direita. Recoloquei-as depressa. Será que ela havia percebido?

Marion ainda estava falando e eu tentei me sintonizar.

— Depois disso — ouvi-a dizer, como se ela estivesse no final de um longo túnel —, as coisas melhoraram muito. Comecei a dar aulas de culinária e descobri que minhas fobias haviam desaparecido. Eu já lhe contei sobre as minhas fobias?

Ela havia percebido! Virei-me para olhar para ela, arrasada. Mas ela parecia alheia aos ruídos na minha cabeça.

— Ah — continuou —, eu jamais poderia ter feito o que você está fazendo agora.

— Feito o quê? — perguntei.

— Atravessado a ponte dirigindo — disse ela. — Eu não teria feito isso nem por dez milhões de dólares. Tinha medo.

— De que a senhora tinha medo? — De que eu tinha medo?

— Medo de entrar em pânico e desmaiar. Medo de soltar o volante. Medo de virar o carro para o outro lado de repente.

Havia ela realmente dito tudo isso? Virei-me e olhei-a, mas ela parecia totalmente natural.

— Eu tinha medo de tudo que se movia: aviões, trens, carros, até elevadores. Você provavelmente não vai acreditar, querida, mas eu tinha tanta fobia de elevadores, que só pude ter filhos depois que abriram um hospital em Walnut Creek com uma maternidade no térreo.

— É mesmo? — perguntei, virando-me para olhar para o seu rosto. Ela parecia totalmente séria. Olhei para além de sua blusa de seda azul e percebi que estávamos passando por Treasure Island. Quando fiz isso, percebi que, durante alguns segundos, eu na verdade havia esquecido o meu pânico. Agora havia me lembrado e ele estava de volta, cada vez maior. Estávamos no vão central, a pior parte da ponte. Olhei para a cidade do outro lado e desejei que estivéssemos lá. O zumbido na minha cabeça ficou mais alto. Mexi nos botões da minha jaqueta, enfiei a mão no bolso em busca de alguma coisa. Qualquer coisa, só uma distração para tentar desviar minha atenção da ponte, do fato de que eu estava controlando uma arma letal e poderia perder o controle a qualquer momento.

— Eu mal pude sair de casa durante anos — disse ela. — E é claro que aviões estavam fora de cogitação.

— Hmm — falei. Mordi o lábio, me remexi no banco. Podia sentir a agitação até a ponta dos dedos. Se ao menos chegássemos no final!

— Querida — disse Marion com delicadeza —, você não está um pouco perto demais do carro na sua frente?

Tirei um pouco o pé do pedal; histérica para chegar ao final da ponte, eu estava a poucos centímetros do pára-choque do Saab azul na nossa frente. O zumbido na minha cabeça aumentou. Mas estávamos quase lá; estava quase no final. Soltei o ar.

— Foi meu filho Mark quem me ajudou — disse Marion.

De repente me lembrei que o pior ainda estava por vir. Depois da ponte vinha a auto-estrada Embarcadero, um viaduto fechado aterrorizante. Com curvas. Quase fechei os olhos ao fazermos a primeira curva depois da ponte. Os pneus cantaram quando entramos no viaduto escuro, cortando o ar.

Marion falava depressa.

— Para meu aniversário de 44 anos, Mark me deu uma passagem para Portland para ter uma aula com James Beard. Eu nunca havia saído do estado da Califórnia antes e estava aterrorizada. Nunca andara de avião na vida, nunca viajara sozinha. Mark me levou ao aeroporto e disse: "Se você não entrar nesse avião, nunca irá a lugar algum, nunca fará nada e nunca será ninguém."

— Você entrou no avião? — perguntei.

— Entrei — disse ela. — Chorei a viagem inteira. Mas, quando cheguei lá, valeu a pena. Foi uma aula tão maravilhosa. Voltei no ano seguinte, e no outro.

— Foi mais fácil depois disso? — perguntei.

— Ah, foi — disse ela —, muito mais fácil. Minha vida mudou: James me convidou para ser sua assistente.

— O medo passou completamente? — perguntei.

— Ah, olhe, querida, tem uma vaga ali.

Onde estávamos? Desliguei o motor e durante um segundo simplesmente continuei sentada, imóvel. Nós havíamos conseguido; eu não havia passado vergonha. Quando descemos do carro, eu ainda tremia um pouco.

Cecília Chiang estava na porta do restaurante The Mandarin, vestida de seda verde dos pés à cabeça. Tinha cabelos pretos brilhantes presos em um coque severo que realçava o formato oval de seu crânio pequeno. Seu rosto liso e bonito era uma máscara que não dava nenhuma pista de sua idade. Quando ela acenou com as mãos de unhas feitas, ouro e diamante reluziram ao sol. Essa mulher nunca teve medo de nada, pensei.

— Só um almocinho entre amigas — disse ela, conduzindo-nos pela elegante penumbra do restaurante até uma mesa junto à janela. Olhei para Alcatraz e para a baía de São Francisco lá fora. Tentei não pensar na viagem de volta.

— Pedi ao meu *chef* para preparar alguns pratos especiais que não estão no cardápio — disse Cecília, presenteando-nos com um gracioso sorriso.

Ela pegou um par de pauzinhos de marfim e pontas de prata e deu a cada uma de nós um pedaço de borracho. Dei uma mordida: a ave estava impregnada com o sabor do vinho onde havia marinado e a carne macia me deu uma ligeira tontura.

— Para mim não — disse Marion.

— Não há vinho suficiente para lhe fazer mal — disse Cecília depressa. O tom de sua voz deixava claro que ela considerava a abstinência um absurdo. Mesmo assim, ela pegou outra travessa e entregou-a a Marion; o que quer que ela contivesse flutuava na superfície como pedaços de tecido delicadamente pregueados.

— Rins de porco apimentados — disse Cecília. — Muito difíceis de fazer.

Engoli em seco; rins são um dos dois alimentos no mundo de que não gosto. Ali mesmo, fiz um acordo com Deus: eu comeria os rins se Ele me fizesse atravessar a ponte sem problemas na volta.

— Os rins — continuou Cecília — devem ser postos de molho em muitas, muitas águas para torná-los puros. — Dei uma mordida minúscula. E depois outra. Era como comer nuvens aromáticas. Cecília me olhava, radiante.

— Você sabia que Cecília saiu da China com ouro costurado na bainha do vestido? — perguntou Marion.

— Foi mesmo? — perguntei.

— Ah, foi — disse Cecília, casual —, com minha irmã, durante a Revolução. Tivemos muita sorte em escapar.

— E depois vocês vieram para cá?

— Muito depois — disse ela. — Primeiro, nós fomos para Taiwan. Depois, eu me casei e me mudei para o Japão. Coma um pouco de porco em conserva. — Ela serviu um vinagre escuro e pungente em pequenos pratos. — Comprei isto na China. Você molha a carne assim. — Ela demonstrou e acrescentou: — É muito bom.

— Você deveria importar este vinagre e vendê-lo — disse Marion. — Tem gosto de vinagre balsâmico chinês. Você poderia tê-lo posto dentro de uma das malas.

Teria eu detectado uma ligeira ironia em sua voz?

— Malas? — perguntei.

Marion virou-se para mim.

— Doze, para ser exata — disse ela. — No ano passado, Cecília levou a mim, Alice Walters e 12 malas para a China.

Tive uma fugaz e vívida imagem mental das três mulheres em uma plantação de arroz cercadas por grandes malas. Na minha imaginação, eram Samsonites cor-de-rosa, todas trancadas.

— Durante o tempo todo que passamos na China, Alice e eu nos perguntávamos o que haveria dentro delas — continuou Marion. — Cecília nunca as abria, nunca sequer falava nelas. Alice as chamava de malas fantasma. Mas quando finalmente chegamos a Hong Kong e fizemos o *check in* no hotel, havia cinco alfaiates à espera de Cecília. Ela estava carregando tecidos!

— Preciso mandar fazer minhas roupas em algum lugar — disse Cecília sem se abalar. Ela olhou com desaprovação para o outro lado da mesa e disse: — Marion levou só uma malinha. E insistiu em carregá-la ela própria.

— Não gosto de depender de ninguém quando viajo — disse Marion. — Levei um tempão para decolar do chão. Gosto de me sentir independente.

— Coma algumas barbatanas de tubarão — disse Cecília.

— Foi isto que você trouxe de volta nas malas? — perguntou Marion. Ela se virou para mim. — Elas estavam cheias quando voltamos também, mas nunca descobri o que havia dentro.

— Isto estava dentro de uma das malas — respondeu Cecília. — Sempre compro barbatanas de tubarão quando vou a Hong Kong. São caríssimas. Tenho um armário especial para elas no meu apartamento de São Francisco, e outro na casa de Beverly Hills.

O garçom pôs uma grande sopeira na sua frente e ela empunhou uma concha e começou a servir pedaços transparentes em forma de V em delicadas tigelas de porcelana. As barbatanas eram firmes e gelatinosas, aninhadas tão delicadamente nos bolinhos de peixe, que se transformavam em ar quando minha boca se fechava ao seu redor. Também havia pequenos miolos de acelga japonesa. A sopa estava uma delícia, e ficamos ali sentadas inalando sua fragrância, caladas por um instante.

— Quando Cecília abriu o primeiro Mandarin, em 1961 — disse Marion por fim —, ninguém aqui nunca havia provado a culinária do norte da China. Foi um choque; um tipo totalmente novo de comida.

— O açougueiro não acreditou em mim quando eu disse que queria cordeiro — riu Cecília. — Ele disse que restaurantes chineses não serviam cordeiro.

— Seu marido ajudou? — perguntei.

— Ah, não — disse Cecília com desprendimento. — Ele ficou lá em Tóquio. Deixei as crianças com ele e vim sozinha. Ele ainda está lá. Meus primeiros dias nos Estados Unidos foram um grande choque; eu nunca vivera sem empregados antes. Mas aprendi. Vocês já viram o legume-cabelo? — Ela segurava uma espécie de filamento preto frisado exatamente igual a um cabelo crespo. — Eu trouxe isto de Hong Kong também.

O vegetal estava enrolado em volta de cogumelos, pepinos e pedacinhos delicados de *tofu* recheado com camarão picado e temperado com gengibre. Deixei aquilo descansar dentro da boca, gostando da maneira como a textura lisa e o sabor suave do *tofu* eram realçados pela consistência elástica do legume. Levantei o prato para repetir.

Marion olhou em volta para o restaurante grande e elegante. Havia muitos clientes. Garçons passavam depressa com travessas de comida e de vez em quando Cecília chamava o *maître* e apontava algum problema que só ela havia visto. De repente, Marion perguntou:

— Você algum dia desejou ter ficado com seu marido? — Fiquei espantada com a franqueza da pergunta. — Alguma vez se arrependeu de ter vindo?

Cecília não pareceu nem surpresa nem ofendida.

— Não — disse ela. — Depois de sair da China, eu jamais poderia ter voltado à vida antiga. Foi como vir para um outro mundo. Eu sinto pena das mulheres que cresceram sem a oportunidade de descobrir que poderiam cuidar de si mesmas.

Marion aquiesceu.

— E você? — perguntou Cecília. — Seus filhos sentiam sua falta quando você trabalhava com James. Você algum dia se arrependeu de ter ido?

Marion sacudiu a cabeça.

— Não — disse ela com firmeza. — Minha família pode não ter gostado, mas acho que eu finalmente me tornei a pessoa que estava destinada a ser.

Cecília levantou uma travessa de comida inteiramente branca.

— Muito chinês — disse ela, assinalando que o peito de frango era cortado em palitos exatamente do mesmo tamanho dos brotos de feijão cuidadosamente aparados. Enquanto servia, ela divagava: — Algumas vezes eu entro no restaurante tarde da noite, quando não há ninguém. E olho para o chão e penso que ele não foi bem esfregado. Eu simplesmente me ajoelho e esfrego eu mesma; é uma sensação boa. Minha mãe jamais teria sido capaz de fazer isso.

O frango estava tão macio, que evaporou na minha boca, e os brotos de feijão pareciam ser apenas suco. Cecília levantou um.

— É preciso apará-los completamente — disse ela. — A maioria dos restaurantes chineses os serve ainda com os filamentos presos. Ninguém mais quer se dar ao trabalho.

Em seguida, foi servida uma sopa de tartaruga marinha, e a carne parecia um veludo em volta de ossos lisos como pedras.

— É muito difícil encontrar tartarugas marinhas em São Francisco — disse Cecília. Ela deu um pequeno sorriso de satisfação. — Mas, quando se procura o suficiente, é possível encontrar qualquer coisa.

— Este é o último prato? — perguntou Marion. Eu esperava com fervor que não fosse; não estava mais com fome, mas não estava pronta para encarar a ponte.

— Só mais algumas azeitonas e um pouco de melão — disse Cecília. — Eu lhes disse que era um almocinho. — Ela estendeu uma travessa com grandes azeitonas lisas, diferentes de qualquer uma que eu já houvesse visto. — Azeitonas chinesas — disse Cecília, orgulhosa.

Mordi uma.

— Lawrence Durrell — falei, perguntando-me se estava pronunciando o nome direito — disse que azeitonas tinham um sabor tão antigo quanto água gelada. — Rolei o caroço envelhecido pelo interior da boca, pensando que, se fosse capaz de inventar ao menos uma descrição tão boa quanto essa, eu poderia me dizer escritora.

— Antigas como água gelada — disse Marion, pensativa. — É exatamente isso, não é? — Ela me olhou com admiração, como se conhecer aquela expressão fosse um feito em si.

O garçom trouxe-nos o melão, seguido por uma decantadeira cheia de conhaque envelhecido. Cecília encheu três copinhos.

— Você sabe que eu não bebo isso — disse Marion.

— Vamos fazer como na China — disse Cecília. — Nós beberemos por você.

Marion sorriu e virou-se para mim.

— Na China, onde quer que nós fôssemos, as pessoas brindavam com conhaque. Alice estava grávida e não podia beber, então Cecília bebia por nós três.

— Não podíamos recusar e passar vexame — explicou Cecília.

— Certa noite — disse Marion —, ela bebeu 22 doses de conhaque e não ficou bêbada. Jamais saberei como ela fez isso.

— É fácil — disse Cecília. — Você precisa decidir que não vai deixar a bebida afetá-la. E então não afeta. *Gambei!* — Ela levantou o copo e bebeu o licor de um só gole.

Na verdade, eu não queria o conhaque, mas não sabia como dizer isso. Eu não queria passar vexame.

— *Gambei!* — falei, e levantei o copo.

Então me ocorreu que na verdade eu não queria beber, e não precisava fazê-lo. Pousei o copo e sacudi a cabeça.

— Tenho de dirigir — falei. Cecília me lançou um olhar que não consegui decifrar. Jamais saberei se foi respeito ou decepção. Então nós lhe agradecemos e caminhamos até o carro.

Entrei, fechei a porta, enfiei a chave na ignição e, durante um instante, todo o medo voltou.

Então girei a chave e o motor rugiu. Entrei no tráfego e me aproximei da auto-estrada Embarcadero. Enquanto subia a rampa e fazia a primeira curva, olhei para a ponte, cintilando à minha frente. Era linda.

Então eu estava na ponte e o sol brilhava e Marion falava sobre a refeição que acabáramos de fazer. O gosto antigo e frio das azeitonas tornou a encher minha boca.

— Sabe — disse Marion —, as mulheres chinesas não abandonam seus maridos. Cecília fez tudo por pura força de vontade. Ela não é incrível?

— Qual era a sensação de ser alcoólatra? — perguntei.

Marion pensou por um minuto.

— Como se não houvesse no mundo gim que bastasse — disse ela por fim.

— Você também é incrível — falei.

Marion fez um gesto com a mão comprida, como se estivesse afastando a idéia de si.

— Ah, docinho — disse ela. — Ninguém sabe por que algumas pessoas melhoram e outras não.

Pensei na minha mãe. E então, subitamente, ela pareceu muito distante. A ponte era sólida. Doug estava esperando do outro lado. Eu não estava com medo. Se quisesse, era só continuar dirigindo.

Pisei no acelerador.

Agradecimentos

Todas as pessoas que conheci me ajudaram a escrever este livro. Mas, devido a sua ajuda prática e a seus conselhos, quero agradecer:

A Paula Landesman e Jerry Berger, por seu incansável incentivo.

A Frank Assumma e Karen Kaczmar, que me deram um quarto só meu no campo.

A Ann Vivian e Andy Dintenfass, pelo chalé no Vineyard.

A minha agente, Kathy Robbins, que pôs a proposta sobre uma mesa e ficou andando em volta dela, preocupada.

A Betsy Feichtmeir, que testou as receitas por simples diversão.

E a minha editora, Ann Godoff, que não parou de dizer: "Continue."

Sobre a autora

Ruth Reichl é a crítica de gastronomia do *The New York Times*. Ela mora em Nova York com o marido, o filho e dois gatos.

Este livro foi impresso na
LIS GRÁFICA E EDITORA LTDA.
Rua Felício Antonio Alves, 370 – Jd. Triunfo – Bonsucesso
CEP 07175-450 – Guarulhos – SP – Fone: (011) 6436-1000
Fax.: (011) 6436-1538 – E-Mail: lisgraf@uninet.com.br